Veröffentlichungen
der Vereinigung der Deutschen Staatsrechtslehrer
Heft 6

Bundesstaatliche und gliedstaatliche Rechtsordnung

Verwaltungsrecht der öffentlichen Anstalt

Berichte
von

Fritz Fleiner, Josef Lukas
Lutz Richter und Arnold Köttgen

Verhandlungen der Tagung der Deutschen Staatsrechtslehrer
zu Frankfurt a. M. am 25. und 26. April 1929

Mit einem Auszug aus der Aussprache

Berlin und Leipzig 1929
Walter de Gruyter & Co.
vormals G. J. Göschen'sche Verlagshandlung — J. Guttentag, Verlagsbuchhandlung — Georg Reimer — Karl J. Trübner — Veit & Comp.

Gedruckt bei A. W. Hayn's Erben, Potsdam.

Inhalt.

I. Eröffnung.

Der Vorsitzende Thoma-Heidelberg eröffnete die Beratungen am 25. April 1929 um 10 Uhr. Er begrüßte die Erschienenen, erstattete kurzen Bericht über die Mitgliederbewegung und machte einzelne Ausführungen über die Gestaltung der Tagung.

Schriftführer Nawiasky-München erstattete den Geschäfts- und Kassenbericht. Die Vereinigung betrauert den Tod ihres Mitgliedes Fürstenau-Berlin.

II. Erster Beratungsgegenstand:

Bundesstaatliche und gliedstaatliche Rechtsordnung
in ihrem gegenseitigen Verhältnis im Rechte Deutschlands, Österreichs und der Schweiz.

1. Bericht von Professor Dr. Fritz Fleiner in Zürich.

Der moderne Bundesstaat geht von der Ausscheidung der staatlichen Aufgaben zwischen der Zentralgewalt und der Gewalt der Gliedstaaten aus. Den eisernen Bestandteil jeder Bundesstaatsverfassung bildet die Aufzählung der der Bundesgewalt zugewiesenen staatlichen Zuständigkeiten, und unter ihnen steht an erster Stelle die Übertragung der Gesetzgebungskompetenz in bestimmten von der Bundesverfassung näher umschriebenen Materien. In Nordamerika, der Schweiz und Deutschland ist der Bundesstaat (Etat fédératif, Etat fédéral) aus der Überwindung des Staatenbundes (Confédération des Etats) hervorgegangen. Die gliedstaatliche Gewalt ist vor der Bundesstaatsgewalt vorhanden gewesen; die Gliedstaaten (Kantone) sind in jenen Territorien keine Schöpfungen des Bundesstaates, sondern deren Schöpfer. Alle staatlichen Zuständigkeiten, welche die Bundesverfassung nicht der Zentralgewalt übertragen hat, sind den Gliedstaaten verblieben. In Nordamerika haben die zehn ersten Amendements zur Unionsverfassung von 1787 die Staatenrechte (state rights) gegenüber den Ausdehnungstendenzen der neuen Bundesgewalt ausdrücklich sichergestellt, und die Schweiz. Bundesverfassung vom 12. September 1848 hat in ihrem Art. 3 den bekannten, in die abgeänderte Bundesverfassung vom 19. Mai 1874 unverändert übergegangenen Grundsatz aufgestellt: „Die Kantone sind souverän, soweit ihre Souveränetät nicht durch die Bundesverfassung beschränkt ist, und üben als solche alle Rechte aus, welche nicht der Bundesgewalt übertragen sind.“ In diesem Satz hat Tocquevilles Lehre von zwei nebeneinander bestehenden, sachlich voneinander geschiedenen Souveränetäten, m. a. W. die Lehre von der geteilten Souveränetät — Tocquevilles berühmtes Buch „De la démocratie en Amérique“

ist 1835 erschienen — ihren verfassungsrechtlichen Ausdruck gefunden. „Le gouvernement fédéral n'est qu'une exception; le gouvernement des Etats est la règle commune“ (Vol. I, chap. V).

I.

Mit dem Nebeneinanderbestehen zweier selbständiger echter Staatsgewalten im Bundesstaat — Bundesgewalt und gliedstaatliche Gewalt — ist auch die Anerkennung zweier voneinander unabhängiger Rechtsordnungen gegeben, und damit ist das Problem nach ihrem wechselseitigen Verhältnis gestellt. Seine Lösung wurde in den drei erwähnten Bundesstaaten durch ein politisches Moment erschwert: durch die Tatsache, daß der Bundesstaat der Garant der nationalen Einheit wurde und das Bundesrecht daher gegenüber der gliedstaatlichen Gesetzgebung gefühlsmäßig als eine Ordnung höheren Ranges erschien. Hier liegt die Quelle für die Behauptung von dem unbedingten Vorrang des Bundesrechts im Bundesstaat. Ist sie in dieser absoluten Fassung (Reichsrecht bricht Landesrecht; Bundesrecht bricht kantonales Recht) richtig?

1. Die Rechtslage ist in jedem der drei alten Bundesstaaten dieselbe gewesen. Die Bundesverfassung hat staatliche Aufgaben, die bisher in den Machtbereich der Gliedstaaten gehört hatten, diesen entzogen und sie in die Zuständigkeit der neu begründeten Zentralgewalt gewiesen. Es entstand deshalb die Frage, ob die Rechtsordnung, die von der neuen Bundesstaatsgewalt aufgestellt wurde, in den Gliedstaaten erst in Kraft treten sollte auf Grund einer besonderen Anordnung jedes Gliedstaates, so wie es bisher mit dem „gemeinsamen Recht“ im Staatenbund der Fall gewesen war, oder ob das von der Bundesstaatsgewalt innerhalb ihrer Kompetenzsphäre neugeschaffene Bundesrecht für Bürger und Behörden in den Gliedstaaten unmittelbar gelte, ohne daß es dabei einer Mitwirkung des gliedstaatlichen Gesetzgebers bedürfe. „Die unerläßliche Grundlage dieses kunstvollen Staatsbaues bleibt, daß .... die Bürger der Einzelstaaten in ein unmittelbares Untertanenverhältnis zur Bundesgewalt treten“ (Treitschke, Bundesstaat und Einheitsstaat, 1864; Historische und Polit. Aufsätze II[6] S. 113).

In den großen politischen Diskussionen, die im 18. Jahrhundert nach dem Unabhängigkeitskrieg den Bürgern der Union die neue bundesstaatliche Verfassung erklären und nahebringen wollten, bezeichnete der „Federalist“ — jenes Meisterwerk einer populären Aufklärungsschrift — als den Hauptvorzug des Verfassungsentwurfes, daß künftig die Autorität der Union unmittelbar die einzelnen Bürger ergreife. Einer Kollisionsnorm bedurfte es in der Bundesverfassung gar nicht. Seit dem Inkrafttreten der Unionsverfassung, 1789, gehen die Gesetzgebung der Gliedstaaten und die der Union ihre eigenen Wege, und dieses Nebeneinanderleben ist um so leichter möglich, als, wie bekannt, die Union für die Vollziehung ihres Rechts durch Verwaltung und Rechtsprechung von oben bis unten ihre eigenen Behörden besitzt. Entsteht aber die Rechtsfrage, ob ein vom Unionsgesetzgeber erlassenes Bundesgesetz die gesetzgeberische Zuständigkeit der Union überschritten und verfassungswidrig in den Kompetenzbereich der Gliedstaaten eingegriffen habe, so steht die Prüfung darüber bei der Beurteilung des konkreten Rechtsfalles dem erkennenden Gerichte und in letzter Instanz dem obersten Unionsgerichte zu, das auch für diese Fragen der Wächter der Unionsverfassung ist[1]).

2. Ähnlich ist die Rechtslage in der Schweiz[2]). Weder die erste Bundesstaatsverfassung, die Bundesverfassung vom 12. September 1848, noch die geltende Bundesverfassung vom 29. Mai 1874 haben den Grundsatz „Bundesrecht bricht kantonales Recht" ausdrücklich ausgesprochen. Es ist charakteristisch, daß die Vorschrift, auf die man sich zur Rechtfertigung des erwähnten Satzes beruft, in beiden Bundesverfassungen (1848 und 1874) nur in den Übergangsbestimmungen steht. Nun beschränkt sich aber die Bundesverfassung von 1848 in ihren Übergangsbestimmungen Art. 6 auf eine Bestimmung, welche das alte im Staatenbund erlassene eidgenössische Recht, die Tagsatzungsbeschlüsse, aufrechterhielt, bis die neuen in der Bundesverfassung vorgesehenen Bundesgesetze an dessen Stelle treten würden. Den Satz, daß innerhalb der Bundeskompetenz erlassenes eidgenössisches Recht das kantonale Recht von selbst bricht, leitete man unter der Herrschaft der Bundesverfassung von 1848 einfach aus der Unmittelbarkeit der Bundesgewalt und aus der Überlegung ab, daß für gewisse Lebensgebiete die neue Bundesgesetzgebung verfassungsmäßig die Herrschaft erlangt und damit die kantonale Gesetzgebung verdrängt habe. Diese Auffassung liegt auch der Bundesverfassung von 1874 zugrunde. Sie enthält in ihren Übergangsbestimmungen Art. 2 lediglich die Vorschrift, daß Bestimmungen kantonaler Verfassungen und Gesetze, „welche mit der neuen

---

[1]) Gustav Vogt, Über die Organisation der Bundesrechtspflege in den Vereinigten Staaten von Amerika (Zft. f. Schweiz. Recht, n. F. 9, S. 566 ff.); Dietrich Schindler, Die Verfassungsgerichtsbarkeit in den Vereinigten Staaten von Amerika und in der Schweiz (Zft. f. Schweiz. Recht, n. F., Bd. 44, S. 19 ff. und die dort zitierte Literatur).

[2]) Walther Burckhardt, Eidgenössisches Recht bricht Kantonales Recht (Festgabe f. Fleiner, 1927, S. 59 ff.). Fleiner, Schweizerisches Bundesstaatsrecht S. 419 ff.

Bundesverfassung im Widerspruch stehen, mit Annahme derselben bzw. der Erlassung der darin in Aussicht genommenen Bundesgesetze außer Kraft treten". Aber schon bei der Ausarbeitung der Bundesverfassung von 1874 wurde auf ein Bedenken hingewiesen, für das man im Jahre 1848 noch kein durch Erfahrung geschärftes Auge besessen hatte: die Gefahr verfassungswidriger Bundesgesetze. Als die Bundesverfassung von 1874 das ständige Bundesgericht schuf und diesem in weitgehendem Maße (Art. 113) Verfassungsgerichtsbarkeit und die Beurteilung von Kompetenzkonflikten zwischen Bundesbehörden und Kantonalbehörden übertrug, so entstand die Frage, ob das Bundesgericht berufen sein solle, Bundesgesetze auch auf ihre inhaltliche Übereinstimmung mit der Bundesverfassung zu prüfen und also z. B. — dem ganzen Zuschnitt der Verfassungsgerichtsbarkeit entsprechend — Bundesgesetze oder einzelne darin enthaltene Vorschriften aufzuheben, welche in die Zuständigkeit des kantonalen Rechtes eingreifen. Die Bundesverfassung hat jedoch — leider — die endgültige Prüfung der Verfassungsmäßigkeit der Bundesgesetze der Bundesversammlung selbst vorbehalten: „In allen diesen Fällen", sagt in Abs. 3 der Art. 113, der die staatsrechtliche Gerichtsbarkeit des Bundesgerichts umschreibt, „sind jedoch die von der Bundesversammlung erlassenen Gesetze . . . für das Bundesgericht maßgebend". Damit hat man den Bock zum Gärtner gesetzt. Es ist bekannt, das schon seit Jahren der Kampf darum geht, diese Einschränkung durch Partialrevision der Bundesverfassung zu beseitigen und das Bundesgericht von der erwähnten Fessel zu befreien. Immerhin bestehen schon heute Garantien für die Einhaltung der Kompetenzschranken: die eine ist das Referendum, die Volksabstimmung; die andre die streng festgehaltene Tradition, der zufolge die Bundesversammlung am Eingang jedes Bundesgesetzes mitteilen muß, auf welche Vorschrift der Bundesverfassung sie die Kompetenz gründet, in dieser Materie ein Gesetz zu erlassen. Vor allem aber steht es dem Richter wie dem Verwaltungsbeamten zu, bei der Anwendung der Gesetze zu prüfen, ob und wieweit eidgenössisches und wieweit kantonales Recht maßgebend ist — immer unter dem Vorbehalt des Art. 113 Abs. 3 der Bundesverfassung.

Gegen eine Verkümmerung des eidgenössischen Rechts hat die Bundesgesetzgebung ausreichende Rechtsmittel ausgebildet: die Berufung (Revision) an das Bundesgericht mit der Behauptung, es habe der kantonale Richter einen Satz des eidgenössischen Zivil- oder Strafrechts nicht oder nicht richtig ausgelegt. Das Bundesgericht hat ferner, soweit normale Rechtsmittel nicht gegeben sind, den staatsrechtlichen Rekurs an das

Bundesgericht zugelassen mit der Erwägung, der erwähnte Art. 2 der Übergangsbestimmungen über die „derogatorische Kraft“ des Bundesrechts gewährleiste ein individuelles Recht jedes Bürgers. So sind die eidgenössischen Rechtsmittel zunächst einseitig darauf zugeschnitten, daß der Geltungsbereich des Bundesrechts nicht beeinträchtigt werde. Aber die Auffassung, die in dem Satze „Bundesrecht bricht kantonales Recht“ eine Norm der staatsrechtlichen Abgrenzung zweier Herrschaftssphären erblickt, ist in der neuern bundesgerichtlichen Praxis weiter ausgebaut worden: das Bundesgericht hat wiederholt bei der Beurteilung von zivilrechtlichen Beschwerden[3]) erklärt, es sei Bundesrecht auch dann verletzt, wenn der kantonale Richter im Wege der Auslegung das Bundesrecht auf Rechtsverhältnisse erstrecke, die nach der Meinung des Bundesgesetzgebers unter das kantonale Recht gehörten[4]).

Die Gleichordnung der beiden Rechtskreise tut der Souveränetät des Bundes keinen Eintrag. Denn im Konfliktsfalle sind es ausschließlich Bundesorgane, die darüber entscheiden, ob dem Bunde oder dem Kanton die Kompetenz zur Gesetzgebung zusteht.

3. Eine von der bisherigen Bundesstaatslehre abweichende Auffassung hat erst die Verfassung des Deutschen Reiches von 1871 oder, richtiger gesagt, die auf Grund dieser Verfassung entwickelte wissenschaftliche Theorie zur Geltung gebracht. Sie ist ausgegangen von dem Satze der Reichsverfassung Art. 2, demzufolge das Reich das Recht der Gesetzgebung innerhalb des Reichsgebietes ausübt „nach Maßgabe des Inhalts dieser Verfassung mit der Wirkung, daß die Reichsgesetze den Landesgesetzen vorgehen“[5]). Die meisten Schrift-

---

[3]) Nach dem Bundesgesetz über die Organisation der Bundesrechtspflege vom 22. März 1893 (Fassung vom 6. Oktober 1911) ist die zivilrechtliche Beschwerde, im Gegensatz zur Berufung (revisio in iure), vom Streitwert unabhängig. Art. 87: „Durch Beschwerde können ferner angefochten werden letztinstanzliche, der Berufung nicht unterliegende kantonale Entscheide in Zivilsachen: 1. wegen Anwendung kantonalen oder ausländischen anstatt eidgenössischen Rechtes ...“

[4]) Entscheidungen des Schweiz. Bundesgerichts Bd. 14 S. 427; Bd. 29 I S. 180; Bd. 46 I S. 280 („eine Verletzung des Bundesrechts liegt nicht nur dann vor, wenn der kantonale Richter in einem nach Bundesrecht zu beurteilenden Prozesse Bundesrecht nicht oder nicht richtig anwendet, sondern auch dann, wenn er seinem Urteil irrtümlicherweise eidgenössisches statt kantonales Recht zugrunde legt“). Vgl. ferner Bd. 48 I S. 232.

[5]) Der Wortlaut schließt an die Vorschrift der Verfassung des Deutschen Reichs vom 28. März 1849 § 66 an: „Reichsgesetze gehen den Gesetzen der Einzelstaaten vor, insofern ihnen nicht ausdrücklich nur subsidiäre Geltung beigelegt ist.“ Die Bestimmung steht am

steller haben darin die Anerkennung eines absoluten Vorranges der Reichsgesetze gegenüber den Landesgesetzen erblickt[6]). Dieser Vorrang ergab sich aus dem Grundsatz — ich zitiere Laband, Staatsrecht des Deutschen Reichs 5. Aufl. II S. 115 —, „daß das Reich die souveräne Gesetzgebungsgewalt, die Einzelstaaten die Autonomie haben", der Vorrang der Reichsgesetze beruhe m. a. W. darauf, „daß ihre Sanktion von der höheren, und zwar der souveränen Gewalt ausgeht". Man hat bei dieser Auslegung der Reichsverfassung das Schwergewicht einseitig auf das „Vorgehen" der Reichsgesetze gelegt und dem Satze keine gleichwertige Bedeutung beigelegt, daß dieses Vorgehen allein den „nach Maßgabe des Inhalts der Reichsverfassung" erlassenen Reichsgesetzen, also nur den im Bereich der Reichszuständigkeit beschlossenen Gesetzen, zugesprochen worden ist. Die „absolute" Lösung hing u. a. damit zusammen, daß vor 1919 im Reiche eine einheitliche richterliche Instanz fehlte, vor welcher die Frage der Kompetenzabgrenzung zwischen der Gesetzgebungshoheit des Reichs und der der Gliedstaaten ex professo hätte verhandelt werden können.

Die Weimarer Reichsverfassung vom 11. August 1919 hat m. E. die Rechtslage verschoben. Allerdings scheint es zunächst, sie habe den souveränen Vorrang kompetenzwidriger Reichsgesetze noch schärfer hervorgehoben, als die Verfassung von 1871. „Reichsrecht bricht Landrecht", sagt Art. 13 Abs. 1, und der Abs. 2 beschränkt seine Sorge einseitig darauf, eine unabhängige richterliche Instanz zur Verfügung zu stellen, um den Geltungsbereich des Reichsrechts gegenüber dem Landesrecht zu schirmen. Es braucht kaum ausführlich daran erinnert zu werden, daß dem Satz des Art. 13 Abs. 1 sprachlich als Muster gedient hat das alte deutsche Rechtssprichwort „Stadtrecht bricht Landrecht, Landrecht bricht gemein Recht", d. h. jene Rechtsauffassung, die für den Einzelnen das Recht seines engeren Rechtskreises gegenüber dem weiteren Rechtskreise vorgehen ließ[7]). Der Satz „Reichsrecht bricht Landesrecht" —

Schluß der Vorschriften, die die Zuständigkeit der Reichsgewalt umschreiben, und weist schon um dieses Umstandes willen darauf hin, daß die Verfassung der Paulskirche nur an kompetenzgemäß erlassene Reichsgesetze gedacht hat. Das bestätigt auch der Zusatz über Reichsgesetze mit subsidiärer Geltung. Die Regel sollte sein, daß die in die Zuständigkeit des Reichs fallenden Reichsgesetze absolute Geltung beanspruchten und subsidiär nur galten, soweit ein Reichsgesetz das ausdrücklich vorsah.

[6]) Georg Meyer-Anschütz, Lehrbuch des Deutschen Staatsrechts, 7. Aufl., 1919, S. 715 ff. Paul Posener, Das deutsche Reichsrecht im Verhältnis zum Landesrecht, 1900 (Brie, Abhandlungen III).

[7]) Andreas Heusler, Institutionen des Deutschen Privatrechts, I S. 23 ff., 32 ff. Hans Fehr, Deutsche Rechtsgeschichte, 2. Aufl., 1925, S. 120 ff.

denn das ist seine alte Formulierung — hat das Gesicht des Satzes nach einer ganz anderen Richtung gewendet: nicht das Recht des engeren, sondern das des größeren Rechtskreises soll vorgehen.

Aber diese sprachliche Übersteigerung der Weimarer Verfassungsbestimmung wird alsbald durch eine folgende Vorschrift der Verfassung selbst in den verfassungsmäßigen Rahmen zurückgeschraubt. Ich halte es mit Triepel, Streitigkeiten zwischen Reich und Ländern, 1923, S. 87 ff., für zweifellos, daß Art. 19 der Weimarer Reichsverfassung jedem Lande die Befugnis verleiht, sich vor dem Staatsgerichtshof gegen einen verfassungswidrigen Einbruch des Reichsgesetzgebers in den Bereich der Landesgesetzgebung zu wehren. Vgl. auch Nawiasky, Grundprobleme der Reichsverfassung, 1928, S. 71 ff. Diese Gerichtsstandsnorm ist aber nur verständlich von der Erwägung aus, daß allein das kompetenzgemäß erlassene Reichsrecht das widerstreitende Landesrecht bricht.

Ich komme somit zum Ergebnis, daß Reichsrecht und Landesrecht innerhalb ihres Kompetenzbereiches gleichwertige Rechtsordnungen sind — wobei es keinen Unterschied begründet, in welcher Form (Gesetz, Verordnung) Reichsrecht auf der einen, Landesrecht auf der andern Seite in die Erscheinung tritt. (In der Schweiz gilt als kantonales Recht [Landesrecht] auch der interkantonale Vertrag, das Konkordat, in welchem die Kantone eine ihrer Kompetenzsphäre vorbehaltene Materie gemeinsam regeln.) Insoweit pflichte ich dem Aufsatz von Doehl bei, „Reichsrecht bricht Landrecht" (Arch. f. öff. Recht n. F. 12 [1927] S. 37 ff.). Unabhängig und vorgängig einer Entscheidung des Staatsgerichtshofes haben Zivil- und Strafrichter ein Prüfungsrecht. Die Souveränetät des Reichsrechts findet somit nicht in dem Vorrang verfassungswidriger Reichsgesetze, sondern darin ihren Ausdruck, daß 1. das Reich in der Reichsverfassung einseitig die der Reichsgesetzgebung unterworfenen Materien bestimmt und festsetzt, wieweit der Reichsgesetzgeber zu deren Regelung zuständig ist, und daß 2. das Reich einseitig die Organe bezeichnet, die im Streitfalle verbindlich für Reich und Länder darüber zu entscheiden haben, ob das Reichsrecht oder das Landesrecht sachlich zuständig ist.

Soweit die bundesstaatliche Rechtsordnung kompetenzgemäß sich einer Materie bemächtigt hat, die bisher der gliedstaatlichen Zuständigkeit unterstand, ist das gliedstaatliche Recht endgültig beseitigt und nicht etwa bloß suspendiert, d. h. in seiner Wirkung gehemmt. Zieht in der Folge der Bundesstaat seine Zuständigkeit zurück, so wird wiederum Raum für die gliedstaatliche Gesetzgebungskompetenz; der Zentralstaat braucht sie ihm nicht besonders zurückzuverleihen. Hier zeigt es sich, daß im Bundesstaat der Gliedstaat — anders als der Gesamtstaat — seine eigenen Zuständigkeiten nicht aus der Bundesverfassung ableitet. Aber das alte gliedstaatliche Gesetz lebt nicht von selbst wieder auf[8]). Es bedarf vielmehr einer neuen Rechtsschöpfung durch den Gliedstaat. In der Schweiz wurden mit Inkrafttreten der Bundesverfassung von 1874 alle Beschränkungen der in Art. 31 verkündeten Gewerbefreiheit aufgehoben, insbesondere fiel der in den Wirtschaftsgesetzen der Kantone aufgestellte Bedürfnisnachweis. Eine zur Bekämpfung des Alkoholismus beschlossene Partialrevision der Bundesverfassung von 1885 ermächtigte jedoch die Kantone, die Ausübung des Wirtschaftswesens auf dem Wege der Gesetzgebung den durch das öffentliche Wohl geforderten Beschränkungen zu unterwerfen, und es fehlte nun nicht an Versuchen der kantonalen Regierungen, die alten kantonalen Wirtschaftsgesetze ohne weiteres als vollziehbar zu behandeln, nachdem die bundesrechtliche Hemmung hinweggefallen war. Das haben die Bundesbehörden mit Fug für unzulässig erklärt. Zur Einführung des Bedürfnisnachweises bedurfte es einer neuen Anordnung des kantonalen Gesetzgebers[9]).

II.

Für das nordamerikanische Bundesstaatsrecht ist mit dem „iudicium finium regundorum" das Problem Unionsrecht einerseits, Staatenrecht anderseits erschöpft — von Ausnahmen wird noch zu sprechen sein. Die beiden Rechtskreise schneiden sich nicht.

Anders dagegen verhält es sich in Deutschland und in der Schweiz. Hier findet eine wechselseitige Beeinflussung und Durchdringung der beiden Rechtsordnungen statt. Nur beiläufig sei erwähnt, daß in beiden Staaten die Zentralstaatsgewalt die gliedstaatliche Gewalt sogar in deren eigenstem Gebiet, dem der Ausgestaltung der gliedstaatlichen Verfassung, zu beeinflussen vermag. Der historische Vortritt kommt hier dem schweizerischen Bundesstaatsrechte zu. Die Bundesverfassung von 1848 wie die von 1874 Art. 6 schreiben den Kantonen bestimmte Grundsätze für ihren Verfassungsbau vor: die republikanische Staatsform, das obligatorische Verfassungsreferendum und die Volksinitiative für Verfassungsänderungen. Noch tiefer greift die Weimarer Reichsverfassung von 1919 in die Selbständigkeit der Gliedstaaten ein mit den Vorschriften über

---

[8]) Ebenso Anschütz, Kommentar zu Art. 12, Bemerkung 2. Doehl, Arch. öff. R. 12 S. 105.

[9]) Entscheidungen des Schweiz. Bundesgerichts, Bd. 15 S. 157. v. Salis, Schweiz. Bundesrecht II[2] Nr. 930. Fleiner, Schweiz. Bundesstaatsrecht S. 387.

die freistaatliche Verfassung der Länder, die Art der Zusammensetzung ihrer Volksvertretung, die Gebietsänderungen, die Anstellung der Beamten u. a. m.

Für die unmittelbare Rechtsanwendung ist jedoch eine andre Erscheinung von besonderer Wichtigkeit: die Ergänzung des Reichsrechts (Bundesrechts) durch das gliedstaatliche Recht. Ausschließlich im Bundesrecht ist die Antwort darauf zu suchen, ob überhaupt Raum für eine eigentlich gliedstaatliche Ergänzung vorhanden ist. Ich lasse daher die Fälle außer Betracht, in denen ein Gliedstaat bundesstaatliche Vorschriften als solche in seinen eigenen gliedstaatlichen Gesetzen wiederholt wegen des inneren Zusammenhangs, in denen das eigene Landesrecht zu den übernommenen bundesrechtlichen Sätzen steht. Es fehlt in Deutschland nicht an Stimmen[10]), die ein derartiges Verfahren als unzulässig betrachten. In der Schweiz wird es von jeher in Wissenschaft und Praxis als einwandfrei betrachtet. So z. B. bildet es eine ganz regelmäßige Erscheinung, daß die Kantonsverfassungen gewisse Grundsätze über das Schulwesen aufstellen, dabei jedoch einen Widerspruch zu den Vorschriften der Bundesverfassung über die Konfessionslosigkeit der öffentlichen Schulen dadurch ausschließen, daß sie einfach die maßgebenden Bestimmungen der Bundesverfassung (Art. 27) wiederholen. Sogar ein Hinweis auf diese Quelle kann fehlen; er ist überflüssig in einer Demokratie, in welcher der Text der Bundesverfassung Allgemeingut geworden ist.

Eine gliedstaatliche Ergänzung von Bundesrecht ist naturgemäß in allen den Fällen ausgeschlossen, in welchen nach der Bundes- (Reichs-) verfassung die Gewährleistung bestimmter individueller Freiheitsrechte den Sinn hat, dem Individuum innerhalb der verfassungsmäßigen Schranken einen von jedem staatlichen Eingriffe — mag er vom Bunde oder dem Gliedstaate ausgehen — freien Raum zu schaffen. So hat die Schweizerische Bundesverfassung vom 19. Mai 1874 Art. 49 u. 50 die unmittelbaren Folgerungen, die sich aus der Glaubens- und Gewissensfreiheit und aus der Kultusfreiheit ergeben (kein Zwang zur Vornahme einer religiösen Handlung, Unabhängigkeit der bürgerlichen Rechte vom Religionsbekenntnis usf.), selbst ausgesprochen, um jedes Ausführungsgesetz auszuschließen, und in diesem Punkte hat die Schweizerische Bundesverfassung der Weimarer Reichsverfassung Art. 135 ff. als Muster gedient.

Eine Ergänzung durch den Gliedstaat ist aber ferner ausgeschlossen in den Fällen, in welchen das Reich (der Bund)

---

[10]) Vgl. z. B. Hänel, Staatsrecht I S. 252.

von seinem Recht zur Gesetzgebung Gebrauch gemacht hat durch eine erschöpfende Regelung einer Materie.

Außerhalb der genannten Fälle bildet die Ergänzung des Bundesrechts durch gliedstaatliches Recht auf Grund eines Auftrags oder einer Ermächtigung des Bundesrechts eine Besonderheit des Bundesstaats in Deutschland, der Schweiz und Österreich. Sie stellt eine Form des Zusammenwirkens von Bundesgewalt und gliedstaatlicher Gewalt dar, in der sich u. a. die Eigenart unseres europäischen Bundesstaatsbegriffs gegenüber dem der nordamerikanischen Union ausgeprägt hat. In der Union ist bei der scharfen Ausscheidung der Machtsphären zwischen Union und den Gliedstaaten und bei der Trennung der beidseitigen Behördenorganismen bis in die allerneuste Zeit dieses Zusammenwirken unbekannt gewesen. Das XVIII. Amendement zur Unionsverfassung, die Prohibition (1921)[11]), wird von zahlreichen amerikanischen Juristen — auch von „trockenen" — beklagt und bekämpft nicht bloß um seines Übergriffs in das bisher den Gliedstaaten vorbehaltene Gebiet der Polizeigewalt willen, sondern auch deshalb, weil es die Vollziehung des Alkoholverbots von dem Zusammenwirken der Union und der Gliedstaaten abhängig macht. „Der Kongreß und die Einzelstaaten", sagt das Amendement XVIII in Ziff. 2, „sollen konkurrierende Gewalt haben, diesen Artikel durch eine geeignete Gesetzgebung durchzuführen." Es handelt sich um die nähere Bestimmung darüber, welche Getränke als „berauschende Getränke" vom Verkehr und Genuß ausgeschlossen sind. Im Staat Wisconsin hat, wie bekannt, vor kurzem das Volk, als Protest gegen das Alkoholverbot der Union, das s. Z. erlassene gliedstaatliche Ausführungsgesetz wieder aufgehoben und damit die Vollziehung des XVIII. Amendements in Wisconsin eingestellt und so einen Konflikt mit der Unionsregierung heraufbeschworen.

1. In unseren europäischen Bundesstaaten ist es Sache der maßgebenden Bundesvorschrift (sei sie in einem Verfassungsartikel oder in einem Ausführungsgesetze enthalten) anzuordnen, in welchem Umfang für die Rechtsetzung des Gliedstaates ein Raum offen ist und ob dessen Ausfüllung eine bundes- (reichs-) rechtliche Pflicht der Gliedstaaten darstellt oder ihrem freien Willen anheimgegeben ist. Auf den Wortlaut, mit dem die Ermächtigung (oder die Erteilung des Auftrages) ausgesprochen wird, kommt es nicht an. Die Redeweise unserer Gesetze ist gerade hier eine zuchtlose; es ge-

---

[11]) Freund, Jbch. öff. R. XI (1922) S. 377. Nicholas Murray Butler, Der Aufbau d. amerik. Staates, Deutsche Ausgabe 1927, S. 238 ff. André Siegfried, Les Etats-Unis d'aujourd'hui, 4. édit. 1928, p. 66—86.

nügt daran zu erinnern, was alles durch den Ausdruck gedeckt wird, es sei dem gliedstaatlichen Rechte „vorbehalten“, oder es bleibe die Kompetenz der Landesgesetzgebung „unberührt“. Ein und dieselbe Redeweise wird hier dazu verwendet, zwei juristisch ganz verschiedene Wirkungen in dem Verhältnis Landesrecht zu Reichsrecht zu regeln:

a) Mit seinem „Vorbehalt“ — man hat gelegentlich hier von einem „echten Vorbehalt“ gesprochen — kann der Reichs- (Bundes-) gesetzgeber den Gliedstaaten die Ermächtigung oder Verpflichtung übertragen, ihrerseits und mit ihrer eigenen Staatsgewalt Recht zu setzen in einer Materie, die verfassungsmäßig zum Sachgebiete des Reichs- (Bundes-) gesetzgebers gehört. Dabei begründet es keinen Unterschied, wieweit ein Reichsgesetz die Materie selbst geregelt hat und wie groß die landesrechtlich auszufüllenden Lücken sind. Verfassungsrechtlich steht es dem gleich, wenn der Reichsgesetzgeber bei der Regelung einer reichsrechtlichen Materie die gliedstaatlichen Gesetzgeber ermächtigt, über die reichsgesetzliche Regelung hinaus weitere Vorschriften aufzustellen (z. B. EG. z. BGB. 124, Nachbarrecht, Schweiz. ZGB. 472 [Ausdehnung des Pflichtteils der Geschwister auf deren Nachkommen]). Möglich ist auch, daß der Reichsgesetzgeber aus einer ihm unterworfenen Materie ein Teilgebiet ausscheidet, um es der landesrechtlichen Regelung anheimzugeben. Ob hierfür historische oder praktische Erwägungen oder ob die Rücksicht darauf maßgebend ist, daß das Teilgebiet mit Materien der landesgesetzlichen Zuständigkeit enge zusammenhängt, ist juristisch gleichgültig. Beispiele: EG. z. BGB. Art. 59 (Lehenrecht, Familienfideikommisse); Art. 62 (Rentengüter) u. a. m. In allen diesen Fällen gründet sich die sachliche Kompetenz des Landesgesetzgebers auf eine bundes- (reichs-) gesetzliche Zuweisung. — Ob der Reichsgesetzgeber seinerseits verfassungsmäßig zu einer solchen Zuweisung als befugt erscheint, ist eine Frage für sich. Für unser europäisches Bundesstaatsrecht ist m. E. die Frage selbst für jene Fälle zu bejahen, in denen die Verfassung dem Reichs- (Bundes-) gesetzgeber die ausschließliche Gesetzgebungskompetenz in einer Materie zuspricht und damit die gliedstaatliche Gesetzgebung ausschaltet. Denn die Zuständigkeit zur ausschließlichen Gesetzgebung bedeutet bloß, daß die gliedstaatliche Kompetenz mit dem Inkrafttreten der erwähnten Verfassungsbestimmung pro futuro untergegangen und für dieses Sachgebiet allein der Wille der Bundesstaatsgewalt maßgebend ist. Aber eine solche Verfassungsvorschrift greift — wenn die Verfassung nicht ausdrücklich ein anderes bestimmt hat — nicht ein in das Ermessen des Ausführungsgesetzgebers, frei darüber zu befinden, wieweit er die Materie erschöpfend und abschließend selbst ordnen oder für einzelne Verhältnisse eine Ergänzung durch das Landesrecht vorsehen will. Denn auch hier zeigt es sich, daß unser europäischer Bundesstaat begriffsmäßig auf dem Zusammenwirken von Reich (Bund) und Gliedern aufgebaut ist.

b) Eine ganz andre Bedeutung besitzt der „Vorbehalt" — „uneigentlicher Vorbehalt" —, welcher keine bundesgesetzliche Kompetenzzuweisung an die Gliedstaaten vornimmt, sondern aus praktischen oder politischen Gründen im Hinblick auf ein bestimmtes Verhältnis die verfassungsmäßige Kompetenzabgrenzung einfach wiederholt. Derartige „Vorbehalte" haben lediglich deklaratorische Bedeutung; sie sind als bloße Feststellungen zu werten, denn sie geben und nehmen den Gliedstaaten keine Zuständigkeiten, die ihnen nicht schon auf Grund der Verfassung zukommen. Beispiele: Die Vorschriften des EG. z. BGB., welche gemäß der Reichsverfassung v. 1871 für die Ordnung der landeskirchlichen Fragen (einschließlich der religiösen Kindererziehung) das Landesrecht als zuständig erklärten, oder die Bestimmung des Art. 111, die für die polizeilichen Einschränkungen des Eigentums die landesgesetzlichen Vorschriften als maßgebend anerkannte. Der vielzitierte Art. 6 des Schweizerischen ZGB., demzufolge die Kantone in ihren öffentlich-rechtlichen Befugnissen durch das Bundeszivilrecht nicht beschränkt werden, spricht einen selbstverständlichen Satz aus. Folgerungen daraus werden im weiteren Verlauf des ZGB. an zahlreichen Stellen wiederholt, so z. B. in Art. 664, wonach die öffentlichen Sachen unter der Hoheit des Staates stehen, in dessen Gebiet sie sich befinden; Art. 702, „Vorbehalt" des öffentlichen Rechts der Gemeinden und Kantone, „Beschränkungen des Grundeigentums zum allgemeinen Wohl aufzustellen". Alle diese „unechten Vorbehalte" fallen zunächst für die folgende Erörterung außer Betracht.

c) Wenn das Bundesrecht dem ergänzenden Landesrecht ruft oder es ihm im Wege der Ermächtigung einen bestimmten Raum schafft, so vermag es ihm gleichzeitig verbindliche Anweisungen — in positivem oder negativem Sinne — aufzuerlegen, welche die Freiheit des Landesgesetzgebers einschränken. So behält die ReichsGewO. § 21 die näheren Bestimmungen über die Behörden und das Verfahren bei der Genehmigung gewerblicher Anlagen dem Landesgesetzgeber vor, führt aber mit den Worten „Es sind jedoch folgende Grundsätze einzuhalten" weitgehende Beschränkungen des landesgesetzgeberischen Ermessens bei[12]).

---

[12]) Ein Beispiel aus dem schweiz. Recht: Das eidg. Zivilstands-

Da die gliedstaatliche Gewalt vom Bundesgesetzgeber aufgerufen wird, tätig zu werden, so ist sie auch zuständig, nach den Grundsätzen ihres eigenen Landesrechts die Form zu bestimmen (Gesetz oder Verordnung), in die diese stellvertretende Rechtsetzung eingekleidet werden muß. Ausnahmsweise kann der Bundes (Reichs-) gesetzgeber dem Gliedstaate selbst die Form vorschreiben, deren er sich zu bedienen hat. Dies greift dann Platz, wenn der Bundesstaatsgewalt aus praktischen oder politischen Gründen daran gelegen ist, daß die landesrechtliche Ergänzung entweder in der der Abänderung leichter zugänglichen Form der Verordnung oder aber in der gewichtigeren Form des Gesetzes stattfindet. Die Beispiele aus dem deutschen Reichsrecht sind zahlreich; ich erinnere nur an die Vorschriften der Reichsgewerbeordnung, welche Verordnungen der Landesregierungen oder der Ortspolizeibehörden rufen (z. B. §§ 37, 38, 42 b u. dgl.). Auch zwei interessante Belege aus dem schweizerischen Recht gehören in diesen Zusammenhang. Die Vorschrift über den Bedürfnisnachweis bei der Erteilung der Schankkonzession, des „Wirtschaftspatentes" (wie man in der Schweiz sagt), darf von den Kantonen nur auf dem Wege der Gesetzgebung eingeführt werden; diese weitgehende Beschränkung der Gewerbefreiheit soll m. a. W. im Referendumsstaat stets nur unter Mitwirkung der Aktivbürgerschaft beschlossen werden können. Anderseits hat das ZGB. in seinen Einführungsbestimmungen Art. 52 die Kantone ermächtigt — nicht verpflichtet, „sie dürfen" —, die zur Ausführung des ZGB. notwendigen kantonalrechtlichen Ergänzungen auf dem Verordnungsweg zu erlassen; diese Ermächtigung traf Vorsorge dagegen, daß in einem Kanton das Volk durch Verwerfung des kantonalen Einführungsgesetzes zum ZGB. das Inkrafttreten des eidgenössischen Rechtes erschweren oder teilweise verhindern könnte. Es wirkte hier beim Bundesgesetzgeber eine Erinnerung an Vorgänge nach, die sich in einzelnen Kantonen bei der Einführung des eidgenössischen Schuldbetreibungs- und Konkursgesetzes von 1889 abgespielt hatten[13]).

2. Verschieden von den bisher dargestellten Fällen sind zwei besondere staatsrechtliche Erscheinungen des Problems, das uns in diesen Erörterungen beschäftigt.

Die Bundesstaatsverfassung kann davon ausgehen, daß bestimmte Sachgebiete in die Zuständigkeit der Gliedstaaten

---

gesetz vom 24. Christmonat 1874 übertrug die Führung der Zivilstandsregister, die Bildung der Zivilstandskreise, die Organisation der Zivilstandsämter usf. den Kantonen, fügte jedoch bei (Art. 2): „Die Zivilstandsbeamten müssen weltlichen Standes sein." Das ZGB. Art. 40 und 41 hat diese Vorschriften übernommen.

[13]) Fleiner, Schweiz. Bundesstaatsrecht, S. 63.

fallen, aber die Bundesgewalt ein überragendes Interesse daran besitzt, daß trotz der gliedstaatlichen Verschiedenheiten im ganzen Bundes- (Reichs-) gebiet gewisse allgemeine Rechtsgrundsätze durchgängig gelten sollen. Die Kompetenz zur sogenannten Grundsatzgesetzgebung des Reichs gemäß Art. 10 der Weimarer Reichsverfassung geht von diesem verfassungsrechtlichen Gedanken aus[14]. — Die Bundesverfassung der Schweiz. Eidgenossenschaft vom 19. Mai 1874 enthält gleichfalls eine Reihe derartiger Erscheinungen. So setzt sie voraus, daß die Ausgestaltung des Volksschulwesens zur angestammten Zuständigkeit der Kantone gehört. Aber die Bundesverfassung selbst hat in Art. 27 den Kantonen die Pflicht auferlegt, für genügenden obligatorischen, unentgeltlichen und konfessionslosen Primarunterricht zu sorgen. Zu einer eidgenössischen Ausführungsgesetzgebung ist der Bund nicht kompetent. — Zu einer eigentlichen „Grundsatzgesetzgebung" ermächtigt die Bundesverfassung den Bund jedoch dort, wo sie ihm die „Oberaufsicht" über die Wasserbau- und Forstpolizei (Art. 24) oder die „Oberaufsicht" über die Nutzbarmachung der Wasserkräfte (Art. 24 bis) überträgt. Die Regelung des Forstwesens und der Forstpolizei und ebenso die Hoheit über die öffentlichen Gewässer stehen den Kantonen zu. Die gemäß den zitierten Artikeln der Bundesverfassung erlassene eidgenössische Ausführungsgesetzgebung hat jedoch eingreifende Vorschriften zur Erhaltung des Forstbestandes der Schweiz und zur rationellen Ausnützung der Wasserkräfte (la houille blanche) — die Schweiz ist ein kohlenarmes Land — aufgestellt. Die Vorschriften enthalten teils Anweisungen an die kantonalen Behörden, teils Rechtssätze, die auch von den Bürgern unmittelbar zu befolgen sind. — Nicht unerwähnt soll bleiben, daß die Nordamerikanische Union in das Wirtschaftsleben und den Handelsverkehr der Gliedstaaten nur insoweit einzugreifen vermag, als sie ihre gesetzgeberischen Maßnahmen (Trust- und Eisenbahngesetzgebung) auf die in der Unionsverfassung vorgesehene Zuständigkeit zur Regelung des „zwischenstaatlichen Handels" zu stützen vermag[15].

Es ist aber ferner möglich — und das ist die zweite der oben angedeuteten Erscheinungen —, daß das Bundesrecht

[14]) Stier-Somlo, Reichs- und Landesstaatsrecht I S. 386. Pötzsch-Heffter, Handkommentar der Reichsverfassung, 3. Aufl., S. 100 ff.

[15]) Unionsverfassung I 8: „The congress shall have power — § 3 To regulate commerce with foreign nations, and among the several states, and with the Indian tribes." Ernst Freund, Das öffentliche Recht der Vereinigten Staaten, 1911, S. 25 ff., 279.

seine Vorschriften nur dann zur Anwendung bringen will, wenn das gliedstaatliche Recht in der Materie selbst keine besondere Regelung getroffen hat. So kommt nach GVG. § 17 der Vorrang der ordentlichen Gerichte bei der Entscheidung über die Zuständigkeit des Rechtsweges nur insofern zur Geltung, als die Landesgesetzgebung keine besonderen Kompetenzgerichte eingesetzt hat. Ebenso sind die Vorschriften des eidgenössischen Obligationenrechts über Haftung für unerlaubte Handlungen auf kantonale Beamten nur dann anwendbar, wenn der betreffende Kanton keine abweichenden Bestimmungen aufgestellt hat (OR. 61). Es liegt, trotz der Kritik Doehls, kein Grund vor, hier nicht von Subsidiarität des Bundesrechts zu sprechen. Das Bundesrecht hat sich ein Sachgebiet nur unter der Bedingung unterworfen, daß der Gliedstaat es nicht unter seine eigene Gesetzgebungshoheit zieht. Macht der Gliedstaat von seiner Kompetenz keinen Gebrauch, so bleibt die bundesrechtliche Rechtssetzung maßgebend. Der Fall ist scharf zu trennen von jener anderen Möglichkeit, wonach der Gliedstaat in seinem eigenen Gesetzgebungsbereich in einzelnen Materien von der Setzung eigenen Rechts absieht und einfach den Inhalt bundes- (reichs-) rechtlicher Vorschriften, die für Reichs- (Bundes-) Materien erlassen wurden, übernimmt und sie zum Landesrecht stempelt[16]).

3. Das führt uns zu der Frage zurück, ob das von den Gliedstaaten kraft Auftrages oder Ermächtigung erlassene Recht, das zur Ergänzung des Reichsrechtes dient, Reichs- (Bundes-) oder Landes- (Kantons-) recht ist. Laband hat die seither weit verbreitete Ansicht verteidigt, das erwähnte gliedstaatliche Recht sei materiell Reichsrecht, formell aber Landesrecht (Staatsrecht des Deutschen Reichs, II S. 102). Laband hat damit den Vorrang der echten landesrechtlichen Ergänzungsnorm erklären und dieser das Übergewicht sichern wollen gegenüber dem innerhalb des eigenen Machtbereiches eines Gliedstaates erlassenen Rechte. Denn es steht außer Zweifel, daß eine zur Ergänzung des Reichsrechts erlassene gliedstaatliche Verordnung — vorausgesetzt, daß sie sich innerhalb des reichsgesetzlich zugewiesenen Kompetenzbereichs hält — das eigene widerstreitende Landesrecht bricht, bis hinauf zu den gliedstaatlichen Verfassungsvorschriften. Den Maßstab für die rechtliche Würdigung dieser Erscheinung geben uns die grundsätzlichen Erörterungen, die wir an den Eingang unseres Berichtes gestellt haben.

Eine verbreitete Meinung behauptet nun, bei der Ergänzung des Bundesrechts handelten die Länder als Organe des

---

[16]) Entsch. d. Schweiz. Bundesgerichts Bd. 13, S. 511; Bd. 16, S. 167 ff.

Bundesstaates, also sei das von ihnen erzeugte Recht Bundes-(Reichs-) recht. Trifft dies zu? Eine allgemeine Bemerkung sei vorausgeschickt. Der Bundesstaat vermag die Gliedstaaten im Interesse der Bundesstaatsgewalt in zwei verschiedenen Formen heranzuziehen. Zum ersten dadurch, daß er die Bestellung bundesstaatlicher Organe den Gliedstaaten überträgt. Der Bundesrat der Bismarckschen Reichsverfassung war ein Reichsorgan, aber die Labandsche Lehre, daß er gleichzeitig ein Organ der Gliedstaaten sei, war insofern richtig, als die Regierungen der Gliedstaaten in diesem Reichsorgan ihren gliedstaatlichen Einfluß auf die Reichsgewalt ausübten. Ebenso ist der heutige Reichsrat u. E. ausschließlich Reichsorgan und nicht etwa gemeinsames Organ der Länder. Bundesrat und Reichsrat bilden Reichswillen. Der schweizerische Ständerat ist eine parlamentarische Kammer des Bundes, trotzdem die Mitglieder des Ständerates von den Kantonen gewählt und entschädigt werden. — Die zweite Form gliedstaatlicher Mitwirkung liegt vor in den Fällen, in denen die Bundesgewalt sich der Gliedstaaten bedient zur Vollziehung des Reichs- (Bundes-) rechts, m. a. W., wenn die Bundesstaatsgewalt bei der Vollziehung des Bundesrechts Raum schaffen will für die bundesstaatliche Vielgestaltigkeit. An dieser Stelle soll nur die Rede sein von der einen Seite der Vollziehung i. w. S., nämlich von der ergänzenden Rechtsetzung.

Der Gesetzgeber des Bundesstaates findet neben sich in jedem Gliedstaate eine echte ursprüngliche Gesetzgebungsgewalt vor. Diese darf er aufrufen, im Interesse des Bundes tätig zu werden. Er braucht ihr somit nicht erst eine Rechtsetzungsgewalt zu übertragen, wie es der staatliche Gesetzgeber tun muß, welcher den Verwaltungsbehörden das Verordnungsrecht in einer Materie zuweist. Das Reich (der Bund) beschränkt sich vielmehr darauf, dem Gliedstaat aus dem Gesetzgebungsbereich des Bundes bestimmte staatliche Aufgaben zuzuscheiden und so ad hoc der gliedstaatlichen Rechtsetzungsgewalt ihre Zuständigkeitssphäre zu erweitern. Es handelt sich somit um eine vom Gliedstaate zugunsten des Bundes ausgeübte s t e l l v e r t r e t e n d e R e c h t s e t z u n g, und darum kommt dieser — im Gegensatz zu der „proprio nomine“, „für eigene Rechnung“ ausgeübten Rechtsetzung des gliedstaatlichen Gesetzgebers — dieselbe Wirkung zu, wie wenn sie der Bundesgesetzgeber selbst handhabte. Daher wohnt dem in bundesstaatlichem Auftrag erlassenen Rechte auch die Fähigkeit inne, d a s widerstreitende Landesrecht zu brechen, das vom Gliedstaate proprio nomine erlassen worden ist. Aber andrerseits beruht die Sanktion aller in Stellvertretung erlassenen Rechtsvorschriften auf der Rechtsetzungsgewalt des Gliedstaates. Das dergestalt erlassene Recht ist daher Landesrecht und nicht Reichs- (Bundes-) recht. Wenn deshalb eine gliedstaatliche Regierung eine Verordnung zur Ergänzung des Bundesrechts erläßt, so haftet sie einerseits der Bundesgewalt gegenüber für die Übereinstimmung mit dem Bundesrecht; andrerseits aber bleibt sie dafür, ob sie nach der eigenen Landesgesetzgebung die Materie in der Form der Verordnung regeln durfte, den zuständigen Organen ihres Gliedstaates verantwortlich. Eine Frage der Auslegung ist es daher, ob und wieweit nach der Aufhebung eines Bundesgesetzes das gliedstaatliche Recht, das sich an das Bundesrecht anlehnt, ipso iure dahinfällt oder ob es in Geltung bleibt, bis der Gliedstaat es kraft eigener Initiative zurückzieht.

Das ergänzende gliedstaatliche Recht, welches den vom Reichs- (Bundes-) gesetzgeber umschriebenen Rahmen überschreitet, ist ab initio ungültig. Es gelten hier die oben sub I erwähnten allgemeinen Erörterungen über das Verhältnis der gliedstaatlichen Rechtsordnung zu der des Bundesstaates.

Man hat deshalb — insbesondere in der Schweiz — in bestimmten Materien der Entstehung bundeswidrigen gliedstaatlichen Rechts durch die Vorschrift vorzubeugen versucht, es bedürfe das ergänzende Landesrecht zu seiner Gültigkeit der vorgängigen Genehmigung des zuständigen Bundesorgans. So hat, gemäß Art. 6 der Bundesverfassung, jeder Kanton jede — gänzliche oder teilweise — Abänderung seiner Kantonsverfassung der Genehmigung der Bundesversammlung zu unterbreiten. Die Bundesversammlung hat zu prüfen, ob die Kantonsverfassung die Ausübung der Staatsgewalt nach republikanischen und rein demokratischen Formen (Verfassungsreferendum und Volksinitiative für Verfassungsrevisionen) sichert und ob sie nichts dem Bundesrechte Widersprechendes enthält. Ebenso haben die Kantone ihre Einführungsgesetze zum ZGB., soweit sie notwendige, vom Bunde geforderte Ergänzungen zum ZGB. enthielten, der Genehmigung des Bundesrates zu unterbreiten gehabt (ZGB., Schlußtitel Art. 52). Die erteilte Bundesgenehmigung schützt selbstverständlich die Kantone nicht vor einer nachträglichen Änderung des Bundesrechts.

Wenn auch im allgemeinen die Erklärung, daß eine landesrechtliche Vorschrift mit dem Bundesrecht nicht übereinstimmt, deren Ungültigkeit feststellt, so ist damit über die unmittelbaren Folgen dieser Ungültigkeit noch nichts gesagt. Diese bestimmen sich darnach, welche Tragweite dem bundesrechtlichen Satze innewohnt, der durch das gliedstaatliche Recht zu voller Vollziehung gebracht werden sollte. Wichtig wird dies vor allem in den Fällen, in denen eine bundesrechtliche Vorschrift sich darauf beschränkt, den Landesbehörden bestimmte Anweisungen für die Ausübung ihrer gesetzgeberischen oder verwaltenden Tätigkeit zu erteilen. Hier hängt die Beantwortung der Frage, welche Rechtsfolgen die Nichtbeachtung der bundesrechtlichen Gebote und Verbote nach sich zieht, davon ab, was der Bundesgesetzgeber mit der Aufstellung der einzelnen Rechtsnorm anstrebte. So sind z. B. Beschlüsse der Rekursinstanzen im gewerbepolizeilichen Genehmigungsverfahren, welche unter Mißachtung der Reichs-Gewerbeordnung § 21 Ziff. 3 nicht in öffentlicher Sitzung verkündigt worden sind, nichtig[17]). Andrerseits besteht in der Schweiz kein Zweifel darüber, daß eine kantonale Volksschule, in der entgegen der Bundesverfassung kein genügender Unterricht erteilt wird oder in welcher der Unterricht in einem streng konfessionellen Sinne aufgebaut ist, dem Art. 27 der Bundesverfassung widerspricht. Trotzdem wird für die Eltern die Pflicht nicht aufgehoben, ihre Kinder in diese Schule zu schicken. Es ist jedoch Sache des Bundes, durch geeignete administrative Maßnahmen die Herstellung des verfassungsmäßigen Zustandes herbeizuführen[18]).

Wie aber erzwingt die Bundesgewalt die Pflicht eines Gliedstaates, das zur Ergänzung des Bundesrechtes notwendige Landesrecht zu erlassen? Wir setzen dabei voraus, daß ohne das vom Reichsgesetz vorgesehene ergänzende Landesrecht das Reichs (Bundes-) gesetz in dem Gliedstaate gar nicht oder nicht lückenlos vollzogen werden kann. Der Fall ereignete sich in der Schweiz, als einzelne Kantone die vom eidgenössischen Schuldbeitreibungs- und Konkursgesetz vom 11. April 1889 Art. 333 verlangten Einführungsbestimmungen nicht auf den gesetzlichen Termin (1. Juli 1891) fertigstellten und damit die auf den 1. Januar 1892 angesetzte Einführung des Bundesgesetzes gefährdeten. Der Bundesrat verlangte damals von der Bundesversammlung die Vollmacht, für die betreffenden Kantone provisorische Einführungsbestimmungen durch Bundesratsbeschluß zu erlassen. Die Bundesversammlung trat in die Behandlung des Antrages nicht ein, weil die säumigen Kantone noch in letzter Stunde ihre Pflichten erfüllten[19]). Was der Bundesrat damals verlangte war ein Notverordnungsrecht; ein solches zu verleihen war nach schweizerischem Bundesstaatsrecht nur die Bundesversammlung befugt, denn sie hat gemäß Bundesverfassung Art. 85 Ziff. 8 über die Maßregeln zu beschließen „welche die Erfüllung der bundes-

[17]) Landmann-Rohmer, Gewerbeordnung, I[6], S. 261.

[18]) Vgl. darüber Walter Burckhardt, Eidgenössisches Recht bricht kantonales Recht (Festgabe f. Fleiner), insb. S. 73 ff.

[19]) Fleiner, Schweiz. Bundesstaatsrecht, S. 63.

mäßigen Verpflichtungen zum Zwecke haben". Ich halte dafür, daß in Deutschland gemäß Reichsverfassung Art. 48 Abs. 1 der Reichspräsident als eine Maßnahme der Reichsexekution durch Verordnung die vom Reichsgesetzgeber verlangten Reichsvorschriften anordnen und in Kraft erhalten darf, bis ein säumiger Gliedstaat seiner Pflicht nachkommt. Der Rechtsschutz für den Gliedstaat liegt in seiner Befugnis, im Sinne von Art. 19 der Reichsverfassung eine Entscheidung des Staatsgerichtshofes darüber herbeizuführen, ob in der Tat eine Verletzung einer gliedstaatlichen Pflicht vorliegt. Aber auch abgesehen von diesem Wege bietet der Art. 19 der Reichsverfassung dem Reiche selbst die Möglichkeit, durch den Staatsgerichtshof für das Deutsche Reich zunächst feststellen zu lassen, daß das säumige Land die Pflicht gegen das Reich zu erfüllen habe; die administrative Maßnahme des Reichspräsidenten ist dann bloße Urteilsvollstreckung. Ebenso steht es in der Schweiz einem Kanton frei, über die Frage, ob der Bund zu einem exekutorischen Eingreifen befugt sei, die Entscheidung des Bundesgerichts anzurufen (BV. Art. 113 Ziff. 1: Kompetenzkonflikte zwischen Bundesbehörden einerseits und Kantonsbehörden anderseits). Die formelle Erledigung des in Nordamerika ausgebrochenen Konflikts zwischen der Union und dem Staate Wisconsin wird keine Schwierigkeiten bereiten; das Amendement XVIII der Unionsverfassung hat zur Ausführung des Alkoholverbotes neben den Einzelstaaten dem Kongreß eine konkurrierende Gewalt verliehen, den neuen Artikel durch eine geeignete Gesetzgebung durchzuführen.

III.

Eine Ergänzung des Reichsrechts durch das Landesrecht findet sowohl auf dem Gebiet des Privat- wie des öffentlichen Rechtes statt. Schwierigkeiten können jedoch dann entstehen, wenn von der Bundesgewalt verfassungsmäßig die Kodifikation des gesamten Privatrechts ausgeht, während große Teile des öffentlichen Rechts (Prozeßrecht, Polizeirecht u. s. f.) den Gliedstaaten verblieben sind. Dies trifft in großem Umfange für die Schweiz zu. Da in zahlreichen Verhältnissen die Privatrechtseinheit jedoch nur durchführbar ist, wenn der Gesetzgeber gleichzeitig nach bestimmten Richtungen für die prozessuale Geltendmachung der von ihm verliehenen Rechte sorgt, so ist ein Übergreifen des Bundesgesetzgebers auf Gebiete der kantonalen Gesetzgebungskompetenz unvermeidlich. So hat z. B. das Schweiz. ZGB. 144, 310, 312 Vorschriften über den Gerichtsstand und die Beweiswürdigung für Ehescheidungssachen, für Alimentationsklagen u. s. f. aufgenommen, trotzdem das Zivilprozeßrecht nach Bundesverfassung Art. 64 heute noch zur Zuständigkeit der Kantone gehört. Der Bundesgesetzgeber stützt sich hier auf stillschweigend übertragene, sog. eingeschlossene, Kompetenzen; diese Lehre soll im einzelnen hier nicht verfolgt werden. Hervorzuheben ist in diesem Zusammenhang nur das eine, daß nämlich auch das dergestalt geschaffene öffentliche Recht in vollem Range und in der vollen Wirkung von Bundesrecht steht.

Für die Frage, die uns heute beschäftigt, wird die Abgrenzung zwischen öffentlichem und Privatrecht besonders wichtig, wenn sie zusammenfällt mit der Grenzscheide zwischen dem bundesstaatlichen und dem gliedstaatlichen Recht. M. a. W. wenn die heißumstrittene Unterscheidung zwischen dem öffentlichen Recht und dem Privatrecht durch den verfassungsrechtlichen Gegensatz zwischen der Zuständigkeit des Bundesstaates und der des Gliedstaates verschärft und in helles Licht gerückt wird. Ein vielzitiertes Beispiel ist aus dem deutschen Reichsstaatsrecht vor 1918 bekannt: das Lübecker und das Rostocker Stadtrecht hatten, lange vor Inkrafttreten des BGB., einen Teil der Lebensverhältnisse privatrechtlich ausgestaltet, für welche in der Folge die Reichs-Gewerbeordnung eine öffentlich-rechtliche, polizeiliche Regelung einführte. Ein besonderes Reichsgesetz vom 4. November 1874 hob diese landesrechtlichen Vorschriften als Eingriffe in die Kompetenzsphäre des Reichsrechts auf[20]).

Besonders lehrreich für das vorliegende Problem ist die Rechtslage in der Schweiz[21]). Hier sind große Stücke des öffentlichen Rechts den Kantonen verblieben; das gilt vor allem von der Gewerbepolizei. Das ZGB. hat deshalb in seinen einleitenden Bestimmungen, Art. 6, ausdrücklich hervorgehoben: „Die Kantone werden in ihren öffentlich-rechtlichen Befugnissen durch das Bundeszivilrecht nicht beschränkt." Der Satz spricht etwas Selbstverständliches aus; er galt, seitdem der Bund auf Grund des Rechtseinheitsartikels Art. 64 der Bundesverfassung einzelne Teile des Privatrechts, vor allem das Obligationenrecht (1833), kodifizierte. Somit ergibt sich die Möglichkeit, daß ein Kanton ein vom Bunde privatrechtlich ausgestaltetes Verhältnis nach bestimmten Richtungen einer öffentlich-rechtlichen, polizeilichen Regelung unterwirft, um damit gewisse öffentliche Interessen zur Anerkennung zu bringen. Auch darin liegt eine Selbstverständlichkeit. So haben kantonale gewerbepolizeiliche Gesetze die Arbeitgeber verpflichtet, Lehrverträge schriftlich

---

[20]) Laband, Staatsrecht, II^{5}, S. 78, Anm. 1. Triepel, Reichsaufsicht, 1917, S. 493. Döhl, Arch. f. öff. R., n. F., 12, S. 83 ff.

[21]) Egger, Komm. z. Schweiz. ZGB., Zürich I^{2} (1928) zu Art. 6 (S. 99 ff.). Georg Vetter, Beziehungen zwischen Bundeszivil-Recht und kantonalem öffentlichen Recht, Zürich. Diss. 1920.

abzufassen, unter der Androhung von Strafe, trotzdem das alte Obligationenrecht für alle Dienstverträge die Schriftform nicht eingeführt hatte, ein formlos abgeschlossener Lehrvertrag somit zivilrechtlich gültig blieb. Ebenso bestraften kantonale Gesetze, die sich gegen den unlauteren Wettbewerb richteten, den Geschäftsinhaber, der einem Kunden eine Ware nicht zu dem im Schaufenster genannten Preis verkaufte, trotzdem das alte Obligationenrecht in der Ausstellung der Ware im Schaufenster — auch wenn sie unter einer Preisangabe erfolgte — keine Offerte, sondern lediglich eine invitatio ad offerendum erblickte. So unerfreulich auch im einzelnen Fall dieses Auseinandergehen von privatrechtlicher und öffentlich-rechtlicher Ausgestaltung in einem und demselben Lebensverhältnis sein konnte, so war es rechtlich einwandfrei[22]). Es sei übrigens bemerkt, daß der eidgenössische Gesetzgeber bei der Revision des Obligationenrechts im Jahre 1911, durch das kantonale öffentliche Recht belehrt, die Vorschriften über die notwendige Schriftlichkeit der Lehrverträge und über die Verbindlichkeit der Preisangaben im Schaufenster in das Privatrecht übernommen hat (OR. Art. 7 Abs. 3; Art. 325). Aber der Streit kann bei jedem Rechtsverhältnis neu entstehen. So hat das Bundesgericht erklärt, daß die Kantone nicht befugt seien, die im ZGB. abschließend geregelte wechselseitige Unterstützungspflicht der Verwandten unter armenrechtlichem Titel, also öffentlich-rechtlich, auf weitere Grade auszudehnen[23]).

Dem Einführungsgesetz zum BGB. liegt in seinem dritten Abschnitt „Verhältnis des Bürgerlichen Gesetzbuchs zu den Landesgesetzen" dieselbe Rechtsauffassung zu Grunde, nur daß der Gesetzgeber die Gebiete, in denen das öffentliche Recht der Gliedstaaten von der privatrechtlichen Regelung des Reichsgesetzgebers „unberührt" geblieben ist. nach Sachgebieten aufzählt. Damit sind gegenüber dem schweizerischen Recht die Streitfragen verringert, jedoch nicht ganz beseitigt worden. Aber die im Einführungsgesetz zum BGB. enthaltene Aufzählung weist in der Tat auf den richtigen Weg hin. Es wird nie gelingen, die Frage, in welchen Fällen den Gliedstaaten erlaubt ist, ein privatrechtliches Verhältnis von dem Standpunkt des öffentlichen Interesses aus unter die Herrschaft eines öffentlichen Rechts zu ziehen, mit einer allgemeinen Formel zu beantworten. Das ist vielmehr von Fall zu Fall Auslegungsfrage. Nur das eine ist sicher: dem Verbot des „in fraudem legis agere" ist auch die Landesgesetzgebung unterworfen. Das öffentliche Recht der Gliedstaaten darf nie dazu mißbraucht werden, unter

---

[22]) Vgl. darüber Fleiner, Schweiz. Bundesstaatsrecht, S. 424.
[23]) Entscheidungen des Schweiz. Bundesgerichts, 42, I, S. 346 ff.

öffentlich-rechtlicher Flagge ein vom Gesetzgeber des Bundesstaates privatrechtlich ausgestaltetes Lebensverhältnis abzuändern.

Somit kehren auch hier unsere Erörterungen zu dem Grundproblem des Bundesstaates, der Kompetenzausscheidung, zurück. Größer noch als im monarchischen Bundesstaat ist im republikanischen die Gefahr, daß die Grenze zwischen der Zentralgewalt und dem Zuständigkeitsbereich der Gliedstaaten durch Parteipolitik und Bürokratie verletzt wird. Um dieser Gefahr vorzubeugen haben die modernen Bundesstaaten in der Gründung einer Verfassungsgerichtsbarkeit eine Schutzwehr aufzurichten versucht. Die Nordamerikanische Union hat sie auf die Verteilung der öffentlichen Gewalten zugeschnitten. Die Schweiz ist auf halbem Wege stehengeblieben, aber es braucht keine Prophetengabe dazu, zu erkennen, daß schließlich auch in der Eidgenossenschaft der Sieg einer Verfassungsgerichtsbarkeit zufallen wird. Das Deutsche Reich und Österreich sind hier in ihren republikanischen Verfassungen der Jahre 1919 und 1920 vorwärtsgeschritten und haben einen Rechtsschutz eingeführt, der vor allem der Schweiz als Vorbild dienen kann. Denn im Bundesstaat enthält die Kompetenzverteilung kein bloß formales Prinzip. Sie stellt dessen Lebenselement dar. Der Grundsatz, der diese Zuständigkeitsabgrenzung unter richterlichem Schutze stellt, entspricht daher dem Bestreben, Irrtum und Mißbrauch der öffentlichen Gewalt zu verhindern — gleichgültig, in wessen Hände diese Gewalt gelegt ist.

1a. Leitsätze des ersten Berichterstatters Professor Dr. Fritz Fleiner-Zürich.

1. *Innerhalb ihrer Zuständigkeit ist die Rechtsordnung des Gliedstaates der des Bundesstaates gleichgeordnet. Der Satz „Reichsrecht (Bundesrecht) bricht Landesrecht“ gilt nur für das kompetenzgemäße, nicht auch für das kompetenzwidrige Reichs- (Bundes-) recht.*
2. *Streitigkeiten, die zwischen Reichs- (Bundes-) gewalt und Gliedstaat entstehen über die Zuständigkeit zur Gesetzgebung in einer bestimmten Materie, sind staatsrechtliche Streitigkeiten, die vor einen Staatsgerichtshof (Verfassungsgerichtshof) gehören. Im Deutschen Reich ist zu deren Beurteilung der Staatsgerichtshof für das Deutsche Reich im*

Sinne der Weimarer Reichsverfassung Art. 19 zuständig. — Unabhängig davon steht den ordentlichen Gerichten ein Prüfungsrecht darüber zu, ob und wieweit bei der Entscheidung einer Streitsache das Reichs- (Bundes-) recht und ob und wieweit das gliedstaatliche Recht (Landesrecht) maßgebend ist.

3. *Reichs- (Bundes-) recht ist sowohl dann verletzt, wenn ein reichsrechtlicher Satz nicht oder nicht richtig angewendet wird, wie dann, wenn er über die reichsrechtliche Kompetenzgrenze hinaus erstreckt wird.*
4. *Der Reichs- (Bundes-) gesetzgeber darf nach eigenem Ermessen die Gliedstaaten mit der Ergänzung des Bundesrechts betrauen. Dies ist auch in Materien zulässig, in denen der Reichsgesetzgebung die Kompetenz zur ausschließlichen Gesetzgebung zusteht. Das Landesrecht bestimmt, in welcher Form (Gesetz, Verordnung) diese Ergänzung stattfindet, wenn nicht der Reichsgesetzgeber eine bestimmte Form vorgeschrieben hat.*
5. *Die von den Gliedstaaten zur Ergänzung des Reichsrechts aufgestellten Vorschriften sind Landesrecht. Für ihre Abgrenzung und ihre Wirkung gegenüber dem Reichsrecht gelten die oben unter Ziff. 1 und 2 dargelegten Grundsätze.*
6. *Bedarf das Reichs- (Bundes-) recht in einer Materie der notwendigen Ergänzung durch gliedstaatliche Anordnungen, ist jedoch ein Gliedstaat bei deren Aufstellung säumig, so ist die Bundesregierung befugt, auf dem Verordnungsweg diese Anordnungen mit provisorischer Gesetzeskraft zu erlassen.*
7. *Durch die Privatrechts-Kodifikation des Reiches (Bundes) werden die Gliedstaaten in der Ausübung ihrer öffentlichrechtlichen Kompetenzen, insbesondere in der Polizeigewalt, nicht eingeschränkt. Es ist jedoch unzulässig, unter öffentlich-rechtlicher Flagge die privatrechtliche Regelung eines Rechtsverhältnisses abzuändern.*

Bundesstaatliche und gliedstaatliche Rechtsordnung
in ihrem gegenseitigen Verhältnis im Rechte Deutschlands, Österreichs und der Schweiz.

2. Mitbericht von Professor Dr. Josef Lukas in Münster.

I. Grundlegung.

1. Ausgangspunkt dieses Mitberichts ist, wie mein Leitsatz I feststellt, der Bundesstaatsbegriff der herrschenden Lehre mit seinem Dualismus von Bundesstaatsgewalt und Gliedstaatsgewalt, oder wie Fleiner, Schweizerisches Bundesstaatsrecht 1923, S. 39 es ausdrückt, „daß innerhalb eines und desselben Staatsgebietes neben einer Bundesgewalt Gliedstaaten vorhanden sind". Ganz anders wäre unsere Situation, wenn wir unter „Bundesstaat" bloß einen „spezifischen Typus der Dezentralisation" (Kelsen, Öst.StR. 1923, S. 165) verstehen würden. Vom Standpunkt der herrschenden Lehre aus gesehen müssen in dem fraglichen Staatswesen, damit es als Bundesstaat bezeichnet werden kann, die Glieder Staaten sein. Für die Vereinigten Staaten von Amerika und die Schweiz (über letztere Fleiner a. a. O. S. 51) ist diese Voraussetzung wohl zweifellos gegeben, für das Deutsche Reich der Weimarer RV. ist sie nach der mir richtig erscheinenden Auffassung als gegeben anzunehmen. Dagegen bezüglich des heutigen Österreich ergeben sich gewichtige Bedenken. Zwar erklärt die öst. BVerf. Art. 2 I ausdrücklich: „Österreich ist ein Bundesstaat", aber die Staatsqualität der österreichischen Länder ist dadurch natürlich nicht entschieden. M. E. fehlt den österreichischen Ländern die Staatsqualität wegen des Mangels der Fähigkeit zur Selbstorganisation. Allerdings nehme ich nicht einen so rigorosen Standpunkt ein wie Kulisch, Wissensch. VJSchr. zur Prager Jurist. Ztschr. 1925, 57, „daß eine Gebietskörperschaft, die ihre ganze Organisation nicht selbst allein ändern darf, nicht Staat ist" — dann wären ja auch die schweizerischen Kantone im Hinblick auf Art. 6 II b der schweiz. BVerf. und die deutschen Länder im Hinblick auf

Artt. 1 II, 17 RV. keine Staaten (wie übrigens auch neuestens wieder Poetzsch-Heffter, Handkommentar der RV.[3] 1928, S. 78 ff. bezüglich der deutschen Länder argumentiert). Nach meiner Ansicht fehlt den österreichischen Ländern die Fähigkeit zur Selbstorganisation deshalb, weil ihre Verfassung in den Grundzügen bereits in der Bundesverfassung selbst (4. Hauptstück, Artt. 95 ff.) enthalten ist; die öst. BVerf. hat also bereits die Verfassung der Länder selbst geschaffen, während Art. 6 II b der schweiz. BVerf. und Artt. 1 II, 17 RV. lediglich einen Imperativ an die Verfassungslegislative der schweizerischen Kantone bzw. der deutschen Länder richten. In Ermangelung der Fähigkeit zur Selbstorganisation sind die österreichischen Länder nur unterstaatliche Verbände, Selbstverwaltungsverbände, allerdings hochqualifizierte. Die Organisation des österreichischen Staats ist zwar bundesstaatartig gestaltet, aber nichtsdestoweniger ist Österreich ein Einheitsstaat, wenn auch mit weitgehender Dezentralisation.

2. Was nun das grundsätzliche Verhältnis zwischen Bundesstaat und Gliedstaat betrifft, so hatte ich im Hinblick auf Leitsatz 1 des Herrn Berichterstatters geglaubt, daß es für mich notwendig sein würde, für die Idee der staatsrechtlichen Überordnung des Bundesstaates über die Gliedstaaten eine Lanze zu brechen. Die soeben gehörten Ausführungen des Herrn Berichterstatters überheben mich dieser Aufgabe. Gleichwohl sei es mir gestattet, zu der Frage, ob das grundsätzliche Verhältnis als Koordination oder als Subordination aufzufassen ist, einige Bemerkungen zu machen. Dabei müssen wir vorwegnehmen, daß diese Frage nicht etwa auf die genossenschaftliche Struktur des Bundesstaates: Teilnahme der Gliedstaaten an der gesamtstaatlichen Willensbildung, bezogen werden darf. Mit der genossenschaftlichen Struktur des Bundesstaates hat die Frage einer Koordination der Gliedstaaten mit dem Gesamtstaate nichts zu tun. Dieselbe „Verknüpfung herrschaftlicher und genossenschaftlicher Elemente" (Doehl, ArchÖffR. N. F. 12 S. 44[28]) findet sich ja auch in der Demokratie in dem Verhältnis des Individuums zum Staate — worauf bereits Laband, StR.[5] I 61, wenigstens für die von ihm sog. „einfache" Demokratie hingewiesen hat[1]); nach Jellinek,

[1]) „Sowie in der einfachen Demokratie jeder Bürger Untertan, d. h. Objekt der Staatsgewalt, und doch zugleich mitbeteiligt an der souveränen Gewalt ist, so ist in dem Bundesstaat jeder Gliedstaat für sich betrachtet, Objekt der Reichsgewalt, als Mitglied der juristischen Person des Bundesstaats betrachtet, anteilsmäßig berechtigtes Subjekt der Reichsgewalt."

StL.[3] 408 ist sogar der moderne Staat ganz im allgemeinen „zugleich herrschaftlicher und genossenschaftlicher Verband“ — und ebenso im heutigen Preußen in dem Verhältnis der Provinzialverbände zum Staate (Staatsrat!), und dennoch fällt es uns nicht ein, die Frage einer Koordination des Individuums im Verhältnis zum Staate, die Frage einer Koordination der preußischen Provinzialverbände zum preußischen Staate auch nur aufzuwerfen. — Die genossenschaftliche Struktur des Bundesstaates ist also nicht geeignet, dem Gedanken an eine Koordination von Gliedstaat und Bundesstaat Raum zu geben. Vielmehr kann die Frage, ob Koordination oder Subordination, einzig und allein aufgeworfen werden angesichts der Gleichartigkeit der beiderseitigen Funktion: Erfüllung eigenstaatlicher Aufgaben.

Ich habe nun nichts dagegen, daß man diese Gleichartigkeit der beiderseitigen Funktion zum Anlaß nimmt, von Koordination zu sprechen. Nur muß man sich darüber klar sein, daß diese sogenannte Koordination sich eben nur auf die Gleichartigkeit der Funktion bezieht, nämlich darauf, daß Bundesstaat und Gliedstaat beide, jeder in seinem Wirkungskreise, in der Erfüllung eigenstaatlicher Aufgaben tätig sind, dagegen nicht auf das grundsätzliche Verhältnis der Gliedstaaten zum Bundesstaat[2]); denn in bezug darauf, wie diese Erfüllung eigenstaatlicher Aufgaben vor sich geht, also in der Beschaffenheit der Mittel, besteht der fundamentale Unterschied zwischen Bundesstaat und Gliedstaaten: Der Bundesstaat kann zur Erfüllung seiner eigenstaatlichen Aufgaben auch gegenüber den Gliedstaaten herrschaftliche Machtmittel zur Anwendung bringen, nicht dagegen umgekehrt die Gliedstaaten gegenüber dem Bundesstaate. Und zwar unterstehen die Gliedstaaten dieser Herrschaftsgewalt des Bundesstaates nicht nur insoweit, als sie als Organe des Bundesstaates in den Dienst bundesstaatlicher Interessen gestellt sind, sondern auch in ihrer Eigenschaft als Staaten: Die staatsrechtliche Untertänigkeit der Gliedstaaten unter die Bundesstaatsgewalt besteht gerade auch, wenn die Gliedstaaten sich „im bundesfreien Wirkungskreise betätigen“[3]), denn der Bundesstaat kann jeder-

[2]) Das geschieht aber von Nawiasky, Der Bundesstaat als Rechtsbegriff, 1920, wenn er S. 29 von „absoluter Gleichordnung“ spricht, und neuestens von Doehl a. a. O. S. 45: „Soweit die Landesgewalt sich ... im bundesfreien Wirkungskreise betätigt, ist sie der Reichsgewalt nicht untertänig, sondern ihr nebengeordnet.“

[3]) Dieses gegen Doehl a. a. O.

zeit in diese Tätigkeit eingreifen, und zwar je nach der rechtlichen Lage des konkreten Falles entweder durch ein verfassungsänderndes Gesetz oder durch ein einfaches Gesetz oder durch einen Akt der Exekutive. Das Verhältnis des Bundesstaates zum Gliedstaate ist also das des Herrschers zum Untertan, er steht ihm nicht bloß gegenüber „wie“ der Herrscher zum Untertan (so Anschütz, Kommentar zur RV.[10] 1929, S. 116).

Diese staatsrechtliche Überordnung des Bundesstaates über die Gliedstaaten ist im deutschen Reichsstaatsrecht gegeben durch den Satz des Art. 13 I (vgl. Leitsatz IV 1 a): Der Satz „Reichsrecht bricht Landrecht“ proklamiert das Reich als eine mit unmittelbarer Befehlsgewalt gegenüber den Individuen ausgestattete Rechtsgemeinschaft und ordnet deren Verhältnis zu den Ländern, die in ihrer Eigenschaft als Staaten ja ebenfalls Rechtsgemeinschaften darstellen, in der Weise, daß die Gehorsamspflicht, die das Individuum als Mitglied der Rechtsgemeinschaft des Reichs diesem gegenüber zu erfüllen hat, im Falle einer Normenkollision insoweit die Gehorsamspflicht dieses Individuums gegenüber dem betreffenden Lande beseitigt. Es ist also „durch den Erlaß eines Reichsgesetzes alles dessen Gegenstand betreffende Landesrecht aufgehoben und die Entstehung neuen Landesrechts über diesen Gegenstand ausgeschlossen“ (Anschütz a. a. O. S. 100). Vermöge der unmittelbaren Befehlsgewalt des Reichs gegenüber den Individuen ist, wie ich an anderer Stelle („Staatsrechtlicher und völkerrechtlicher Zwang“, Güterbock-Festschrift, 1910, S. 175—194) dargetan habe, das Reich ein Staat; vermöge dessen, daß die Gehorsamspflicht des Individuums gegenüber dem Reiche der Gehorsamspflicht gegenüber dem betreffenden Lande vorgeht, ist das Reich souveräner Staat, sind die Länder der Herrschaftsgewalt des Reichs unterworfen (man vgl. dazu Haenel, StR. S. 250).

Was ich bisher über das grundsätzliche Verhältnis zwischen Bundesstaat und Gliedstaaten im allgemeinen gesagt habe, gilt im besonderen auch für das Verhältnis der Rechtsetzung des Bundesstaates zur Rechtsetzung der Gliedstaaten: Ich kann mich hier auf Haenel a. a. O. S. 251[1] beziehen, nach welchem „aus der Überordnung eines Gemeinwesens über andere Gemeinwesen... eine Überordnung der Gesetzgebung des einen über die Gesetzgebung oder Autonomie des andern . . . zu folgern ist.“ In einem gewissen Widerspruch zu diesem Satze steht, worauf mich Max Kulisch aufmerksam gemacht hat, eine andere Bemerkung von Haenel: S. 240 wird ausgeführt, daß das Reich nicht berechtigt ist, „seine Gesetzgebung auch außerhalb seines Kompetenzgebietes als eine die Einzelstaatsgesetzgebung dirigierende, bindende und damit ihr übergeordnete zu betrachten. Beide . . . sind je auf ihrem Kompetenzgebiete verfassungsmäßig gleichberechtigt". In der Tat könnte diese Stelle so verstanden werden, als ob die Reichsgesetzgebung bloß dann der Einzelstaatsgesetzgebung übergeordnet wäre, wenn sie berechtigt wäre, auf Grund Art. 13 I ihr Kompetenzgebiet zu überschreiten; der Mangel einer solchen Überschreitungsbefugnis zeige, daß Reichsgesetzgebung und Einzelstaatsgesetzgebung einander gleichberechtigt seien. Eine solche Argumentation wäre m. E. verfehlt. Gewiß ist es richtig, daß die Reichsgesetzgebung trotz Art. 13 I nicht berechtigt ist, ihr Kompetenzgebiet zu überschreiten. Aber deshalb sind Reichsgesetzgebung und Einzelstaatsgesetzgebung noch lange nicht einander gleichberechtigt. Die Unzulässigkeit, daß der Staat sein Kompetenzgebiet überschreite, gilt im Rechtsstaate ganz allgemein, auch im Verhältnis des Staates zu den Individuen, Selbstverwaltungsverbänden usw. Niemandem fällt es ein, deshalb an „Gleichberechtigung" zu denken. Die angebliche „Gleichberechtigung" von Bundesstaatsgesetzgebung und Einzelstaatsgesetzgebung innerhalb ihrer Kompetenzgebiete läßt sich nur dann aufrechterhalten, wenn man „Gleichberechtigung" in dem harmlosen, auch von mir vorhin akzeptierten Sinne meint, daß Bundesstaat wie Gliedstaat, jeder auf seinem Kompetenzgebiete, insofern gleichartige Funktionen ausüben, als jeder von beiden zur Erfüllung seiner eigenstaatlichen Aufgaben an der Gestaltung seiner eigenen Rechtsordnung arbeitet. — Übrigens weist auch Haenel selbst in unmittelbarem Anschluß an diese seine soeben zitierte Bemerkung darauf hin, daß, wenn der Bundesstaat seine bisherige Kompetenzsphäre erweitern will, er dieses ja durch ein verfassungsänderndes Gesetz tun könne, dieses „letzte und höchste ihm zu Gebote stehende Mittel . . ., welches seine Suprematie bewährt" — und lenkt so wieder in seine gewohnten Gedankengänge ein[4]).

[4]) Wohl auf einem Versehen beruht die Behauptung von Merkl in ZÖffR. 2, 353, der Satz „Reichsrecht bricht Landrecht" „schließt Kompetenzwidrigkeit eines Reichsgesetzes im Hinblick auf die Landeskompetenzen schlechthin aus". Wir haben ja den StGH. (Art. 19 RV.), und selbst wenn das nicht der Fall wäre, wäre die Kompetenznorm doch da, nur wäre sie dann eben eine lex imperfecta, und nicht einmal das würde zutreffen, denn der RPr. hätte die Verpflichtung, die Ausfertigung des betreffenden Gesetzes zu verweigern. Also wäre nur die Norm, welche dem RPr. die Verpflichtung zur Verweigerung der Ausfertigung auferlegt, eine lex imperfecta, und auch das gilt nicht so ohne weiteres in Anbetracht des Art. 59.

II. Unterscheidung zwischen eigenstaatlicher und reichsorganschaftlicher Tätigkeit der deutschen Länder.

1. Einleitung. Wie bereits erwähnt, betätigen sich die Gliedstaaten in ihrem rechtlichen Verhältnis zum Bundesstaate teils als Staaten, teils nicht als Staaten, sondern nur als öffentlich-rechtliche Verbände des Bundesstaats, als Organe des Bundesstaats[5]). Es fragt sich nun: Wie ziehen wir die Grenze zwischen diesen beiden Funktionen der Gliedstaaten? Wann stehen die Gliedstaaten dem Bundesstaate als Staaten gegenüber, wann sind sie bloß Organe des Bundesstaates selbst? Für Österreich, das den Dualismus von Bundesstaat und Gliedstaaten nicht aufweist (vgl. oben unter I 1), existiert diese Frage nicht. Für das Deutsche Reich soll sie im folgenden einer Untersuchung unterzogen werden.

2. Nach staatlichen Lebensgebieten getrennte Arbeit des Reiches und der Länder. In zwei extremen Fällen ist unsere Frage leicht zu beantworten: Wenn auf einem konkreten Lebensgebiet sowohl Rechtsetzung als auch Rechtsanwendung unmittelbar dem Bundesstaate zustehen, kommen die Gliedstaaten als Staaten zweifellos nicht in Frage, sondern höchstens als eine Art passiver Verbände, Leistungsverbände des Bundesstaates, wie z. B. die deutschen Länder heute auf dem Gebiete der Reichswasserstraßenverwaltung, indem sie gemäß § 11 I 2 des Wasserstraßenvertrages (RGes. vom 29. Juli 1921) verpflichtet sind, ihre mittleren und unteren Behörden dem Reiche für die Zwecke der Reichswasserstraßenverwaltung zur Verfügung zu stellen. — Umgekehrt: Wenn auf einem konkreten staatlichen Lebensgebiete sowohl die Rechtsetzung als auch die Rechtsanwendung ausschließlich den Gliedstaaten zustehen, handeln diese zweifellos als Staaten. Aber bereits hier kann sich die Notwendigkeit einer Einflußnahme des Bundesstaates auf die Gliedstaaten ergeben: in Gestalt der selbständigen Aufsicht des Bundesstaates über die Gliedstaaten. Für die Beantwortung unserer Frage bestehen in bezug auf dieses Rechtsinstitut keine Schwierigkeiten: Die selbständige Aufsicht des Bundesstaates verfolgt das Ziel, daß die Gliedstaaten gerade in ihrer Funktion als Staaten „die Interessen des Reichs und andere, von der Verfassung an-

[5]) Ob man dabei die Gliedstaaten direkt als „Selbstverwaltungskörper" des Bundesstaats bezeichnet (wie Doehl a. a. O. S. 44) oder sich darauf beschränkt, zu sagen, sie handeln „nach Art von Selbstverwaltungskörpern" (wie Nawiasky a. a. O. S. 63), ist für uns hier Nebensache. Der organschaftliche Gesichtspunkt tritt auch bei Haenel a. a. O. S. 236 hervor: „Im Dienste des Reichs."

erkannte Gemeininteressen ... wahren" (Triepel, Streitigkeiten zwischen Reich und Ländern, 1923 S. 73). Im Konfliktsfalle stehen also Staaten einander gegenüber, ein Pendant zum internationalen Konflikt, aber mit dem fundamentalen Unterschied, daß dieser letztere nach völkerrechtlichen Grundsätzen zu behandeln ist, hingegen der Konflikt zwischen Bundesstaat und Gliedstaat nach staatsrechtlichen, näher bestimmt bundesstaatsrechtlichen Grundsätzen, entsprechend dem staatsrechtlichen Unterworfensein der Gliedstaaten unter die Bundesstaatsgewalt.

3. Zusammenarbeit von Reich und Ländern innerhalb des einzelnen staatlichen Lebensgebietes. Während das nordamerikanische Staatsrecht bekanntlich im großen und ganzen sich auf die beiden soeben erörterten extremen und theoretisch sehr einfach gelagerten Fälle beschränkt, ist in der Schweiz und mehr noch im Deutschen Reiche die Situation viel komplizierter: Hier gibt es staatliche Lebensgebiete, auf denen eine Zuständigkeitsverteilung zwischen Bundesstaat und Gliedstaaten vorgesehen ist, also eine Zusammenarbeit von Bundesstaat und Gliedstaaten stattfindet. Wie stellen wir da fest, ob die Gliedstaaten als Staaten oder nur als Organe des Bundesstaates tätig sind? Nawiasky a. a. O. S. 53 ff. hat das Willensmoment als den Wegweiser bezeichnet. Ich möchte ergänzend noch das Interessemoment hinzufügen und folgendermaßen formulieren: Wenn die Gliedstaaten durch den Willen des Bundesstaates in den Dienst bundesstaatlicher Interessen gestellt sind, handeln sie nicht als Staaten, sondern als Organe des Bundesstaates, andernfalls handeln sie als Staaten.

An Hand dieser Formel sollen im folgenden die wichtigsten Arten einer solchen Zuständigkeitsverteilung nach deutschem Recht betrachtet werden. Dabei müßten an erster Stelle eigentlich jene Fälle in Erörterung gezogen werden, in denen bereits die Rechtsetzung eine Zuständigkeitsverteilung zwischen Reich und Ländern aufweist, dann erst kämen jene Fälle an die Reihe, in denen dem einen dieser beiden Faktoren die Rechtsetzung, dem anderen die Rechtsanwendung zusteht. Da aber das heutige Thema die zuerst genannte Gruppe von Fällen zum Gegenstand hat: nämlich die Verteilung der rechtsetzenden Funktion auf Bundesstaat und Gliedstaaten, so empfiehlt es sich, daß wir zunächst die Sonderung der Arbeit von Reich und Ländern nach Rechtsetzung und Rechtsanwendung erörtern und erst hernach der Zusammenarbeit von Reich und Ländern in der Rechtsetzung uns zuwenden.

a) Sonderung der Arbeit von Reich und Ländern nach Rechtsetzung und Rechtsanwendung. Der Hauptfall ist der, daß auf einem konkreten staatlichen Lebensgebiet das Reich die rechtsetzende Funktion ausübt, den Ländern die Rechtsanwendung zusteht. Handeln da die Länder als Staaten oder als Organe des Reichs? Die Antwort ergibt sich aus folgenden Erwägungen: Dadurch, daß auf dem betreffenden Lebensgebiet das Reich die Rechtsetzung besorgt, schon kraft dieser Tatsache — gleichgültig, wer zur Rechtsanwendung berufen ist — gehört das gesamte betreffende Lebensgebiet, sowohl die Rechtsetzung als auch die Rechtsanwendung, dem Bereiche der Reichsinteressen an; das entspricht dem untergeordneten Charakter der Rechtsanwendung im Verhältnis zur Rechtsetzung. Wenn in einem solchen Falle die Rechtsanwendung gemäß Art. 14 RV. Sache der Länder ist, so betätigen sich diese daher nicht als Staaten, sondern nur als Organe des Reichs. Wohlgemerkt: Die Länder fungieren hier als Organe des Reichs. Die Landesorgane, denen die Besorgung der betreffenden Angelegenheit zusteht, sind und bleiben Organe der Länder, werden nicht etwa zu Reichsorganen. Anders, wenn die Länder dem Reiche bestimmte Verwaltungsorgane für Zwecke der unmittelbaren Reichsverwaltung zur Verfügung zu stellen haben, wie in dem vorhin (unter 2) erwähnten Falle der Reichswasserstraßenverwaltung.

In diesem Zusammenhang sei auch die sogenannte konkurrierende Gesetzgebungskompetenz des Reichs zur Sprache gebracht, d. h. der Fall, daß die Länder zur Rechtsetzung zuständig bleiben, solange und soweit das Reich von der verfassungsmäßigen Ermächtigung zu gesetzgeberischer Betätigung noch keinen Gebrauch gemacht hat. Hier überläßt die Reichsverfassung die Erklärung darüber, ob ein staatliches Lebensgebiet dem Interessenbereich des Reichs angehören solle, der einfachen Reichsgesetzgebung (während hinsichtlich der sogenannten ausschließlichen Reichsgesetzgebung diese Erklärung bereits in der RV. selbst ausgesprochen ist). Solange diese Erklärung des Reichsgesetzgebers nicht abgegeben ist, handeln die Länder auf dem betreffenden Lebensgebiete sowohl in Rechtsetzung als auch in Rechtsanwendung als Staaten. — Die RV. unterscheidet innerhalb der konkurrierenden Reichsgesetzgebung bekanntlich noch die besondere Kategorie der Bedarfsgesetzgebung des Art. 9. In bezug auf unsere Frage bedeutet der Gegensatz zwischen der unbedingt konkurrierenden Gesetzgebungskompetenz des Reichs (Art. 7) und der sogenannten Bedarfsgesetzgebung, daß bei ersterer die politische Zweckmäßigkeit, die betreffenden staatlichen Lebensgebiete dem Bereiche der Reichs interessen einzuverleiben, schon durch die RV. selbst von vornherein bejaht ist, während bei der Bedarfsgesetzgebung die RV. auch die Beantwortung dieser Frage der einfachen Reichsgesetzgebung überläßt.

Ausnahmsweise ist die Sonderung von Rechtsetzung und Rechtsanwendung in der Weise vorgenommen, daß die Rechtsetzung sich in den Händen der Länder befindet, die Rechtsanwendung in der Hand von Reichsbehörden. Auf diese Art der Zuständigkeitsverteilung hat Nawiasky a. a. O. S. 51 f. mit Recht hingewiesen. Daß die Länder in ihrer rechtsetzenden Tätigkeit hier als Staaten auftreten, bedarf keiner weiteren Begründung. Wie steht es aber mit der Rechtsanwendung durch die zuständigen Reichsbehörden? Diese Frage läßt sich nicht einheitlich beantworten, sondern es bestehen voneinander grundverschiedene Möglichkeiten. Ich möchte sie an Hand der von Nawiasky a. a. O. beigebrachten Beispiele erörtern: Wenn die diplomatischen und konsularischen Auslandsvertretungen des Deutschen Reichs gliedstaatliche Gesetze anzuwenden haben, so ist das zweifellos Reichs verwaltung, es sind Handlungen des Deutschen Reichs, und zwar zur Befriedigung von Reichs interessen, nicht etwa im Dienste der Interessen des betreffenden Landes; das ergibt sich schon aus der Monopolstellung des Reichs auf Grund des Art. 78 I RV., das gleiche muß aber auch für die Zeit der Bismarckschen RV. angenommen werden, obwohl diese eine solche Monopolstellung des Reichs nicht gekannt hat. — Ganz anders verhält es sich mit dem Fall des § 19 RAO.: Wenn auf Antrag einer Landesregierung den Landesfinanzämtern und den ihnen unterstellten Behörden die Verwaltung von Landesabgaben und von Landesvermögen übertragen wird, so üben diese Behörden nicht Reichsverwaltung aus, sondern eigenstaatliche Verwaltung der Länder, was schon daraus hervorgeht, daß sie „den Weisungen der obersten Landesbehörde zu folgen haben" (§ 19 I 2). Das Reich stellt in einem solchen Fall seine Behörden dem betreffenden Lande für dessen eigenstaatliche Zwecke zur Verfügung. Es ist das Gegenstück dazu, daß die Länder auf dem Gebiete der Wasserstraßenverwaltung ihre Behörden dem Reiche zur Verfügung zu stellen haben. Ebenso verhält es sich mit dem dritten von Nawiasky (a. a. O.) angeführten Fall: der Funktion des RG. als letzter Instanz gegenüber gliedstaatlichen Sondergerichten in Landes angelegenheiten, gemäß § 3 II EGGVG. Solche Übertragung der Gerichtsbarkeit letzter Instanz auf das RG. hat für Agrarsachen Preußens und anderer deutscher Länder stattgefunden (s. Schlegelberger-Nagel, Kommentar zum GVG.[2] 1925, S. 2). Eine analoge Stellung nimmt der RFH. auf Grund § 32 IV RAO. ein. Während hier das Reich seine höchsten Gerichte für Justiz- bzw. finanzgerichtliche Zwecke der Länder zur Verfügung stellt, ist in dem vierten von Nawiasky erwähnten Falle die Sachlage wiederum eine wesentlich andere: Das RG. als Kompetenzkonfliktsgerichtshof für Bremen. Hier ist die Tätigkeit des RG. primär Besorgung von Reichsangelegenheiten, denn durch § 17 GVG. ist m. E. die Entscheidung über Kompetenzkonflikte zwischen Gerichts- und Verwaltungsbehörden der Länder offenkundig in die Sphäre der Reichsinteressen gerückt.

b) Zusammenarbeit von Reich und Ländern in der Rechtsetzung (Leitsatz II, Einleitung). Wenn auf einem konkreten staatlichen Lebensgebiet die Rechtsetzung teils in den Händen des Reichs, teils in den Händen der Länder liegt, fungieren da die Länder, indem sie rechtsetzend tätig sind, als Staaten oder nur als Organe des Reichs? Wie bereits erwähnt, stehen wir mit dieser Frage auf ureigenstem Boden unseres heutigen Themas. Zu ihrer Beantwortung müssen wir darauf hinweisen, daß auch hier die Heranziehung des Interessemoments unentbehrlich ist. Als Organe des Reichs betätigen sich die Länder in der Rechtsetzung dann, wenn sie im Dienste der Interessen des Reichs stehen, andernfalls handeln sie als Staaten. Die entscheidende Frage ist also: Wann steht die rechtsetzende Tätigkeit der Länder im Dienste von Reichsinteressen, wann nicht? Um es gleich vorwegzunehmen, sei festgestellt, daß eine einheitliche Formel zur Beantwortung dieser Frage nicht existiert, vielmehr muß in jedem einzelnen Falle der Wille des Reichs erforscht werden, es muß in jedem einzelnen Falle untersucht werden, ob das Reich, indem es auf einem konkreten staatlichen Lebensgebiet rechtsetzend tätig ist, auf diesem Lebensgebiete auch die rechtsetzende Tätigkeit der Länder als im Dienste von Reichsinteressen stehend aufgefaßt wissen will.

Der erste hierher gehörige Fall ist der, daß die Reichsverfassung selbst Vorschriften erlassen hat: Ich verweise auf die Bestimmungen der Artt. 1 II und 17 über die Gestaltung der Landesverfassungen, des Art. 30 über die Verantwortungsfreiheit wahrheitsgetreuer Berichte über die Verhandlungen der Landtage und ihrer Ausschüsse, der Artt. 36 ff., 40a II, III über die Immunität der Landtagsmitglieder, des Art. 48 IV über die Ausnahmemaßnahmen der Landesregierungen, des Art. 107 über Verwaltungsgerichtsbarkeit in den Ländern. In großem Stil hat sodann der Abschnitt über die Grundrechte es unternommen, auf den verschiedenartigsten staatlichen Lebensgebieten grundsätzliche Normen aufzustellen, während die genauere rechtliche Regelung vielfach Sache der Länder ist. Handeln da die Länder als Staaten oder als Organe des Reichs?

Sie handeln zweifellos dann als Staaten, wenn die reichsrechtlichen Normen, die für das betreffende staatliche Lebensgebiet erlassen sind, in ihrer Wirksamkeit dadurch bedingt sind, daß die Länder kraft rechtlich freier Selbstbestimmung auf diesem Lebensgebiete auch ihrerseits rechtsetzend sich betätigen (Leitsatz II 1a). Als Beispiel nenne ich das Enteignungsrecht des Art. 153 II: Dieser enthält Grundsätze auch für die Gestaltung des Enteignungsrechts in den Ländern, aber ob dort die Institution der Enteignung überhaupt existieren soll, darüber haben die Länder zu entscheiden. In solchen Fällen handelt das betreffende Land, indem es im Rahmen des Reichsrechts rechtsetzend sich betätigt, als Staat und nicht als Organ des Reichs, denn dadurch, daß das Reich den Ländern auf dem betreffenden staatlichen Lebensgebiet die Freiheit des „Ob“ läßt, gibt es zu erkennen, daß es auf diesem Gebiete die Länder nicht als im Dienste von Reichsinteressen stehend ansieht. Hypothetischen Charakter in dem soeben erwähnten Sinne können auch solche Grundrechtsnormen besitzen, die „unmittelbar anwendbares Recht darstellen“ (Anschütz a. a. O. 453). Beides muß auseinandergehalten werden. Gerade auch das Enteignungsrecht des Art. 153 II enthält solche „unmittelbar anwendbare“ Normen. —

Derart bedingtes Reichsrecht ist aber nicht nur in den „Grundrechten“ anzutreffen, sondern kann auch in einfachen Reichsgesetzen enthalten sein. Hierher gehören z. B. die auf Grund des Art. 11 RV. zu erlassenden Reichsgesetze. Art. 11, der eine selbständige Reichsaufsicht in Gesetzesform vorsieht, hat m. E., sofern es sich nicht einfach um „Untersagung“ oder „Entziehung“ (Giese, Kommentar zur RV.[7] S. 76) bestimmter Landessteuern handelt, nur derart bedingte Rechtsnormen im Auge („Zulässigkeit“!). Wenn der Reichsgesetzgeber sich bei Anwendung des Art. 11 auf solche bedingte Rechtsnormen beschränkt, betätigen sich die Länder auf den betreffenden Teilgebieten des Landessteuerwesens noch immer als Staaten, mögen die den Landesgesetzgeber bevormundenden reichsrechtlichen Vorschriften noch so sehr ins Detail gehen. Diese Schranke des Art. 11 ist bekanntlich vom Landessteuergesetz von 1920 und dem Finanzausgleichsgesetz insofern überschritten worden, als den Ländern und den Gemeinden die Erhebung gewisser Steuern vorgeschrieben ist (§ 7 in Verbindung mit § 8, ferner § 14 der gegenwärtigen Fassung des FAG. vom 27. April 1926). Indem diese Vorschriften den Ländern die rechtliche Pflicht zu steuergesetzlicher Betätigung auferlegen, bzw. hinsichtlich der Vergnügungssteuer gar nur die Möglichkeit abweichender Regelung in gewissen Punkten einräumen, ist der Übergang zu unbedingt geltenden Rechtsnormen vollzogen. In Abweichung von Anschütz a. a. O. S. 93 bin ich mit Poetzsch, Handausg. d. RV.[2] 1921 S. 58 (die 3. Aufl. 1928 schweigt sich über diese Frage, soweit ich sehe, aus) und Giese a. a. O. S. 76 der Ansicht, daß diese Bestimmungen des FAG. eine Verletzung des Art. 11 darstellen. Die Auffassung von Anschütz a. a. O., daß diese Bestimmungen des FAG. zum mindesten auf Art. 9 Nr. 1 („Wohlfahrtspflege") gestützt werden könnten, halte ich nicht für zutreffend. Ich glaube mich der Auffassung von Hatschek, Deutsches und pr. StR. I 1922, S. 71, anschließen zu sollen, daß Art. 9 nur die innere Verwaltung mit ihren beiden Hemisphären: Polizei und Wohlfahrtspflege, im Auge hat; würde unter „Wohlfahrtspflege" die gesamte Verwaltungstätigkeit des modernen Staates im Staatsinnern, ausgenommen etwa Justiz- und Militärverwaltung, zu verstehen sein, dann wäre nicht einzusehen, warum der Wohlfahrtspflege in diesem umfassenden Sinne gerade die Polizei gegenübergestellt worden ist. — Der vom FAG. beschrittene Weg verfassungswidriger Vorschreibung gewisser Steuern für die Länder wird von dem gegenwärtig im Entwurfstadium befindlichen Gesetzgebungswerk der sogenannten Steuervereinheitlichung konsequent fortgesetzt. Die Abhandlung „Verfassungsrecht und Steuervereinheitlichungsgesetz" von Popitz, DJZ. 1929, 11 ff. wirft die Frage der Verfassungsmäßigkeit dieses Gesetzgebungswerkes in dem für uns hier in Betracht kommenden Punkte gar nicht mehr auf.

Als einen besonderen Fall im obigen Sinne bedingten Reichsrechts möchte ich die vom Reiche erlassenen, von den Ländern auszufüllenden Blankettstrafgesetze anführen, soweit die Länder diese Ausfüllung nicht etwa auf Grund reichsrechtlicher Delegation vorzunehmen haben (dazu Hatschek, Verwaltungsrecht[3, 4] 127 f.), z. B. § 365 StrGB.; es ist selbstverständlich, daß die Länder, indem sie die für dieses Strafgesetz in Betracht kommenden PolVO.en erlassen, als Staaten handeln. Einen im hier erörterten Sinne bedingten Charakter hat auch die Geltung gewisser Grundsätze des allgemeinen Teils des StrGB. für die strafrechtliche Landesgesetzgebung (dazu Frank, Kommentar zum StrGB.[17] S. 825 f.).

Aber das Reichsrecht, das auf die ergänzende rechtsetzende Tätigkeit der Länder angewiesen ist, hat nicht bloß Normen aufzuweisen, die nur im Falle der rechtlich freien Betätigung der Länder auf dem betreffenden Lebensgebiete aktuelle Bedeutung besitzen, im Gegenteil, überwiegend sind es Normen, deren Wirksamkeit von solcher Bedingtheit frei ist. Hierher gehören vor allem jene Normen, die von dem Gedanken der rechtlichen Pflicht der Länder zu rechtsetzender Betätigung auf dem betreffenden Lebensgebiete getragen sind. Als Beispiel nenne ich aus der Reichsverfassung den Art. 107, soweit er sich auf die Verwaltungsgerichtsbarkeit in den Ländern bezieht; desgleichen finden sich in den „Grundrechten" derartige Rechtsätze, ich verweise auf Artt. 109 III 1, 131 II, soweit sich diese beiden Artikel auf die Landesgesetzgebung beziehen, 138 I 1, 147 III (dazu § 2 II GrundschG., in der Fassung des Ges. vom 26. Februar 1927, RGBl. I S. 67). Auch einfache Reichsgesetze enthalten vielfach solche Normen, ich erinnere nur an die vorhin kritisierten Bestimmungen des FAG. und des Entwurfs der Steuervereinheitlichungsgesetzgebung. Aber auch reichsrechtliche Normen, die den Ländern eine rechtliche Pflicht zu gesetzgeberischer Betätigung nicht auferlegen, kommen hier in Betracht, so jene Fälle, in denen das Reich den betreffenden Gegenstand erschöpfend regelt, aber den Ländern die Möglichkeit abweichender Regelung zugesteht (subsidiäres Reichsrecht, dazu Haenel a. a. O. S. 257), ferner jene, in denen die Länder die Befugnis besitzen, innerhalb der Normen des Reichsrechts rechtsetzend tätig zu werden, die Normen des Reichsrechts aber unmittelbar für Behörden und Individuen Geltung erhalten unabhängig davon, ob die Länder ihre rechtsetzende Tätigkeit auch wirklich ausüben; namentlich im Bereiche der Grundsatzgesetzgebung des Art. 10 spielt bekanntlich dieser Fall eine Rolle.

In all den Fällen erhebt sich nun abermals die Frage: Handeln die Länder, indem sie ihrerseits die vom Reichsrecht vorgesehene rechtsetzende Tätigkeit entfalten, als Staaten oder nur als Organe des Reichs? Wie immer bisher müssen wir auch hier auf das Willensmoment und auf das Interessemoment abstellen: Sie handeln als Organe des Reichs, wenn ihre rechtsetzende Tätigkeit durch den Reichswillen in den Dienst von Reichsinteressen gestellt ist; andernfalls handeln sie als Staaten. Die entscheidende Frage ist also wiederum: Wann ist die rechtsetzende Tätigkeit der Länder in den Dienst von Reichsinteressen gestellt? Was zunächst die Reichsverfassung betrifft, so enthält diese, namentlich in dem Abschnitt über die Grundrechte, Richtlinien für die rechtsetzende Tätigkeit der Länder. Steht diese letztere dadurch im Dienste von Reichsinteressen? Das würde dann der Fall sein, wenn die Festsetzung solcher Richtlinien zugleich die Erklärung darstellen würde, daß das betreffende staatliche Lebensgebiet ganz und gar zur Interessensphäre des Reichs gehören solle. Eine solche Absicht liegt aber den Grundrechtsnormen der RV. nicht zugrunde. Welche staatlichen Lebensgebiete für die Interessensphäre des Reichs in Betracht kommen, das bestimmt die RV. nicht in den „Grundrechten", sondern an ganz anderer Stelle: in den Artikeln über die Zuständigkeit der Reichsgesetzgebung. Wenn die RV. in den „Grundrechten" Richtlinien für die rechtsetzende Tätigkeit der Länder festsetzt, so ist damit nur gesagt, daß das Einhalten dieser Richtlinien durch die Länder Gegenstand des Reichsinteresses ist, nicht auch die rechtsetzende Tätigkeit der Länder innerhalb dieser Richtlinien; die Länder handeln da also als Staaten (vgl. Leitsatz II 1b). Nur dort, wo die Grundrechtsnorm keine bloße Richtlinie gibt, sondern den Ländern ihr Handeln inhaltlich genau vorschreibt, wie z. B. im Falle des Art. 109 III 1, wird man die Länder, indem sie der Anordnung des Reiches nachkommen, als Organe des Reichs aufzufassen haben.

In diesem Zusammenhang möchte ich noch einmal auf das Verhältnis zwischen Art. 17 RV. und den Verfassungen der Länder zurückkommen: Zu Beginn meiner heutigen Ausführungen habe ich darauf hingewiesen, daß Art. 17 — im Gegensatz zu den Artt. 95 ff. öst. BVerf. — den deutschen Ländern die Fähigkeit zur Selbstorganisation und damit die Qualität als Staaten nicht genommen hat. Letzten Endes ist auch hier der Richtliniengesichtspunkt das Entscheidende (nur daß dieser hier für die Frage der Existenz der Länder als Staaten in Betracht kommt, vorhin dagegen für die Frage der Funktion der Länder als Staaten). Auch Art. 17 schreibt den Ländern bloße Richtlinien vor. Daß das Reich damit auch die inhaltliche Gestaltung der Landesverfassungen innerhalb dieser Richtlinien zum Gegenstande des Reichsinteresses machen wollte, dafür fehlt jeder Anhaltspunkt. Die Verfassungsgesetzgebung der Länder ist daher Schaffung eigenen Rechts, ist Selbstorganisation. —

Der Richtliniengesichtspunkt spielt aber seine Rolle nicht nur im Verhältnis der RV., sondern auch im Verhältnis einfacher Reichsgesetze zur Gesetzgebung der Länder. Ein Beispiel liefert das FAG.: Bekanntlich schreibt dieses (§ 7 in Verbindung mit § 8) den Ländern die Erhebung von Grund- und Gebäudesteuern und von Gewerbesteuern vor. Über die

Gestaltung dieser Steuern sind in den §§ 8—11 Bestimmungen enthalten. Diese stellen nur Richtlinien dar. Daher treten die Länder, indem sie auf dem Gebiete des Realsteuerrechts im Rahmen dieser Richtlinien gesetzgeberisch tätig sind, noch als Staaten auf, nicht als bloße Organe des Reichs — nebenbei bemerkt, abermals ein Beleg dafür, daß die Länder auch in ihrer Eigenschaft als Staaten in einem staatsrechtlichen Untertänigkeitsverhältnis zum Reiche stehen.

Ich komme nun mit Überspringung des Leitsatzes II 1c gleich zu Leitsatz II 2: Bloßen Richtlinien des Reichs für die Landesgesetzgebung steht der Fall gegenüber, daß das Reich das betreffende staatliche Lebensgebiet schlechthin seiner Interessensphäre einverleibt, aber den Ländern gleichwohl aus organisatorischen Zweckmäßigkeitsgründen (Dezentralisation!) innerhalb bestimmter Grenzen die Rechtsetzung überläßt. Diese Rechtsetzungstätigkeit der Länder steht dann im Dienste von Reichsinteressen, die Länder fungieren nicht als Staaten, sondern als Organe des Reichs. Das ist bekanntlich die Delegation von Rechtsetzungsgewalt des Reichs an die Länder. Äußerlich tritt sie in der Weise in die Erscheinung, daß die Länder vom Reiche zu der betreffenden Regelung „ermächtigt“ werden, sie ihnen „vorbehalten“, „überlassen“ bleibt, der Reichsgesetzgeber erklärt, daß die Länder die betreffende Regelung vornehmen „können“. Aus der Fülle der Beispiele sei die den Gemeinden aufgetragene Vergnügungssteuer des § 14 FAG. genannt: Während, wie vorhin betont, das FAG. für die Realsteuern nur Richtlinien gibt, die zugehörige Landesgesetzgebung hingegen den Ländern als Staaten geblieben ist, ist durch die VergnügStO. des RR., neue Fassung vom 12. Juni 1926, RGBl. I S. 262, die gesamte Materie des Vergnügungssteuerrechts offenkundig zum Gegenstand des Reichsinteresses gemacht, so daß die Länder hier nur als Organe des Reichs rechtsetzend tätig zu werden vermögen. Das zeigt sich darin, daß in Art. II dieser VO. die Materie erschöpfend geregelt ist und in Art. I und III den Ländern bzw. Gemeinden nur gestattet wird, in gewissen Punkten hiervon abzuweichen. Ebenso ist der gegenwärtige Entwurf der Steuervereinheitlichungsgesetzgebung in bezug auf das geplante Grundsteuerrahmengesetz, Gewerbesteuerrahmengesetz, Gebäudeentschuldungssteuergesetz sichtlich von dem Gedanken getragen, daß die Länder in der zugehörigen Landessteuergesetzgebung als Delegatare des Reichs, also nicht als Staaten, auftreten. Der Fortschritt in unitarischer Richtung vom heutigen FAG. zu dieser künftigen Steuervereinheitlichungsgesetzgebung würde also auch in unserer Spezialfrage deutlich in die Erscheinung treten, indem nach dem heutigen FAG. die gliedstaatlichen Realsteuergesetze doch noch immer *Landesrecht* darstellen, während sie künftig *Reichsrecht* enthalten werden.

In der *Reichsverfassung* sind die Fälle einer *Delegation von Rechtsetzungsgewalt an die Länder* nicht zahlreich. M. E. gehört z. B. hierher der bereits vorhin erwähnte Fall des Art. 109 III 1. *Der Hauptfall aber ist der Art.* 48 IV: Wenn die Länder auf Grund Art. 48 IV rechtsetzend oder sonstwie sich betätigen, befinden sie sich nach richtiger Auffassung im Bereiche von *Reichsinteressen*; sie handeln da nicht als Staaten, sondern *als Organe des Reichs*. Daß dieses der Wille der RV. ist, ergibt sich aus der vollen Abhängigkeit der Ausnahmemaßnahmen der Länder von dem Ermessen des Reichs, wie sie durch die Einschränkung „*einstweilige* Maßnahmen" und durch die Bestimmung gegeben ist, daß RPr. und RT. deren Außerkraftsetzung verlangen können. Daß die Länder hier Angelegenheiten *des Reichs* besorgen, *als Organe des Reichs* tätig sind, hindert nicht, daß sie auch bei Handhabung des Art. 48 IV der sog. *abhängigen Reichsaufsicht* des Art. 15 II, III unterliegen, hat ja *diese* Art Reichsaufsicht ganz im allgemeinen sich vor allem gerade dann zu betätigen, wenn die Länder in *Reichs*angelegenheiten, *als Organe des Reichs* tätig sind (Art. 15 II: „Soweit die Reichsgesetze von den Landesbehörden auszuführen sind").

Vielfach ist im Falle einer Delegation von Rechtsetzungsgewalt des Reichs an die Länder diesen nur die Regelung untergeordneter Details überlassen. Es ist aber auch der Fall möglich, daß im Innern einer im übrigen vom Reiche geregelten Gesetzgebungsmaterie eine Insel von nicht unbeträchtlicher Größe der Regelung durch die Länder freigegeben wird, ja es kann sogar eine ganze *Teilmaterie* der Rechtsetzung durch die Länder überwiesen werden, ein Beispiel ist § 3 I RPachtschO. in der Fassung vom 23. Juli 1925, RGBl. I S. 152: „Die Einrichtung der Pachteinigungsämter und die Regelung des Verfahrens ist Aufgabe der obersten Landesbehörden."

Für die *inhaltliche Gestaltung* der Rechtsetzungsdelegation an die Länder sind *drei Möglichkeiten* zu verzeichnen: 1. Die betreffende Angelegenheit ist vom Reiche den Ländern *ganz und gar* zur Rechtsetzung überlassen. Dabei kann die Rechtsetzungsfreiheit der Länder durch vom Reiche vorgeschriebene *Richtlinien* eingeengt sein, z. B. § 21 GewO. Das sind aber Richtlinien *anderer Art* als die vorhin besprochenen: *Dort* handelte es sich um Richtlinien für die rechtsetzende Tätigkeit der Länder *als Staaten*, *hier* um Richtlinien für die rechtsetzende Tätigkeit der Länder als Organe des Reichs. 2. Diesem Falle der Betrauung der Länder mit der rechtsetzenden Regelung einer Angelegenheit steht gegenüber der Fall, daß das Reich die betreffende Angelegenheit selbst erschöpfend regelt, aber den Ländern abweichende Regelung gestattet (Subsidiarität des Reichsrechts, dazu Haenel a. a. O. S. 257); Beispiele sind § 2 II EGStrGB. in bezug auf den Holz- (Forst-) diebstahl (dazu Frank a. a. O. S. 824), § 17 GVG., Art. III VergnügStO. des RR., neue Fassung vom 12. Juni 1926 RGBl. I S. 262. Dabei kann das Reich den Ländern für ihre rechtsetzende Tätigkeit wiederum Richtlinien vorschreiben, z. B. § 17 II GVG. 3. Endlich ist noch ein weiterer Fall zu beachten: Das Reich regelt das betreffende Teilgebiet selbst erschöpfend, überläßt es aber der freien Willensentschließung der Länder, ob diese reichsrechtlichen Normen Wirksamkeit erlangen sollen; z. B. § 93 GVG., dazu Haenel a. a. O. S. 258.

Nunmehr folgt die Besprechung des Leitsatzes II 1c: Von dem Fall der Delegation von Rechtsetzungsgewalt des Reichs an die Länder scharf zu scheiden ist der Fall, daß das Reich irgendein staatliches Lebensgebiet nicht in seinem ganzen Umfang für seine Interessen in Anspruch nimmt, so daß gewisse Teilgebiete, Sondermaterien aus der Interessensphäre des Reichs ausgenommen bleiben; in diesen Sondermaterien üben dann die Länder ihre rechtsetzende Tätigkeit als Staaten aus. Als Beispiel sei das EGBGB. genannt, von dessen III. Abschnitt eine ganze Reihe von Artikeln hierher gehören; allerdings werden dort offenkundige Delegationsfälle mit den hier erörterten unterschiedslos gleich behandelt („unberührt bleiben . . .“); man vgl. z. B. Art. 65 mit Art. 100. Hat das Reich von dem betreffenden staatlichen Lebensgebiete ein Teilgebiet, eine Sondermaterie außerhalb seiner Interessensphäre gelassen, dann beantwortet sich die Frage, welches Landesorgan zur Rechtsetzung in dieser Sondermaterie zuständig ist, einfach nach Landesstaatsrecht. Handelt es sich hingegen um Delegation von Rechtsetzunggewalt des Reiches an die Länder, dann wird das Reich vielfach auch das Landesorgan bestimmen, das zur Rechtsetzung zuständig sein soll (vgl. Haenel a. a. O. S. 266) — aus der Fülle der Beispiele nenne ich nur den vorhin genannten § 3 I RPachtschO., wonach die Einrichtung der Pachteinigungsämter und die Regelung des Verfahrens Aufgabe der obersten Landesbehörden ist —; erst in Ermangelung einer solchen reichsrechtlichen Zuständigkeitsnorm beantwortet sich die Zuständigkeitsfrage nach Landesstaatsrecht. Daß Art. 48 IV RV. den Ländern vorschreibt, welches Landesorgan zu den Ausnahmemaßnahmen zuständig ist („Landesregierung"), ist ein weiteres Zeichen dafür, daß es sich hier um Delegation von Reichsgewalt an die Länder handelt.

Bleibt schon in dem Falle, daß das Reich sein Interesse nicht auf den ganzen Umfang des betreffenden staatlichen Lebensgebietes erstreckt, sondern gewisse Teilgebiete, Sondermaterien unberührt läßt, bezüglich dieser letzteren die Funktion der Länder als Staaten erhalten, dann um so mehr in jenen Fällen, in denen das Reich umgekehrt von einem staatlichen Lebensgebiete überhaupt nur eine Teilmaterie rechtlicher Regelung unterzieht, im übrigen dagegen sich über das betreffende Lebensgebiet ausschweigt. Ein Beispiel aus der RV.: Von dem für die Länder in Betracht kommenden Parlamentsrecht ist die Verantwortungsfreiheit wahrheitsgetreuer Berichte über die Verhandlungen der Landtage und ihrer Ausschüsse (Art. 30) und die Immunität der Landtagsmitglieder (Artt. 36ff., 40a II, III) vom Reiche geregelt; es ist selbstverständlich, daß die Länder auf den übrigen Gebieten des Parlamentsrechts als Staaten auftreten. Analoges gilt dann, wenn auf einem konkreten staatlichen Lebensgebiete hinsichtlich des materiellen Rechts die Rechtsetzung den Ländern geblieben ist, dagegen Behördenorganisation und Verfahren reichsrechtlich geregelt sind. Man wird hier anzunehmen haben, daß der Wille des Reichs nicht dahin geht, auch die materiell-rechtliche Regelung dieses Lebensgebietes in den Bereich seiner Interessen einzubeziehen; die Länder üben hier also ihre rechtsetzende Tätigkeit als Staaten aus. Als Beispiel möchte ich nennen die Handhabung des Landesstrafrechts durch die ordentlichen Gerichte[6]). Um so mehr gilt das Gesagte dann, wenn die Länder ihr Landesprivatrecht durch die ordentlichen Gerichte anwenden lassen[7]).

Leitsatz II 3: Wie steht es mit dem Zusammenwirken von Reich und Ländern auf den Gebieten der sogenannten Grundsatzgesetzgebung? Art. 11 RV. hat — wie wir bereits in anderem Zusammenhang (zu Leitsatz II 1a) festgestellt haben — nur hypothetisches Reichsrecht im Auge, in seiner Bedeutung dadurch bedingt, daß die Länder kraft rechtlich freier Entschließung die korrespondierende rechtsetzende Tätigkeit entfalten; die Länder treten

[6]) Hierzu sind die Länder genötigt, s. Schlegelberger-Nagel a.a.O. S. 23.

[7]) Hier haben die Länder im großen und ganzen frei zu entscheiden, ob für die betreffende Angelegenheit die ordentlichen Gerichte zuständig sein sollen, s. Schlegelberger-Nagel a.a.O. S. 25 f.

da also unter allen Umständen als Staaten auf. Wenn gleichwohl der Reichsgesetzgeber in den Materien des Art. 11 unbedingtes Recht geschaffen, den Ländern die Pflicht zu rechtsetzender Tätigkeit auferlegt hat (FAG., Entwurf der Steuervereinheitlichungsgesetzgebung), so ist dieses — das habe ich bereits oben betont — eine Überschreitung des Rahmens des Art. 11. Also abschließend: Im Rahmen des Art. 11 kommen die Länder, indem sie rechtsetzend tätig sind, richtiger Ansicht nach immer nur als Staaten in Betracht.

Im Gegensatz zur Grundsatzgesetzgebung des Art. 11 ist die Grundsatzgesetzgebung des Art. 10 gedacht als Erlaß unbedingter Rechtsnormen, was dann besonders deutlich zum Ausdruck kommt, wenn das Grundsatzgesetz ohne weiteres unmittelbar für Behörden und Individuen Geltung erhält oder doch wenigstens an die Länder den Imperativ richtet, ihrerseits entsprechende Rechtsnormen folgen zu lassen. Da aber in dem Mehr das Weniger mitenthalten ist, können auf Grund des Art. 10 natürlich auch hypothetische Rechtsnormen (im obigen Sinne) erlassen werden. In letzteren Fällen handeln die Länder, wenn sie im Rahmen derartiger Normen rechtsetzend tätig sind, unter allen Umständen als Staaten. Ist aber das Grundsatzgesetz als unbedingte Norm erlassen, was wie gesagt von Art. 10 als Regelfall gedacht ist, dann gelten für die Frage, ob die Länder, indem sie sich ihrerseits im Rahmen des Grundsatzgesetzes rechtsetzend betätigen, als Staaten oder bloß als Organe des Reiches handeln, die bisher gefundenen Gesichtspunkte. Insbesondere sind die beiden bisher behandelten Hauptfälle: bloßes Richtliniengesetz und Delegation von Rechtsetzungsgewalt an die Länder, auch auf den Gebieten der Grundsatzgesetzgebung des Art. 10 möglich. Bloße Richtliniengesetze sind m. E. das GrundschG. vom 28. April 1920, RGBl. S. 851 und das Ges., betreffend den Lehrgang der Grundschule, vom 18. April 1925, RGBl. I S. 49; aus dem Gebiete des Art. 11 sei auf die §§ 8—11 FAG. hingewiesen. Ein Beispiel für ein Grundsatzgesetz mit Delegation von Rechtsetzungsgewalt an die Länder ist die vorhin erwähnte RPachtschO.; aus dem Gebiete des Art. 11 könnte der Entwurf der Steuervereinheitlichungsgesetzgebung genannt werden. Man wird vielleicht sagen dürfen: Bei der Grundsatzgesetzgebung spricht die Vermutung für den Willen des Reichsgesetzgebers, ein bloßes Richtliniengesetz erlassen zu wollen, bei der übrigen konkurrierenden Reichsgesetzgebung, sofern ergänzende Rechtsetzung durch die Länder in Betracht kommt, spricht die Vermutung für Delegationsabsicht des Reichsgesetzgebers.

Leitsatz II 4: Ist auf den Gebieten der ausschließlichen Reichsgesetzgebung der Artt. 6 u. 165 VI RV. rechtsetzende Tätigkeit auch der Länder zulässig? Eines steht außer Zweifel: Da, wie bereits an anderer Stelle (unter a) betont, die Materien dieser beiden Artikel schon durch die Verfassung selbst in die Interessensphäre des Reichs einbezogen sind, kommt hier eine Tätigkeit der Länder als Staaten überhaupt nicht in Frage, sondern nur Delegation von Rechtsetzungsgewalt des Reiches an die Länder. Daß eine solche zulässig ist, also durch einfaches Reichsgesetz erfolgen kann und darf, ergibt sich aus der Entstehungsgeschichte des Art. 6 (Weimarer NatVers., Berichte und Protokolle d. VerfAussch. S. 422; Vhdlgen d. Plenums S. 1206). Es fragt sich nur, ob diese Delegationsmöglichkeit unbegrenzt ist oder ob da Schranken bestehen? M. E. würde es der Absicht der RV. widersprechen, wenn ein RGes. ein ganzes Gebiet des Art. 6, z. B. die Gesetzgebung über das Münzwesen, den Ländern übertragen wollte. Die Analogie der begrenzten Delegationsmöglichkeit der Legislative an die Verordnungsgewalt der Exekutive springt in die Augen. Man wird sagen dürfen: Delegation an die Länder ist nur soweit möglich, als in dem konkreten Falle auch Delegation seitens der Reichslegislative an die Verordnungsgewalt des Reichs zulässig wäre.

Rechtsetzende Betätigung der Länder auf Grund Art. 48 IV ist auf den Lebensgebieten des Art. 6 RV. selbstverständlich in demselben Maße zulässig, wie die des RPr. auf Grund Art. 48 II, also salva substantia der durch die Norm des Art. 48 II 2 implicite vor diktatorischen Eingriffen geschützten Grundrechte.

Leitsatz II 5: Nahe verwandt mit der Kategorie der ausschließlichen Reichsgesetzgebung der Artt. 6, 165 VI ist der Fall der von Thoma in der Festschr. f. d. pr. OVG., 1925, S. 193, sogenannten reichsgesetzkräftigen Grundrechte der RV., z. B. Artt. 111, 112 I 2, 123 II. Ich darf diesen Begriff wohl als bekannt voraussetzen. Die nahe Verwandtschaft mit den Zuständigkeitsnormen der Artt. 6, 165 VI besteht darin, daß bezüglich dieser Grundrechte ebenfalls ausschließlich die Reichsgesetzgebung zu Einschränkungen, Zulassung von Ausnahmen zuständig ist. Es bedarf keiner weiteren Begründung, daß auch hier eine rechtsetzende Tätigkeit der Länder als Staaten überhaupt nicht in Frage kommt. Ist aber etwa eine Delegation von Rechtsetzungsgewalt des Reiches an die Länder zulässig? Wenn wir einfach einen Analogieschluß von der ausschließlichen Reichsgesetzgebung der Artt. 6, 165 VI ziehen könnten, wäre diese Frage ohne weiteres zu bejahen. Da erheben sich aber gewichtige Bedenken: Wir machen die Wahrnehmung, daß eine Reihe dieser „reichsgesetzkräftigen" Grundrechte Materien betreffen, für die ohnedies bereits Art. 6 die ausschließliche Gesetzgebungskompetenz des Reichs festgesetzt hat, so von obigen Beispielen die Artt. 111, 112 I 2 (dagegen nicht Art. 123 II!). Würde nun — so könnte man vielleicht sagen — die ausschließliche Reichsgesetzgebung der Artt. 111, 112 I 2 für die Frage der Zulässigkeit rechtsetzender Tätigkeit der Länder die gleiche Bedeutung haben, wie die „ausschließliche Reichsgesetzgebung" des Art. 6, dann wäre die Zuständigkeitsnorm der Artt. 111, 112 I 2 vollkommen überflüssig, denn wenn das Reich die ausschließliche Gesetzgebung über die Freizügigkeit und über die Auswanderung hat (Art. 6 Nr. 3), dann hat es selbstverständlich auch die ausschließliche Gesetzgebung über Einschränkungen des Grundrechts der Freizügigkeit und des Grundrechts der Auswanderungsfreiheit. Man könnte daher sich versucht fühlen, anzunehmen, die RV. verstehe unter der ausschließlichen Reichsgesetzgebung der in Frage kommenden Grundrechte etwas anderes als unter der ausschließlichen Reichsgesetzgebung des Art. 6, und zwar könnte man vermuten, „Reichsgesetzgebung" im Sinne der Grundrechte bedeute Akte der Reichslegislative unter Ausschluß von Delegation an die Verordnungsgewalt des Reichs und unter Ausschluß von Delegation an die Länder, während die „Reichsgesetzgebung" des Art. 6 beides, namentlich auch eine Delegation an die Länder, zuläßt. Aber gegenüber einer solchen Auslegung der „ausschließlichen Reichsgesetzgebung" der Grundrechte würde man sich vergebens fragen, welche legislatorischen Motive die RV. veranlaßt haben könnten, eine solche Einengung der Bedeutung von „Reichsgesetzgebung" vorzunehmen. Es bleibt also doch nur die Annahme übrig, daß die Zuständigkeitsnorm der Artt. 111, 112 I 2 angesichts der Zuständigkeitsnormen von Art. 6 Nr. 3 tatsächlich vollkommen überflüssig ist. Aber das darf uns nicht wundernehmen, denn in allernächster Nähe dieser beiden Artikel befindet sich eine noch viel krassere Überflüssigkeit: Art. 110 I 1.

Ergebnis: Die „ausschließliche Reichsgesetzgebung" der „reichsgesetzkräftigen Grundrechte" der RV. hat dieselbe grundsätzliche Bedeutung, wie die „ausschließliche Reichsgesetzgebung" des Art. 6: Zulässigkeit der Delegation an die Verordnungsgewalt des Reichs und Zulässigkeit der Delegation an die Länder innerhalb der bereits gelegentlich der Ausführungen zu Leitsatz II 4 aufgezeigten Schranken. Dagegen sind Eingriffe des RPr. auf Grund Art. 48 II und der Länder auf Grund Art. 48 IV, wie im allgemeinen in nichtsuspendierbare Grundrechte der RV. (s. Nawiasky, Die Auslegung des Art. 48 RV., ArchÖffR., NF. 9, S. 1—55, dazu Anschütz a. a. O. S. 253), so im besonderen auch in „reichsgesetzkräftige" Grundrechte unzulässig, sofern diese nicht gemäß Art. 48 II 2 suspendierbar sind. Unzulässig sind also gerade auch Eingriffe des RPr. in die Freizügigkeit des Art. 111 und in die Auswanderungsfreiheit des Art. 112 I[8]). Auf den ersten Blick mag es vielleicht befremden, daß hier eine Delegation an die normale Verordnungsgewalt des Reiches zulässig, dagegen Eingriffe des RPr. unter den außerordentlichen Verhältnissen des Art. 48 II unzulässig sein sollen. Bei genauerer Betrachtung aber ist dieses Ergebnis gar nicht so widerspruchsvoll. Denn Eingriffe durch die normale Verordnungsgewalt des Reichs würden auf Grund einer Spezialdelegation seitens der Reichslegislative erfolgen (z. B. § 9 WohnmangVO. vom 23. September 1918 in der Fass. von Art. 2 Ges. vom 11. Mai 1920, RGBl. S. 949); eine solche Spezialdelegation könnte übrigens auch zugunsten der Diktaturgewalt des RPr. stattfinden. Art. 48 II hingegen stellt eine Generaldelegation dar, die der Begrenzung bedarf. Allerdings, sollte ausnahmsweise einmal auch die normale Verordnungsgewalt des Reichs durch Generaldelegation zu Eingriffen in Grundrechte ermächtigt sein, wird man sagen müssen, es entspricht dem Geiste des Art. 48 II, daß solche Generalermächtigungen an die normale Verordnungsgewalt nicht weiterreichen als die Generalermächtigung des Art. 48 II.

III. Begriff des Landesrechts.

1. (Leitsatz III 1.) In Österreich ist „Landesrecht" das von den Ländern durch ihre Organe gesetzte Recht. Da die Länder nach unserer oben (I 1) dargelegten Auffassung nicht Staaten, sondern hochqualifizierte Selbstverwaltungsverbände sind, ist das von ihnen geschaffene sogenannte Landesrecht partikulares Recht des österreichischen

---

[8]) Ich weiche hier von der von Anschütz a. a. O. 251[1] vorgetragenen Lehre ab. Nach dieser Lehre könnte der RPr. auf Grund Art. 48 II Eingriffe in die Freizügigkeit des Art. 111 und in die Auswanderungsfreiheit des Art. 112 I vornehmen, da für solche Eingriffe auch die einfache Reichsgesetzgebung zuständig ist. M. E. aber bezweckt die Nichtsuspendierbarkeit der Grundrechte, wie sie sich implicite aus Art. 48 II 2 ergibt, deren Unantastbarkeit nicht nur gegenüber einer Suspendierung, sondern gegenüber jeglichem Eingriff der Diktaturgewalt des RPr.

Staates. In dieser Beziehung hat sich gegenüber den Verhältnissen des alten Österreich nichts Wesentliches geändert.

2. (Leitsatz III 2.) Im Deutschen Reich ist die Sachlage eine andere: Landesrecht im weiteren Sinne ist das von den Organen der Länder gesetzte Recht. Aber diese rechtsetzende Tätigkeit der Länder ist, wie wir gesehen haben, zweifacher Art, je nachdem die Länder dabei als Staaten oder als Organe des Reichs handeln. Im ersteren Falle schaffen sie eigenes Recht, Landesrecht i. e. S., Recht der Rechtsgemeinschaft, die das betreffende Land als Staat darstellt, im letzteren Fall schaffen sie Reichsrecht, wenn auch nur partikulares Reichsrecht; sie befinden sich insofern in der gleichen Situation wie Kommunalverbände, die, soweit sie zur Rechtsetzung zuständig sind, (partikulares) Recht des ihnen übergeordneten Staates erzeugen. Die Frage, ob das von den Ländern kraft Delegation erlassene Recht zur Rechtsordnung des Reiches oder zur Rechtsordnung des betreffenden Landes gehört, ist eine Frage der Rechtstheorie, dagegen die Tatsache, daß solches kraft Delegation geschaffene Recht unter das Landesrecht im Sinne der Sprache der deutschen Gesetze fällt (s. darüber Leitsatz III 3), ist rein terminologischer Natur. Mit anderen Worten: Der terminologische Standpunkt der deutschen Gesetzessprache widerlegt keineswegs meine rechtstheoretische Ansicht, daß solches Recht Reichsrecht sei.

Ein Spezialfall der Rechtsetzung von Reichsrecht durch die Länder kraft Delegation seitens des Reichs ist die rechtsetzende Tätigkeit der Landesregierungen auf Grund Art. 48 IV RV. Von den sonst üblichen Delegationen an die Länder unterscheidet sich dieser Fall dadurch, daß hier die Delegation in der Reichsverfassung ausgesprochen ist, ferner daß hier eine Generaldelegation vorliegt, während sonst Spezialdelegation die Regel ist; endlich besteht der Unterschied auch darin, daß Art. 48 IV vermöge seines besonderen Zweckes die Länder ermächtigt, erforderlichenfalls sogar das in Reichsgesetzen und Verordnungen des Reichs enthaltene Recht zu durchbrechen. Aber alle diese unterscheidenden Momente, namentlich auch das letzte, beziehen sich nur auf die Beschaffenheit der Delegation, nicht auf die Beschaffenheit des Subjekts, das delegiert ist. Unter dem Gesichtspunkte des Subjekts ist das von den Ländern auf Grund Art. 48 IV gesetzte Recht kein anderes Reichsrecht, als wenn die Länder etwa auf Grund Delegation durch die Gewerbeordnung rechtsetzend sich betätigen. Die Landesregierungen bleiben, wenn sie gemäß Art. 48 IV handeln, ebenso Landesorgane und ebenso ihren Landtagen verantwortlich wie die zuständigen Landeszentralbehörden, wenn sie z. B. auf Grund §§ 34 I 3, 35 V 2, 38 I, III, IV GewO. rechtsetzend sich betätigen. Daß die auf Grund Art. 48 IV erlassenen Rechtsätze sogar Reichsgesetze zu überwinden, ja sogar die in Art. 48 II genannten Grundrechte zu suspendieren vermögen, ändert daran nichts.

3. (Leitsatz III 3.) In der Sprache der deutschen Gesetze wird der Ausdruck „Landesrecht" nur im weiteren Sinne gebraucht: Alles von den Ländern durch ihre Organe gesetzte Recht. Das gilt vor allem von Art. 13 RV.[9]); korrespondierende Bedeutung hat der dortige Ausdruck „Reichsrecht". Dieselbe Terminologie findet sich in den Bestimmungen des Justizrechts über die Revisibilität beim Reichsgericht: § 8 II EGGVG., § 121 Nr. 1 d GVG. (Rechtsnormen, die in „Landesgesetzen" enthalten sind); das ist in Literatur und Judikatur unbestritten, und letzteres scheint mir auch gerechtfertigt zu sein, denn, wie § 549 I ZPO. zeigt, besteht das legislatorische Motiv für die Einschränkungen der Zuständigkeit des RG. als Revisionsinstanz nicht in irgendwelchen theoretischen Erwägungen, sondern ist bestimmt durch das praktische Bedürfnis, dem RG. die Entscheidung über partikulares Recht möglichst abzunehmen. Aus dem Gesagten ergibt sich, daß auch das von den Ländern auf Grund Art. 48 IV gesetzte Recht, soweit die Revisibilität beim RG. in Frage kommt, „Landesrecht" i. S. der Sprache unserer Justizgesetze ist. Schließlich sei noch darauf hingewiesen, daß auch das Finanzrecht den Ausdruck „Landesrecht" lediglich in diesem weiteren Sinne verwendet: § 6 I 1 FAG. („landesrechtliche Steuervorschrift").

In Hinblick auf diese eindeutige Terminologie unserer Gesetzgebung kann dem Leitsatz 5 des Herrn Berichterstatters, daß die von den Gliedstaaten zur Ergänzung des Reichsrechts aufgestellten Vorschriften Landesrecht sind, für das Gebiet des deutschen Staatsrechts zugestimmt werden.

IV. Rechtsetzungskonflikte zwischen Reich (Bund) und Ländern.

1. Nach deutschem Recht (s. meine Leitsätze unter IV 1). Einleitend möchte ich bemerken, daß eine

---

[9]) Vgl. z. B. RGEntsch. vom 23. November 1927 RGBl. I S. 513, wo folgende Bestimmungen in bezug auf ihre Vereinbarkeit mit dem Reichsrecht geprüft werden:

1. Artt. 14 und 16 der württ. AusfVO. zur ReichsVO. über die Fürsorgepflicht, vom 31. März 1924 (württ. RegBl. 247),
2. Artt. 1 und 3 der bayer. „Vorlfg. AusfVO. zur ReichsVO. über die Fürsorgepflicht", vom 27. März 1924 (bayer. G.- u. VOBl. 126).

erschöpfende Darstellung dieser Materie im Rahmen meines heutigen Vortrages natürlich nicht möglich ist. Ich beschränke mich darauf, die vom Herrn Berichterstatter behandelten Konfliktsfälle einer Betrachtung zu unterziehen.

a) Der erste Konfliktsfall besteht darin, daß mit einer vom Reiche gesetzten Rechtsnorm eine von einem Lande gesetzte Rechtsnorm inhaltlich in Widerspruch steht und beide vom Individuum Gehorsam heischen. In diesem Falle greift bekanntlich Art. 13 I ein. Wie ich in III 3 ausgeführt habe, bedeutet in Art. 13 „Landesrecht" alles von den Ländern gesetzte Recht. Da nun die Länder auf zweifache Art rechtsetzend tätig sind, einerseits als Staaten an der Gestaltung ihrer eigenen Rechtsordnung arbeiten, anderseits als Organe des Reichs an der Rechtsordnung des Reichs, kraft Delegation seitens des Reichs, ist auch die Bedeutung des Art. 13 I eine zweifache: Gehört die vom betreffenden Lande gesetzte Rechtsnorm zur Rechtsordnung dieses Landes, so bedeutet Art. 13 I, wie ich in meinen einleitenden Ausführungen (I 2) dargelegt habe, daß die Gehorsamspflicht, die das Individuum dem betreffenden Lande zu leisten hat, insoweit beseitigt ist. Soweit aber die Länder als rechtsetzende Organe des Reichs, kraft Delegation, Reichsrecht schaffen, bedeutet Art. 13 I, daß innerhalb der Rechtsordnung des Reichs die von den Ländern ausgehenden Rechtsnormen im Vergleich zu den in Reichsgesetzen und Rechtsverordnungen des Reichs enthaltenen Rechtsnormen solche niederer Ordnung sind, analog dem Verhältnis der Verordnung zum Gesetze. Eine Ausnahme bilden die von den Ländern auf Grund Art. 48 IV gesetzten Rechtsnormen; nur gegenüber der Reichsverfassung selbst besteht diese Ausnahmestellung grundsätzlich nicht.

Bezüglich beider Arten landesrechtlicher Normen i. S. Art. 13 I war es nur folgerichtig, daß seit dem Bestehen des Reiches die Rechtsauffassung — auch ohne ausdrücklichen Verfassungssatz — den Gerichten die Befugnis und Verpflichtung zuerkannt hat, diese Normen auf ihre Übereinstimmung mit den vom Reiche ausgehenden Rechtsnormen zu prüfen. — Aus dem, was vorhin (III 2) über Art. 48 IV gesagt worden ist, in Verbindung mit der Bedeutung des Wortes „Landesrecht" in Art. 13 (vgl. III 3), ergibt sich, daß für die Austragung von Streitigkeiten über die Verfassungsmäßigkeit von Rechtsnormen, die sich auf Art. 48 IV gründen, der von Art. 13 II vorgezeichnete Weg zu beschreiten ist.

b) Kompetenzwidrige Reichsgesetze. Zu Leitsatz 1 Satz 2 des Herrn Berichterstatters glaube ich bemerken zu sollen, daß nach deutschem Staatsrecht sich folgende

Situation ergibt: Zunächst ist entscheidend, wie man sich zur Frage des richterlichen Prüfungsrechts gegenüber Reichsgesetzen, die in einwandfreiem Verfahren zustande gekommen sind, verhält. Verneint man ein solches richterliches Prüfungsrecht, dann verpflichtet ein Reichsgesetz trotz seiner Kompetenzwidrigkeit solange, bis durch den gemäß Art. 19 I anzurufenden StGH. Wandel geschaffen wird. Dem StGH. muß die Prüfungsbefugnis unter allen Umständen zuerkannt werden, auch dann, wenn man sie im übrigen verneint (so auch Triepel a. a. O. S. 92 ff.).

c) Säumigkeit eines Landes in der pflichtmäßigen Ergänzung des vom Reiche gesetzten Rechts: Zu Leitsatz 6 des Herrn Berichterstatters glaube ich bemerken zu sollen, daß nach deutschem Reichsstaatsrecht, wenn die Voraussetzungen des Art. 48 II vorliegen, durch Verordnung des RPr. einzugreifen wäre. Im übrigen stände der in Art. 15 III vorgezeichnete Weg offen, indem kraft ausdehnender Interpretation die abhängige Reichsaufsicht des Art. 15 auch auf diesen Fall sich erstreckt, soweit die Bestimmungen des Art. 15 II, III sich dafür eignen. Ist man aber der Meinung, daß Art. 15 III hier nicht Anwendung finde, weil der Erlaß eines ergänzenden Landesgesetzes nicht als „Ausführung eines Reichsgesetzes" im Sinne des Art. 15 II angesehen werden könne, so hat das nichts auf sich, denn unter allen Umständen ist der Weg des Art. 19 offen. Wie es um die Vollstreckung eines eventuellen Leistungsurteils des StGH. bestellt wäre, diese Frage möchte ich hier nicht anschneiden, nur auf das Problematische dieser Frage sei hingewiesen.

2. Nach österreichischem Recht (s. meine Leitsätze unter IV 2). Da die österreichischen Länder keine Staaten, sondern nur hochqualifizierte Selbstverwaltungsverbände sind, fehlt dort der Dualismus von bundesstaatlicher und gliedstaatlicher Rechtsordnung, es gibt nur die einheitliche Rechtsordnung des österreichischen Staates. Innerhalb derselben müßten die von einer Landesautorität ausgehenden Rechtsnormen eigentlich die Stellung von Rechtsnormen niederer Ordnung haben, wobei dann noch die Frage zu beantworten wäre, ob die Landesgesetze bloß gegenüber den Bundesgesetzen oder auch gegenüber den Verordnungen der Bundesautoritäten Rechtsnormen niederer Ordnung darstellen. In Wirklichkeit aber ist die Rechtslage eine andere: Eine solche Lozierung, wie sie durch Art. 13 I RV. für die von den deutschen Ländern ausgehenden reichsrechtlichen Normen

vorgenommen worden ist (s. oben 1 a), fehlt in der österreichischen BVerf. Die Stellung der österreichischen Behörden und Individuen zu den österreichischen Landesgesetzen ist eine wesentlich andere als die der deutschen Behörden und Individuen zu den deutschen Landesgesetzen, und zwar aus geschichtlichen Gründen: Im alten Österreich war die Rechtsauffassung herrschend, daß Reichsgesetze und Landesgesetze, weil beide vom Kaiser erlassen, die gleiche Geltungskraft besitzen; für ihr gegenseitiges Verhältnis galt also der Grundsatz „lex posterior derogat legi priori". Dieses ist, trotz der gänzlich geänderten staatsrechtlichen Verhältnisse, ins neue Staatsrecht übernommen worden: Art. 89 I öst. BVerf. bestimmt, daß die Prüfung der Gültigkeit gehörig kundgemachter Gesetze den Gerichten nicht zusteht, wobei unter „Gesetzen" die Landesgesetze mitinbegriffen sind (vgl. Kelsen a. a. O. S. 176). Immerhin aber ist gegenüber einem verfassungswidrig in die Sphäre der Bundesgesetzgebung eingreifenden Landesgesetz Remedur in der Weise möglich, daß die Bundesregierung gemäß Art. 140 I, II den Verfassungsgerichtshof anruft und dieser das betreffende Landesgesetz gemäß Art. 140 III als verfassungswidrig aufhebt (worauf der zuständige Landeshauptmann verpflichtet ist, die Aufhebung unverzüglich kundzumachen, die am Tage der Kundmachung in Kraft tritt, wenn nicht der Verfassungsgerichtshof für das Außerkrafttreten eine Frist bestimmt, die aber sechs Monate nicht überschreiten darf). In derselben Weise sind übrigens auch verfassungswidrige Bundesgesetze auf Antrag einer Landesregierung aufzuheben (Art. 140). Pflichtmäßige Ergänzung des vom Bunde gesetzten Rechts durch die Landesgesetzgebung kommt nur bei der Grundsatzgesetzgebung des Art. 12 in Frage. Für den Fall der Säumigkeit eines Landes trifft Art. 15 II die Bestimmung, daß, falls die vom betreffenden Bundesgesetz festgesetzte Frist für die Erlassung der Ausführungsgesetze nicht eingehalten wird, die Zuständigkeit zum Erlaß des Ausführungsgesetzes auf den Bund übergeht; sobald das Land das Ausführungsgesetz erlassen hat, tritt das Ausführungsgesetz des Bundes außer Kraft.

V. Schluß.

Zum Schluß seien mir noch ein paar kurze politische Bemerkungen über die Entwicklung des deutschen Rechts gestattet. Diese Entwicklung ist dadurch gekennzeichnet, daß die deutschen Länder in der Rechtsetzung und Rechtsanwendung nicht nur als Staaten, sondern in zunehmendem Maße als Organe des Reichs, im Dienste von Reichsinteressen tätig sind. Soweit die Länder noch als Staaten auf treten, befinden wir uns in der Sphäre des Föderalismus. Soweit die Länder als Organe des Reichs tätig sind, befinden wir uns bereits in der Sphäre des Unitarismus, allerdings nicht eines zentralistischen Unitarismus, sondern es ist Dezentralisation.

Diese Einrichtung nun, die Länder in den Dienst von Reichsinteressen zu stellen, ihnen die Besorgung von Reichsangelegenheiten anzuvertrauen, hat ihrerseits wiederum ausgesprochen unitarisierende Wirkung, und zwar in zweifacher Beziehung: Einmal insofern, als es politisch viel leichter ist, der Reichsgesetzgebung neue Gebiete zu eröffnen, wenn den Ländern ergänzende Rechtsetzung oder doch wenigstens die Rechtsanwendung überlassen bleibt. Würden dagegen Reichsfunktion und Gliedstaatsfunktion nach amerikanischem Muster fast möchte ich sagen hermetisch voneinander abgeschlossen sein, dann würde die Erweiterung des Wirkungskreises der Reichsgesetzgebung erheblich größeren politischen Schwierigkeiten begegnen. Aber noch in einer zweiten Beziehung ist eine unitarisierende Wirkung mit dem System der Heranziehung der Länder zur Besorgung von Reichsangelegenheiten verbunden: Indem das Reich die Länder als Werkzeuge für die Anwendung des Reichsrechts benutzt, bürgert es sich immer mehr ein, daß das Reich auf den betreffenden Lebensgebieten auch in die Behördenorganisation der Länder und in das Verfahren regelnd eingreift. Die erste große Tat in dieser Richtung war die reichsrechtliche Regelung der Gerichtsverfassung und des gerichtlichen Verfahrens. Aber auch schon vorher hat die GewO. in dieser Beziehung eine bemerkenswerte Rolle gespielt; ich erinnere nur an deren §§ 20, 21.

Ferner ist das Reich auch dazu übergegangen, unmittelbar die Gemeinden und sonstigen Kommunalverbände für die Verwaltung von Reichsangelegenheiten heranzuziehn. Nachdem dieses da und dort schon vor dem Kriege geschehen war (so z. B. GewO., QuartierleistungsG., NaturalleistungsG.), ist sodann die Kriegswirtschaft und die Gesetzgebung der Nachkriegszeit in großem Stil darangegangen, die Gemeinden unmittelbar in den Dienst des Reiches zu stellen, so daß man sich heute mit Recht fragen kann, ob die Gemeinden wirklich noch immer bloß Selbstverwaltungsverbände der Länder sind. Art. 127 RV. ist ein bedeutsames Symptom dieser Entwicklung.

So sehen wir einen fortdauernden Prozeß des Rückganges der Funktion der Länder als Staaten, der Zunahme der Funktion der Länder als Organe des Reichs. Dem Prestigeverlust der Länder hinsichtlich ihrer

Eigenstaatlichkeit entspricht eine Mehrung ihrer Befugnisse als Glieder der Reichsorganisation. Der Stoff bleibt derselbe, nur die Etikette ändert sich. Wenn das der Sinn der Entwicklung ist, deren Zeugen wir in diesen Zeitläuften sind, dann hat dieses vielleicht auch für den unentwegten Föderalisten etwas Versöhnendes: der Übergang vom Föderalismus des Bundesstaates zur Dezentralisation des Einheitsstaates.

2a. Leitsätze des Mitberichterstatters.

I. *Ausgangspunkt ist der Bundesstaatsbegriff der herrschenden Lehre mit seinem Dualismus von Bundesstaatsgewalt und Gliedstaatsgewalt — im Gegensatz zum Bundesstaat im Sinne bloß eines „spezifischen Typus der Dezentralisation" (Kelsen). Bundesstaat in unserem Sinne ist die Schweiz und das Deutsche Reich, dagegen nicht das heutige Österreich (trotz bundesstaatartiger Organisation Einheitsstaat mit weitgehender Dezentralisation). Das grundsätzliche Verhältnis zwischen Bundesstaat und Gliedstaat besteht in staatsrechtlicher Unterordnung der Gliedstaaten auch in ihrer Eigenschaft als Staaten unter die Bundesstaatsgewalt, und zwar vermöge des Satzes „Reichsrecht bricht Landrecht" (vgl. IV 1a).*

II. *Nach deutschem Staatsrecht besteht, speziell auch in der Rechtsetzung, auf zahlreichen staatlichen Lebensgebieten vielgestaltige Zusammenarbeit von Reich und Ländern, wobei das einzelne Land teils als Staat, teils als Organ des Reichs tätig ist.*

1. *Als Staaten sind die Länder rechtsetzend tätig:*
   a) *Wenn die für das betreffende Lebensgebiet erlassenen reichsrechtlichen Normen in ihrer Wirksamkeit dadurch bedingt sind, daß die Länder kraft rechtlich freier Selbstbestimmung auf diesem Lebensgebiete auch ihrerseits rechtsetzend sich betätigen. Z. B. Art. 153 II RV., m. E. auch die auf Grund Art. 11 zu erlassenden Reichsgesetze, ausgenommen den Fall, daß das Reich den Ländern einfach bestimmte Steuern untersagt oder entzieht.*
   b) *Wenn das Reichsrecht nur Richtlinien für die rechtsetzende Tätigkeit der Länder festsetzt. Beispiele: Viele Normen der RV. in dem Abschnitt „Grundrechte"; aber auch einfache Reichsgesetze, so FAG. §§ 8—11.*
   c) *Wenn das Reich das konkrete staatliche Lebens-*

gebiet von vornherein nicht in seinem ganzen Umfange für seine Interessen in Anspruch nimmt.

2. *Als Organe des Reichs sind die Länder rechtsetzend tätig im Falle der Delegation von Rechtsetzungsgewalt des Reichs an die Länder, die dann vorliegt, wenn das Reich das betreffende Lebensgebiet schlechthin seiner Interessensphäre einverleibt, aber gleichwohl den Ländern aus Zweckmäßigkeitsgründen (Dezentralisation!) innerhalb bestimmter Grenzen die Rechtsetzung überläßt. In der RV. ist der Hauptfall Art. 48 IV.*

3. *Auf den Gebieten der Grundsatzgesetzgebung des Art. 10 (über Art. 11 s. Nr. 1a) sind alle bisher erörterten Erscheinungsformen der Zusammenarbeit von Reich und Ländern möglich.*

4. *Auf den Gebieten der ausschließlichen Reichsgesetzgebung auf Grund der Artt. 6, 165 VI kommt rechtsetzende Tätigkeit der Länder als Staaten überhaupt nicht in Frage. Delegation hingegen (durch einfaches Reichsgesetz) ist zulässig, aber m. E. nicht schrankenlos, sondern nur soweit, als auch Delegation an die Verordnungsgewalt des Reiches zulässig wäre.*

5. *Gleiches gilt von der ausschließlichen Reichsgesetzgebung auf Grund der in den „reichsgesetzkräftigen Grundrechten" der RV. (Thoma) enthaltenen Zuständigkeitsnormen, z. B. Artt. 111, 112 I 2, 123 II. Hinzugefügt sei, daß hier auch Delegation an die Verordnungsgewalt des Reichs zulässig ist. Dagegen sind Eingriffe des RPr. und der Länder auf Grund Art. 48 II, IV in die nicht als suspendierbar erklärten Grundrechte unzulässig.*

III. *Begriff des Landesrechts.*

1. *In Österreich ist „Landesrecht" das von den Organen der Länder gesetzte Recht und stellt sich dar als partikulares Recht des österreichischen Staates.*

2. *Im Deutschen Reich muß unterschieden werden zwischen Landesrecht im weiteren Sinn, das ist alles von den Organen der Länder gesetzte Recht, und Landesrecht im engeren Sinn, das ist das von den Ländern als Staaten gesetzte Recht; letzteres ist ihr eigenes Recht, Bestandteil der Rechtsordnung des betreffenden Landes. Im Gegensatz dazu schaffen die Länder als Organe des*

Reichs (partikulares) Reichsrecht, von Rosin als „materielles" Reichsrecht bezeichnet.

Ein Spezialfall solcher Rechtsetzung von Reichsrecht durch die Länder kraft Delegation ist die rechtsetzende Tätigkeit der Landesregierungen auf Grund Art. 48 IV RV.: Der Unterschied gegenüber sonstiger Schaffung („materiellen") Reichsrechts durch die Länder besteht nur in der Beschaffenheit der Delegation, dagegen nicht in der Beschaffenheit des Subjekts, das delegiert ist. Die Länder unterliegen also der abhängigen Reichsaufsicht, die Landesregierungen bleiben Landesorgane und ihren Landtagen verantwortlich.

3. *In der Sprache der deutschen Gesetze wird der Ausdruck „Landesrecht" nur im weiteren Sinne gebraucht. Insofern trifft Leitsatz 5 Satz 1 des Herrn Berichterstatters für das deutsche Recht zu.*

IV. *Rechtsetzungskonflikte zwischen Reich (Bund) und Ländern.*

1. *Nach deutschem Recht.*

a) *Art. 13 I RV. proklamiert das Reich als eine mit unmittelbarer Befehlsgewalt über die Individuen ausgestattete Rechtsgemeinschaft und ordnet deren Verhältnis zu den Rechtsgemeinschaften der Länder (als Staaten) in der Weise, daß die Gehorsamspflicht des Individuums gegenüber dem Reiche im Falle einer Normenkollision insoweit die Gehorsamspflicht gegenüber dem betreffenden Lande beseitigt. Soweit aber die Länder (als Organe des Reichs) Reichsrecht schaffen, bedeutet Art. 13 I, daß die von den Ländern ausgehenden Rechtsnormen im Vergleich zu den in Reichsgesetzen und -verordnungen enthaltenen Rechtsnormen solche niederer Ordnung sind (eine Ausnahme bilden die Rechtsnormen auf Grund Art. 48 IV). Unter jedem dieser beiden Gesichtspunkte war es nur folgerichtig, daß seit Bestehen des Reichs das richterliche Prüfungsrecht in bezug auf die Übereinstimmung des Landesrechts (im weiteren Sinne) mit dem Reichsrecht anerkannt war.*

b) *Kompetenzwidrige Reichsgesetze: Zu Leitsatz 1 Satz 2 des Herrn Berichterstatters muß auf den engen Zusammenhang mit der Frage des richterlichen Prüfungsrechts bezüglich der in einwandfreiem Verfahren zustande gekommenen*

Reichsgesetze hingewiesen werden: Verneint man es, dann verpflichtet auch ein kompetenzwidriges Reichsgesetz, bis der gemäß Art. 19 I RV. anzurufende StGH. Wandel schafft. Diesem muß die Prüfungsbefugnis unter allen Umständen zuerkannt werden.

c) Säumigkeit eines Landes in der pflichtmäßigen Ergänzung des vom Reiche gesetzten Rechts: Zu Leitsatz 6 des Herrn Berichterstatters ist zu sagen, daß nach deutschem Recht durch Verordnung des RPr. eingegriffen werden könnte, wenn die Voraussetzungen des Art. 48 II vorliegen. Im übrigen stände der Weg des Art. 15 III offen.

2. *Nach österreichischem Recht. Die ordentlichen Gerichte haben nicht die Befugnis, Landesgesetzen, die verfassungswidrig in die Sphäre der Bundesgesetzgebung eingreifen, die Anwendung zu versagen, sondern sie müssen, was sich nur aus besonderen geschichtlichen Umständen erklärt, gemäß Art. 89 I BVerf. von 1920 Bundesgesetze und Landesgesetze im Verhältnis untereinander nach dem Grundsatze „lex posterior derogat legi priori" behandeln. Nur der Verfassungsgerichtshof ist befugt, verfassungswidrige Landesgesetze „aufzuheben" (Art. 140). Gleiches gilt übrigens von kompetenzwidrigen Bundesgesetzen (ebendort). Für den Fall der Säumigkeit eines Landes in der pflichtmäßigen Ergänzung von Bundesgesetzen (Art. 12) trifft Art. 15 II Vorsorge.*

3. Aussprache über die Berichte am ersten Tag.

Kelsen-Wien anerkennt die Bedeutung beider Referate für Theorie und Praxis. Fleiners Auslegung des Art. 13 RV. ist zuzustimmen. Die Koordination der Rechtsordnungen von Bund und Gliedstaat setzt eine dritte (höhere) Ordnung voraus; denn es ist nicht vorstellbar, daß zwei Rechtsgemeinschaften Teile eines Ganzen sind, wenn nicht angenommen wird, daß eine darüberstehende Ordnung die Teilung vornimmt. In der Aufteilung der Kompetenzen liegt das Wesen der Gesamtverfassung. Daraus ergibt sich, daß der Bund als solcher ebenso ein Teilstaat ist, wie die Gliedstaaten.

Eine Exekution gegen den Bund ist praktisch nicht möglich. Doch entfällt diese Schwierigkeit, wenn ein Verfassungsgerichtshof geschaffen wird, dessen Erkenntnisse auch gegen den Bund exekutierbar sind.

Die Koordination von Bund und Gliedstaat schließt eine danebenbestehende Subordination nicht aus.

Der Satz: Reichsrecht bricht Landesrecht steht mit dem Prinzip des Bundesstaates im Widerspruch, da durch ihn die Parität zwischen Bund und Gliedstaat im zentralistischen Sinne verschoben wird. Dadurch, daß ein Verfassungsgerichtshof eingesetzt wird, wird die Parität wiederhergestellt. Deshalb kommt die an sich durchaus zentralistische österreichische Verfassung ohne eine dem Art. 13 RV. entsprechende Bestimmung aus. In Österreich gilt der Satz: Verfassungsmäßiges Bundesrecht geht verfassungswidrigem Landesrecht, verfassungsmäßiges Landesrecht geht verfassungswidrigem Bundesrecht vor. Noch einmal muß betont werden: Aus dem bundesstaatlichen Prinzip läßt sich der Art. 13 RV. nicht ableiten.

Ob Lukas dahin beizustimmen ist, daß den österreichischen Ländern Staatscharakter nicht mehr zukommt, kann dahingestellt bleiben. Es ist das nur eine Titelfrage. Trotz Abweichungen im einzelnen liegen die Dinge wie im Reich. An Stelle des Art. 13 RV. gilt der Grundsatz der lex posterior und der Parität. Das Bundesstaatsproblem der Zentralisation oder

Dezentralisation hat mit dem Charakter der Glieder als Staaten nichts zu tun.

Zum Problem der Delegation: Es ist zu unterscheiden, ob der Bund eine eigene Kompetenz den Gliedstaaten delegiert oder ob durch die Bundesverfassung eine Kompetenz den Gliedstaaten zugesprochen wird oder ob der Bund sich auf die Aufstellung von Grundprinzipien beschränkt und die Ausführung den Gliedstaaten überläßt. Im ersten Falle ist ein verfassungsänderndes Gesetz notwendig. Das von den Gliedstaaten in Ausübung der delegierten Kompetenz geschaffene Recht ist Bundesrecht, nicht Landesrecht. Im zweiten Falle dagegen entsteht Landesrecht. Auch im dritten Falle handelt es sich um Landes- nicht Bundesrecht. Versäumt ein Gliedstaat seine gesetzgeberischen Pflichten, so kann der Bund im ersten Falle die Delegation zurücknehmen; im zweiten Fall muß er sich auf die Feststellung beschränken, daß der Gliedstaat seine verfassungsmäßige Pflicht verletzt hat und kann ihn evtl. im Wege der Exekution zur Erfüllung dieser Pflicht anhalten. Die österreichische Verfassung hat diese Möglichkeit ausdrücklich vorgesehen und den Bund bei einer derartigen Pflichtversäumnis ermächtigt, die Regelung selbst zu treffen. Im dritten Fall ist im Gegensatz zu Fleiners These 6 dem Bund nicht das Recht zuzuerkennen, durch Notverordnung die Durchführung der von ihm aufgestellten Grundsatzbestimmungen zu bewirken. Vielmehr muß er im Wege der ordentlichen Gesetzgebung dafür Sorge tragen. Auch hier kann er das säumige Land durch die Bundesexekution zur Erfüllung anhalten.

Apelt-Leipzig: Es muß einmal darauf hingewiesen werden, wie sehr die Rechtsprechung des Staatsgerichtshofes sowohl wie die des Reichsgerichts auf dem Gebiete des öffentlichen Rechts zentralisierend und die Bewegungsfreiheit der Gliedstaaten einengend wirkt. Die bekannten Entscheidungen des Staatsgerichtshofs in der Wahlrechtsfrage leiten aus den Grundsätzen der Reichsverfassung über Verhältniswahl und Gleichheit des Wahlrechts so weitgehende Folgerungen ab, daß das einzelstaatliche Wahlrecht bis in alle wesentlichen Einzelheiten hinein festgelegt erscheint. Nicht anders ist es mit der Rechtsprechung des Reichsgerichts. Es wäre lohnend, einmal die Urteile des Reichsgerichts, die in den letzten zehn Jahren über Fragen des öffentlichen Rechts ergangen sind, unter diesem Gesichtspunkt durchzuprüfen. Das Ergebnis wäre überraschend und interessant. Es soll hier nur z. B. auf die ungeheuer weitgehende Auslegung Bezug genommen werden, die dem Art. 153 RV. zuteil geworden ist, eine Auslegung, an die bei der Formulierung dieser Bestimmung keineswegs gedacht worden ist. Man kann jetzt in den Gliedstaaten kein

Polizeigesetz machen, z. B. ein Baugesetz oder ein Wassergesetz, in dem naturgemäß der freien Verfügung über das Eigentum im Interesse der guten Ordnung des Staates Schranken gesetzt werden, ohne auf Schritt und Tritt befürchten zu müssen, daß das Reichsgericht aus der Eigentumsbeschränkung eine Enteignung macht und das Gesetz als mit der Verfassung in Widerspruch stehend für ungültig erklärt. Es ergeben sich aus dieser Tendenz, aus allgemeinen Verfassungsgrundsätzen in fortschreitender Ausdehnung ihres Ideengehaltes so weitgehende Folgerungen für die positive Rechtsetzung zu ziehen, eine erhebliche Rechtsunsicherheit und bedenkliche Hemmungen für eine gesunde Entwicklung des öffentlichen Rechts, vor allem aber auch die kaum beabsichtigte Wirkung, daß der der einzelstaatlichen Gesetzgebung bisher verbliebene Spielraum weiter verengt und die zentralistischen Kräfte gestärkt werden. Dies ist um so erstaunlicher, als ja der Staatsgerichtshof wenigstens gerade umgekehrt als ein der Erhaltung des föderalistischen Prinzips dienendes Organ eingesetzt worden ist, dem es obliegen sollte, den Gliedstaaten für die Aufrechterhaltung ihrer Rechte gegenüber dem Gesamtstaate einen starken Rückhalt zu gewähren.

Bei den Erwägungen über eine Reichsreform, die in den Ausschüssen der Länderkonferenz gegenwärtig gepflogen werden, wird zu prüfen sein, ob man nicht mit Rücksicht auf diese von den Schöpfern der Verfassung nicht vorausgesehene Entwicklung dem Staatsgerichtshof und seiner Wirksamkeit eine andere Form zu geben hat.

Nawiasky-München: Im praktischen Ergebnis sind beide Berichterstatter mindestens für das Deutsche Recht zu einer erfreulichen Übereinstimmung gelangt. Sowohl unter dem Gesichtspunkt des Art. 13 II und 19 RV. wie auch der Zuständigkeit des Reichsgerichts zur Revision ist nach ihrer Meinung alles von L a n d e s o r g a n e n gesetzte Recht als Landesrecht anzusehen, einerlei, ob es sich um formelle Gesetze oder um Verordnungen, ob es sich um reichsrechtliche oder landesrechtliche Grundlage handelt. Zu dem gefundenen Ergebnis ist vielleicht noch eine kleine Ergänzung hinzuzufügen: Es muß sich entweder um formelles Gesetz oder um Akte genereller Natur handeln; d. h. konkrete Akte scheiden in diesem Zusammenhang aus, sofern sie nicht Gesetzesform aufweisen, die wohl hier unter dem Begriff Reichs- bzw. Landesrecht mit gemeint ist.

Dieses Ergebnis ist m. E. sehr wichtig, beseitigt es doch zahlreiche Unklarheiten und Streitfragen. Beispielsweise sei nur an den Art. 48 IV RV. erinnert.

Daß in konstruktiver Beziehung verschiedene Wege gegangen werden, erscheint mir gleichgültig zu sein. Denn die

Konstruktion hat doch hier hauptsächlich die Aufgabe, die gefundenen positivrechtlichen Lösungen in den Zusammenhang des Rechtssystems einzugliedern, setzt also zeitlich im Grunde genommen erst nach der positivrechtlichen Antwort ein. Daher will ich auf diese konstruktive Seite nur mit wenigen Bemerkungen eingehen, obwohl sich darüber manches an sich Interessante sagen ließe.

Wenn der erste Berichterstatter den Satz an die Spitze seiner Leitsätze stellt: „Innerhalb ihrer Zuständigkeit ist die Rechtsordnung des Gliedstaates der des Bundesstaates gleichgeordnet", so tritt er damit weitgehend auf den Boden meiner Bundesstaatstheorie. Ein Unterschied gegenüber dieser besteht nur noch insofern, als er in bezug auf die Kompetenzkompetenz eine Überordnung des Bundesrechts annimmt, während ich darin nur einen Sonderfall der Kompetenz sehen will. In diesem Punkt berührt sich Herr Fleiner mit der Lehre Kelsens, der meine Theorie entgegen seiner früheren Auffassung in seiner „Allgemeinen Staatslehre" grundsätzlich akzeptiert hat und nur die Regelung der Zuständigkeit für eine besondere gleichermaßen über der Zentralstaats- und Gliedstaatsordnung stehende höhere Rechtsordnung in Anspruch nimmt. Die Konsequenz der Gleichordnung von Zentralstaats- und Gliedstaatsrecht ist die, daß auch die gedachten Träger beider Ordnungen, Zentralstaat und Gliedstaat, einander gleichgeordnet sein müssen. Beide sind Teilstaaten, nicht nur der Gliedstaat, sondern auch der Zentralstaat, wie in meinem „Bundesstaat als Rechtsbegriff" ausdrücklich betont.

Bei diesem Anlaß kann ich eine allgemeine Bemerkung nicht unterdrücken. Es ist m. E. nicht zu begrüßen, daß beispielsweise die Wiener reine Rechtsschule die Gepflogenheit hat, Autoren, die nicht zu ihrem Kreis gehören, soweit es sich nicht um gegen diese gerichtete Kritik handelt, überhaupt nicht oder so gut wie gar nicht zu zitieren, auch wenn sie früher wie die Schule selbst oder unabhängig von ihr zu übereinstimmenden Ergebnissen gelangt sind. Manchmal kommt es einem so vor, als ob in diesem Kreise mit dem gewiß hervorragenden Buch über „Die Hauptprobleme der Staatsrechtslehre" eine neue Zeitrechnung begonnen habe. Übrigens findet man auf einer sachlich ganz entgegengesetzt orientierten Seite, der Integrationstheorie von Smend, überraschend verwandte Neigungen. Auch hier werden die übrigen Autoren vorwiegend nur polemisch zitiert. Durch ein derartiges Verfahren entsteht m. E. die Gefahr, daß die große doch innerlich zusammenhängende einheitliche Staatsrechtslehre in isolierte Kreise aufgelöst und dadurch wesentlich beeinträchtigt wird.

Nun zurück zum Thema! Die Gleichordnung von Gliedstaat

und Zentralstaat wird sowohl durch Fleiner wie durch Kelsen soweit aufgegeben, als die Kompetenzkompetenz in Frage steht. Hier nimmt Kelsen einen Oberstaat an, der außerhalb und über Glied- und Zentralstaat steht. Aber ist es denn wirklich ein Zufall, daß im deutschen, schweizerischen, österreichischen Recht dieser konstruierte Oberstaat in seiner positiven Erscheinung vollkommen mit dem Zentralstaat zusammenfällt? Darauf sei hier nur kurz verwiesen.

Herr Lukas dagegen hat eine grundsätzlich abweichende Haltung eingenommen, indem er in der Stellung der Glieder ihre Eigenschaft als Staaten und als Bundesorgane unterscheiden will. Er zieht daraus den Schluß, daß es sich bei rechtsetzenden Akten der Glieder im ersten Fall um Gliedstaats-, im zweiten Fall um Bundesrecht handle. Aber dieses „Bundesrecht" ist nach seiner Darlegung doch ein Bundesrecht besonderer Kategorie, denn es ist gleichzeitig „Landesrecht im weiteren Sinn" und für den entscheidenden Art. 13 RV. soll es sich nur um Landesrecht im weiteren Sinn handeln. Diese Unterscheidung zwischen Landesrecht im engeren und im weiteren Sinn erscheint mir weder erforderlich noch überzeugend und durchsichtig. Denn nach Herrn Lukas sollen die Organe der Länder, die ihrerseits als Reichsorgane bezeichnet werden, doch wieder selbst Landesorgane sein. Das ist natürlich praktisch von größter Bedeutung wegen der zu bejahenden Verantwortlichkeit gegenüber anderen Landesfaktoren, insbesondere der Landeslegislative, die ja im Fall des Art. 48 IV bekanntlich sehr umstritten war. Ich darf vielleicht an meine Ausführungen auf der Jenenser Staatsrechtslehrertagung erinnern. Nun ist aber die Auffassung der Länder als Reichsorgane nichts anderes als eine nicht unbedingt erforderliche Zwischenschaltung. Denn man kann das positive Recht ohne weiteres so darlegen, daß die Länder als besonderes Glied ausfallen und sofort auf die Landesorgane gegriffen wird. Gerade das Beispiel des Art. 48 IV spricht unmittelbar von den Landesregierungen und diese sind doch Landesorgane. Nur von den Rechten und Pflichten dieser Landesregierungen, nicht von Rechten und Pflichten der Länder ist die Rede. Wozu also dieser in keiner Weise klärende, sondern nur verwirrende Zwischengriff der Länder als Bundesorgane?

Eine ähnliche Konstruktion wie Herr Lukas hat übrigens auch Herr Kelsen in seiner Diskussionsrede vorgenommen, indem er den Fall unterscheiden wollte, daß Landesorgane Recht setzen unmittelbar auf Grund einer Ermächtigung der Bundesverfassung, und jenen, in dem die Bundesverfassung die Rechtsetzung ganz auf Bundesorgane überträgt und diese nur ihrerseits eine Ermächtigung an Landesorgane vornehmen. Ich glaube aber, daß beide Fälle gar nicht so gegensätzlich behandelt werden dürfen, denn auch in dem zweiten Fall muß man annehmen, daß die Ermächtigung der Landesorgane letzten Endes auf die Bundesverfassung zurückgeführt werden muß. Wollte man nämlich nicht unterstellen, daß die Bundesverfassung eine solche Ermächtigung zuließe, daher bedingungsweise selbst vorsehe, dann wäre die Delegation ja verfassungswidrig und daher ungültig.

Soviel in bezug auf die konstruktive Seite. Viel wichtiger erscheint mir positivrechtlich die Begründung der gefundenen, von mir für richtig gehaltenen und begrüßten Lösung. Hier glaube ich, daß gegenüber den Berichten eine Ergänzung erforderlich ist. Eine rein konstruktiv-technische Ableitung der Bedeutung des Begriffs „Landesrecht" im Gegensatz zum Begriff „Reichsrecht" bzw. allgemein „Bundesrecht" scheint mir nicht zulässig oder wenigstens genügend. M. E. kommt es doch darauf an, was hat der Gesetzgeber praktisch im Auge gehabt?

Eine solche Fragestellung ist vom positivistischen Standpunkt aus unbedingt geboten, und ich möchte mit allem Nachdruck betonen, daß es absolut unrichtig und unzulässig ist, wie das gerne geschieht, Positivismus und Formalismus gleichzusetzen oder zu verwechseln. Wenn in meinem Bericht für die Münsterer Tagung über die Gleichheit vor dem Gesetz der Standpunkt des Positivismus besonders scharf unterstrichen wurde, was mir in der Folge einige Mißverständnisse eintrug, so hat es sich damals darum gehandelt, gegen die naturrechtliche Auffassung Front zu machen. Dagegen sollte und konnte nicht im Entferntesten einer formalistischen Methode das Wort geredet werden, vielmehr war die ganze Deduktion von Anfang bis zu Ende auf die Herausarbeitung der inhaltlichen Gedanken der Reichsverfassung abgestellt.

Die Ziele des Gesetzgebers bei der Verweisung einer Angelegenheit zur Regelung durch Bundes- oder Landesorgane können entweder rein sachlich darauf gerichtet sein, eine einheitliche oder regionale Ordnung herbeizuführen. Oder es kann sich um politische Zwecke handeln, indem die einzelnen Teilgebiete als selbständige Machtzentren anerkannt werden sollen oder nicht. Vor der Umwälzung war es in Deutschland zweifellos so, daß bei der Verweisung einer Frage an Partikularorgane der Gedanke, die politische Sphäre des Landesherrn und seines Beamtentums zu schonen, eine wichtige Rolle spielte. Dabei machte es keinen Unterschied, ob die Landesvorschrift vorausgesetzt oder zugelassen oder aufgetragen, ob auf die Landesgesetzgebung, den Landesherrn oder die Landesbehörde verwiesen wurde. Auch in der Schweiz dürfte die Überlassung einer Angelegenheit an kantonale Organe auf dem gleichen Motiv beruhen. Hat sich nun in Deutschland durch den Umsturz etwas an dieser Tendenz geändert? Soweit die ermächtigenden Gesetze unverändert übernommen worden sind, wird man das nicht annehmen können. Aber auch sonst ist sich der neue deutsche Verfassungs- und Gesetzgeber der politischen Seite der Sache wohl stets bewußt geblieben. So kommt man also zu dem Ergebnis, daß die Gleichsetzung von Rechtsschaffung durch Landesorgane mit Schaffung von Landesrecht den materiellen Intentionen des deutschen Staatsrechts durchaus entspricht.

Nun aber erhebt sich die weitere Frage, wie denn der Begriff „Landesorgan" richtig aufzufassen ist. Auch dieser Begriff kann nicht rein technisch-konstruktiv genommen, sondern muß aus Sinn und Zweck der rechtlichen Ordnung abgeleitet werden. Daher kann nicht etwa einfach ausschlaggebend sein die Aufgabe der Ausführung von Landesrecht im Gegensatz zur Ausführung von Reichsrecht. Vielmehr muß es sich um den Zusammenhang mit einem vom Reich bzw. Bund getrennten Willens- oder Machtbereich handeln. Es kommt ja auch kein Rechtsorgan, etwa im Sinn Kelsenscher Ausführungen in dessen „Allgemeiner Staatslehre", sondern ein Staatsorgan in Frage. Der Zusammenhang mit der dem Reiche gegenüber selbständigen Sphäre zeigt sich durch eine Beziehung zu den obersten politischen Landesfaktoren, früher dem Landesfürsten, heute dem Volk oder der von ihm entsendeten Vertretung. Der Zusammenhang muß — sofern nicht Identität vorliegt — wesentlich ein solcher der Abhängigkeit sein, wobei die verschiedensten Arten in Betracht kommen: beispielsweise Ernennung, Beförderung, Bezahlung, Abberufungsmöglichkeit, Pensionierungsrecht, Aufsicht, Anweisung u. dgl.; Weisungsrecht allein genügt nicht, sonst könnten die Richter überhaupt keine Landesorgane sein. Daher sind Landesorgane die Landesregierungen, die von ihr besetzten Behörden der Rechtspflege und Verwaltung, die Selbstverwaltungsbehörden, die ihrer Aufsicht unterstehen.

Demzufolge sind die Mitglieder des Reichsrats Organe der Länder, bzw. preußischen Provinzen, während der Reichsrat selbst Reichsorgan ist. Das gleiche gilt von den Landesregierungen nach Art. 48 IV usw. Die Verantwortlichkeit für ihr Verhältnis gegenüber der Landesvolksvertretung bleibt also unberührt bestehen.

Schließlich noch eine Bemerkung zu dem Grundsatz: Reichsrecht bricht Landesrecht. Dieser Satz ist von Kelsen nicht ganz richtig verstanden worden. Er gilt nicht unbeschränkt, sondern nur für das Gebiet der konkurrierenden Gesetzgebung und besagt nichts anderes, als daß auf diesem Gebiet neues Reichsrecht altes Landesrecht aufhebt und, soweit es sachlich reicht, neues Landesrecht ausschließt. Da das österreichische Verfassungsrecht den Fall der konkurrierenden Gesetzgebung nicht kennt (Zwischenruf) oder in der Hauptsache nicht kennt, spielt der Satz dort keine Rolle. Dagegen kommt diese Regel nicht in Frage, soweit es sich um das der ausschließlichen Landesgesetzgebung überlassene, außerhalb der Reichskompetenz liegende Gebiet handelt. Diese Konsequenz ergibt sich übrigens auch aus Art. 76, der für Verfassungsänderungen — und dazu gehören auch Kompetenzverschiebungen — erhöhte Mehrheiten verlangt.

Gmelin-Gießen: Die von den Vorrednern vertretene Koordinationstheorie ist aus historischen und politischen Gründen abzulehnen. Beide Referenten haben inkommensurable Größen miteinander verglichen. Die Regelung des Verhältnisses von Bundesrecht und Gliedstaatsrecht muß historisch betrachtet werden. In der Verfassung der Vereinigten Staaten wird der Vorrang des Bundesrechts kaum betont; eine Tatsache, die sich ohne weiteres daraus erklärt, daß die Einzelstaaten vor ihrer Zusammenfassung in der Union nicht als unabhängige Staaten existiert hatten, sondern Bestandteile des britischen Kolonialreiches waren.

Anders war die Entwicklung in Deutschland und der Schweiz. Hier bedurfte es einer stärkeren Betonung der Bundesgewalt. Dagegen läßt sich im Hinblick auf den österreichischen Bundesstaat das gleiche historische Phänomen wie in den Vereinigten Staaten feststellen. Aus diesem Grunde mag der Art. 13 RV. für den österreichischen Bundesstaat entbehrlich sein. Nicht aber aus den von Kelsen vorgetragenen Erwägungen. Die Überordnung zeigt sich nämlich — was Kelsen übersieht — in der logischen Unmöglichkeit einer Exekution gegen den Bund. Sie erschöpft sich auch nicht in dem Art. 13 RV., sondern liegt allen Verfassungsbestimmungen zugrunde, und ist ungeschriebener Satz der Verfassung. Wie so oft, kommt es auch hier auf das an, was, weil es selbstverständlich ist, nicht in der Verfassung steht.

Alle von den Ländern hervorgebrachten Gesetze sind Landesgesetze, selbst wenn sie auf Grund einer reichsrechtlichen Delegation ergangen sind.

Herrfahrdt-Greifswald: Es gibt keinen „richtigen" Bundesstaatsbegriff, aus dem wir praktische Folgerungen herleiten könnten; vielmehr ist der richtige Begriff nur aus der Gesamtheit der praktischen Rechtssätze zu gewinnen. Da, wo es an positiver Regelung fehlt, hat die Staatsrechtswissenschaft eine politische Aufgabe: sie hat unter dem Wertgesichtspunkt der Rechtssicherheit das Hin- und Herpendeln der politischen

Kräfte geistig vorwegzunehmen und dadurch unnötige Machtkämpfe zu verhindern. — Der Satz „Reichsrecht bricht Landesrecht" ist im Zusammenhang unserer Verfassung kein Ausdruck der Überordnung des Reiches über die Länder überhaupt, sondern lediglich eine Regelung des Verhältnisses zwischen Reichs- und Landesrecht auf den Gebieten konkurrierender Gesetzgebungsbefugnis.

Zu Kelsen: Die Einheit des Rechtssystems ist keineswegs eine Forderung der Logik, sondern nur aus dem praktischen Bedürfnis der Rechtssicherheit zu begründen. Logisch ist es durchaus möglich, innerstaatliches Recht und Völkerrecht als verschiedene, miteinander nicht zusammenhängende Normengebiete anzuerkennen, die erst außerhalb der Rechtswissenschaft, in der Kulturphilosophie, ihre gemeinsame Grundlage finden.

Anschütz-Heidelberg: Der Herabsetzung der Bedeutung des Art. 13 RV. muß entschieden widersprochen werden. Es ist zu begrüßen, daß Gmelin auf die Notwendigkeit historischer Betrachtungsweise mit Nachdruck hingewiesen hat. Die neue Theorie (Kelsen) verkennt den Gegensatz von Staatenbund und Bundesstaat, vor allem verkennt sie den im Bundesstaat von jeher geltenden Grundsatz des zwingenden gemeinen Rechts. Ganz abwegig ist es, den Art. 13 RV. mit dem Satz lex posterior derogat legi priori gleichzusetzen. Der Gliedstaat steht zum Zentralstaat im gleichen Verhältnis, wie die Kommune zu dem ihr übergeordneten Staat. Art. 13 RV. ist ein altes Wahrzeichen bundesstaatlicher Rechtseinheit, an dem nicht gerüttelt werden darf.

Kelsen-Wien: Die Angriffe gegen die Koordinationstheorie sind unbegründet. Sowohl die Bundes- wie die Gliedstaatsgesetzgebung beruhen auf der einheitlichen Verfassung. Deshalb kann von Subordination keine Rede sein, und deshalb läßt sich der Art. 13 RV. aus dem Wesen des Bundesstaats nicht entnehmen.

Fleiner (Schlußwort). Zu Unrecht wird meiner Auslegung des Art. 13 RV. vorgeworfen, sie taste die Subordination der Gliedstaaten unter das Reich an und stelle die bundesstaatliche Einheit in Frage. Denn der Vorrang der Reichsgewalt beruht auf ganz anderen Verfassungsbestimmungen, nämlich auf der „Kompetenz-Kompetenz" der Reichsgewalt — sie ist das A und O bundesstaatlicher Ordnung. Durch meine Auslegung wird dem Bundesstaat nichts genommen, und nichts gegeben, was ihm die Bundes-(Reichs)verfassung nicht zuspricht. Aber auch der Bundesstaat ist den Regeln des Rechtsstaats unterworfen.

Die Handhabung der Kompetenz-Kompetenz ist Verfassungsänderung. Im Gegensatz zur Praxis des Deutschen Reichs bedarf es in der Schweiz zur Verfassungsänderung immer einer wirklichen Abänderung des Verfassungstextes. Außerdem ist für jede, auch die kleinste Verfassungsrevision, das obligatorische Referendum vorgeschrieben. Und zwar bedarf jede Verfassungsänderung der Zustimmung der Mehrheit der Stimmberechtigten und der Mehrheit der Kantone.

Gmelins Hinweis auf die Entstehung der amerikanischen Verfassung ist nicht zutreffend, denn die von ihm behauptete Abhängigkeit der Gliedstaaten von dem britischen Reich war bereits vor dem Eintritt in die Union in wesentlichen Stücken illusorisch geworden.

Schlußwort **Lukas**-Münster: Meine sehr verehrten Herren Kollegen! Ich möchte an die soeben vom Herrn Berichterstatter gemachten Ausführungen anknüpfen: Herr Fleiner hat erklärt: Nicht der Satz „Reichsrecht bricht Landrecht" bilde die rechtliche Grundlage für die Überordnung des Bundesstaates über die Gliedstaaten, sondern daß der Bundesstaat die Fähigkeit besitze, einseitig seine Kompetenzen zu bestimmen. In Wirklichkeit, glaube ich, ist die Differenz zwischen Herrn Fleiner und mir nicht so groß, als es nach dieser Formulierung den Anschein hat, denn daß der Bundesstaat einseitig, über die Köpfe der Gliedstaaten hinweg, seine Kompetenzen festsetzen kann, ist ja auch nur eine Ausstrahlung des Satzes „Reichsrecht bricht Landrecht", denn nur dadurch kann das Reich überhaupt seine Kompetenzen einseitig bestimmen, daß auch das Reichsverfassungsrecht Landrecht bricht. Damit ist auch die Behauptung des Herrn Herrfahrdt widerlegt, daß der Satz „Reichsrecht bricht Landrecht" sich nur auf die konkurrierende Reichsgesetzgebung beziehe, er bezieht sich vor allem auf das Reichsverfassungsrecht, ferner auch auf die ausschließliche Reichsgesetzgebung.

Nachdem ich schon einmal bei der Erörterung der allgemeinen Grundsätze bin, wende ich mich jetzt den Ausführungen des Herrn Kelsen zu. Herr Kelsen hat erklärt, der Satz „Reichsrecht bricht Landrecht" widerspreche dem Wesen des Bundesstaates. Darauf möchte ich, unter Bezugnahme auf die Ausführungen des Herrn Anschütz in der heutigen Aussprache, entgegnen: Umgekehrt, dieser Satz ist für den Bundesstaat notwendig, andernfalls ist das fragliche Gebilde kein Bundesstaat, sondern ein Staatenbund. In Wirklichkeit anerkennt übrigens auch Herr Kelsen die Notwendigkeit des Satzes „Reichsrecht bricht Landrecht", denn die Kelsensche Konstruktion des Bundesstaates als „Gesamtordnung", die die Kompetenzverteilung zwischen dem Bundesstaat als „Teilgemeinschaft" und den Ländern vornehme, ist bei Licht besehen nichts anderes als der verkappte

Satz „Reichsrecht bricht Landrecht"; nur der Name hat sich geändert, die Sache ist dieselbe geblieben.

Wenn ich nunmehr zur Erörterung von Einzelheiten übergehe, die im Laufe der Aussprache vorgebracht worden sind, so muß ich vor allem ein Mißverständnis in den Ausführungen des Herrn Apelt aufklären: Ich habe nicht behauptet, die Teilnahme an der staatlichen Willensbildung sei für den Bundesstaatsbegriff unwesentlich, sondern nur, daß sie für die Frage, ob die Gliedstaaten zum Bundesstaate im Verhältnis der Koordination oder der Subordination stünden, keine Bedeutung besitzt, und daran halte ich auch weiterhin fest. Anderseits anerkenne ich selbstverständlich, daß ohne Teilnahme der Gliedstaaten an der gesamtstaatlichen Willensbildung kein Bundesstaat möglich ist. — Weiter sagte Herr Apelt, das Wesentliche für den Bundesstaat sei die Aufgabenverteilung. Das ist insofern richtig, als das wichtigste Gesetzgebungsproblem für den Bundesstaat die Aufgabenverteilung ist. Aber darin das Wesen des Bundesstaates zu erblicken, ist eine irrige Schlußfolgerung. Auch im alten Österreich war die Aufgabenverteilung (zwischen Staat und Ländern) ein wichtiges Problem, aber deshalb war das alte Österreich doch kein Bundesstaat! Es war ein Einheitsstaat, der Föderalismus war damals nur programmatische Forderung gewisser politischer Parteien.

Herr Kelsen ist meiner Auffassung entgegengetreten, daß zwischen Art. 17 RV. und dem IV. Hauptstück der österreichischen Bundesverfassung ein prinzipieller Unterschied bestehe. Er meint, die grundsätzliche Bedeutung sei in beiden Fällen dieselbe: Es werden für die Gestaltung der Landesverfassungen Grundsätze vorgeschrieben. Demgegenüber muß ich an meiner Auffassung festhalten: Das IV. Hauptstück der österreichischen Bundesverfassung gibt den österreichischen Ländern ihre Verfassung in den Grundzügen, so daß die sog. Landesverfassungen nur Ausführungsgesetze zum IV. Hauptstück der Bundesverfassung darstellen. Im Gegensatz hierzu geht es doch nicht an, zu sagen, daß Art. 17 RV. den deutschen Ländern ihre Verfassung in den Grundzügen gebe und die deutschen Landesverfassungen nur Ausführungsgesetze zum Art. 17 RV. darstellen. Meine Auffassung über den Charakter des IV. Hauptstücks der österreichischen Bundesverfassung wird übrigens auch von dem österreichischen Staatsrecht von Kelsen geteilt: Dort wird S. 201 gesagt: „In dem Hauptstück ‚Gesetzgebung und Vollziehung der Länder' setzt die Bundesverfassung die Grundzüge der Landesverfassungen fest." Folgerichtig bezeichnet Kelsen die sog. Landesverfassungen als Ausführungsgesetze zur Bundesverfassung, denn S. 228 heißt es: „Die nähere Ausführung“ der in der Bundesverfassung enthaltenen „Grundzüge der Landesverfassung“ ist „besonderen Landesverfassungsgesetzen überlassen.“ Dem entspricht es auch, daß nach Kelsen S. 228 die in der Bundesverfassung enthaltenen „Grundzüge der Landesverfassung“ in den Ländern „in Kraft getreten sind“. Man kann doch nicht sagen, daß die in Art. 17 RV. enthaltenen Richtlinien in den deutschen Ländern „in Kraft getreten sind“! Darin zeigt sich deutlich der grundsätzliche Unterschied zwischen Art. 17 RV. und dem IV. Hauptstück der österreichischen Bundesverfassung.

Ich komme nunmehr zu den Ausführungen des Herrn Nawiasky. Ich hatte dargelegt: Soweit die Länder in Reichsangelegenheiten tätig sind, sind die Länder Organe des Reiches, die Landesorgane, die diese Reichsangelegenheiten besorgen, bleiben Landesorgane. Herr Nawiasky meint: Es sei nicht notwendig, in diesem Falle zwischen Reich und Landesorgane noch die Länder als Reichsorgane dazwischen zu schieben; die Landesorgane fungieren hier eben als Reichsorgane und zwar als mittelbare Reichsorgane. Dem entgegne ich: Es besteht Analogie zu dem Fall der Kommunalverwaltung: Die Kommunalverbände sind Organe des betreffenden Staates, die Organe des Kommunalverbandes sind mittelbare Staatsorgane. Ich stimme der Auffassung von Herrn Nawiasky, die meines Wissens auch von Herrn Kelsen geteilt wird: daß die Landesorgane in der Besorgung von Reichsangelegenheiten mittelbare Reichsorgane seien, durchaus zu. Aber daß sie „mittelbare“ Reichsorgane sind, ist ja nur eine andere Ausdrucksweise dafür, daß zwischen sie und das Reich sich die Länder als unmittelbare Reichsorgane einschieben.

Schließlich möchte ich noch zu den Ausführungen des Herrn Gmelin Stellung nehmen, die ich so verstanden habe, daß die Länder als Reichsorgane ebenso autonomes Recht schaffen, wie die Kommunalverbände, wenn sie rechtsetzend tätig sind, nicht staatliches, sondern autonomes Recht schaffen. Diese Auffassung ist zweifellos diskutabel, scheint mir aber nicht zutreffend zu sein. Ich glaube nicht, daß man z. B. die Ortsstatuten einer preußischen Stadtgemeinde oder ein preußisches Provinzialgesetz, daß auf Grund Art. 73 der preußischen Verfassung erlassen wird, als autonomes Recht der betreffenden Stadtgemeinde bzw. des betreffenden Provinzialverbandes bezeichnen kann, sie enthalten vielmehr staatliches Recht, Rechtsnormen des preußischen Staates.

III. Zweiter Beratungsgegenstand:

Verwaltungsrecht der öffentlichen Anstalt.

1. Bericht von Professor Dr. **Lutz Richter** in Leipzig.

In den letzten Jahren hat die Betätigung der sogenannten öffentlichen Hand auf wirtschaftlichem Gebiet immer mehr das allgemeine Interesse auf sich gelenkt. In wenigstens scheinbar gegen früher stark gewachsenem Umfang betätigen sich Reich,

Länder, Gemeinden und allerhand sonstige Träger öffentlicher Gewalt als Wirtschaftssubjekte. Und diese Erscheinung ist keineswegs auf Deutschland beschränkt. Sie findet sich als einer der Angelpunkte des angestrebten Systems gesellschaftlicher Ordnung in der Sowjet-Union[1]). Sie bildet, trotz eines nachdrücklichen und nicht nur theoretischen Vorbehalts zugunsten der privaten wirtschaftlichen Initiative[2]), einen wichtigen Programmpunkt der fascistischen Arbeitsverfassung[3]). Aber auch solche Staaten, die grundsätzlich am herkömmlichen politischen und wirtschaftlichen System festhalten und damit dem Deutschen Reiche näher stehen als die beiden genannten, beteiligen sich mit wirtschaftlicher Macht am Wirtschaftsleben ihres Landes, und sogar aus den Vereinigten Staaten von Amerika wird über öffentlich-rechtliche Einflußnahme auf die Wirtschaftsführung und über eine vorwärtsschreitende Munizipalisierungsbewegung berichtet[4]). Ich möchte diese ausländischen Erscheinungen heute grundsätzlich beiseitelassen und die Erörterung auf Deutschland und deutsches Recht beschränken.

Auch hier bietet das Auftreten der öffentlichen Hand Stoff genug zur Untersuchung. Freilich muß von vornherein einer gewissen Überschätzung entgegengetreten werden. Wohl mag es zutreffen, wenn Wiedenfeld[5]) den Kapitalbesitz des Deutschen Reiches als so groß bezeichnet, daß er wohl von keinem Privatkapitalisten der Welt erreicht wird. Hirsch[6]) schätzt den Umfang des öffentlichen Vermögens in Deutschland einschließlich des Reichsbahnvermögens für 1925 auf 52 bis 60 Milliarden. Aber der Umsatzwert der jährlichen Leistungen der öffentlichen Betriebe wird von Naphtali[7]), also von einer Seite, die den öffentlichen Betrieb als Form der Wirtschaftsdemokratie begrüßt, auf nicht mehr als 10 bis 12 Mil-

---

[1]) Vgl. z. B. H. v. Beckerath, Politische Ideen und Wirtschaftsverfassung von heute im internationalen Vergleich (Vortrag), in Mitteilungen des Deutschen Hauptverbandes der Industrie (Teplitz-Schönau) 1929 Nr. 6—8.

[2]) Ziffer VII der Carta del Lavoro (s. Verwaltungsarchiv Bd. 34 S. 1 ff.).

[3]) Ziffer IX der Carta del Lavoro.

[4]) Kurt Wiedenfeld, Die Wirtschaft der öffentlichen Hand, Sonderabdruck aus Gloeckners Grundriß der Betriebswirtschaftslehre II, S. 10—14.

[5]) a. a. O. S. 10.

[6]) Nach der Denkschrift des Hansabundes „Freiheit der Wirtschaft" (Berlin, November 1928), S. 80.

[7]) Wirtschaftsdemokratie, ihr Wesen, Weg und Ziel, herausgegeben im Auftrage des Allgemeinen Deutschen Gewerkschaftsbundes von Fritz Naphtali (Berlin 1928) S. 62 und Anhang 1, S. 185 ff.

liarden Reichsmark im Jahre 1925 geschätzt, gegenüber 10 Milliarden landwirtschaftlicher Erzeugung und 8,4 Milliarden Gesamtverbrauch allein an Kleidung und Schuhen[8]). Die politische und wirtschaftspolitische Diskussion, die um die erwerbswirtschaftliche Betätigung der öffentlichen Hand entbrannt ist, neigt doch wohl zu starken Übertreibungen. Der Ausdruck „öffentliche Hand" ist dabei zum Modewort geworden und findet sich in den entlegensten Zusammenhängen. Trotzdem wird man ihn auch bei einer sachlichen Erörterung nicht ganz vermeiden können. Denn er bezeichnet anschaulich die Erscheinung, der die heutige Erörterung gilt. Bisher hat sich dieser Erscheinung außer der Tagespolemik vorwiegend nur die Wirtschaftslehre zugewendet[9]), während das juristische Schrifttum ihr etwas kühl gegenübersteht, wenn auch sogleich die Ausführungen von Fleiner[10]) und Koettgen[11]) zu nennen sind. Die sonstige Unergiebigkeit des Gegenstandes für die rechtswissenschaftliche Literatur hat vielleicht ihren guten Grund — denn auch in dieser Beziehung scheint mir eine gewisse Überschätzung zu bestehen, sowohl was die Neuartigkeit wie was den Rechtsformengehalt der Erscheinung angeht. Gewiß verwendet die öffentliche Hand bei ihrem Auftreten eine Fülle von Rechtsfiguren, die oft zunächst überraschen; aber bei näherem Zusehen lösen sie sich auf in wohlbekannte Gestalten, an denen höchstens die Kombination eigenartig ist.

Es liegt mir fern, die wirtschaftspolitische Diskussion über das Problem der öffentlichen Hand weiterzuspinnen oder auch nur ihren Stand wiederzugeben. Die Stellungnahme in ihr hängt allzusehr von Interessenlage und Weltanschauung ab, wobei beide vielfach gegenseitig bedingt sind und manchmal sich rasch verschieben. Es erscheint aber doch notwendig, darauf hinzuweisen, daß das Auftreten des Staates und seiner

---

[8]) Vergleichszahlen nach der Denkschrift des Hansabundes (Anm. 6) S. 81.

[9]) Vgl. u. a. Benedikt Kautsky, Die Kapitalbildung der öffentlichen Hand seit dem Krieg in Deutschland und Deutschösterreich, mit statistischen Nachweisen (in Kapitalbildung und Besteuerung, Schriften des Vereins für Sozialpolitik, Bd. 174 IV, München 1929, S. 207 ff.); Entwicklung und gegenwärtiger Stand der privatwirtschaftlichen Betätigung öffentlicher Körperschaften in Deutschland, Bericht der Deutschen Landesgruppe der Internationalen Handelskammer (Berlin, März 1929).

[10]) Fritz Fleiner, Institutionen des Deutschen Verwaltungsrechts, 8. Aufl. (Tübingen 1928), § 8: „Neue Organisationsformen", S. 120 ff.

[11]) Arnold Köttgen, Die erwerbswirtschaftliche Betätigung der öffentlichen Hand und das öffentliche Recht (Umschlagtitel: Öffentliche Hand und öffentliches Recht; Recht und Staat in Geschichte und Gegenwart, Nr. 59; Tübingen 1928).

Untergebilde im Wirtschaftsleben keineswegs eine neue, gewissermaßen revolutionäre Erscheinung ist. Ich kann mich hier wieder auf die ausgezeichnete Darstellung von Wiedenfeld[12]) beziehen, der die Tradition nicht nur wirtschaftspolitischer, sondern auch staatswirtschaftlicher Tätigkeit bis in die Zeiten deutscher Staatenbildung zurückführt; zumal der deutsche Merkantilismus ist „durch die Betonung der staatlichen Initiative und Eigentätigkeit gekennzeichnet". Es ist sehr zutreffend, wenn Max Lehmann[13]) den Freiherrn vom Stein auf die Seite der Neuerer stellt, „insofern auch er den Betrieb von Fabriken durch den Staat verwarf", mit der ganz neuzeitlich[14]) anmutenden Begründung, „das Gedeihen von Fabriken sei nun einmal von der Beachtung des kleinsten Details abhängig, und dem sei auch eine noch so treue öffentliche Verwaltung nicht gewachsen". Im 19. Jahrhundert zeigt sich ein gewisser Rückgang staatlicher Wirtschaftsbetätigung; der Grundsatz der Gewerbefreiheit, der „Nichteinmischung des Staates in die wirtschaftlichen Einzelheiten" wird herrschend — aber die alte Tradition reißt doch nicht ganz ab[15]), und es ist sicher zutreffend, wenn ein italienischer Jurist, Salemi[16]), die Schranken, die die liberale Theorie der Betätigung staatlicher Macht anlegt, als willkürlich und geschichtlich falsch kennzeichnet. Neuen Antrieb brachten die Erfordernisse der Kriegswirtschaft, besonders in Richtung der Schaffung reichseigener Verarbeitungswerke, deren Abstoßung nach dem Kriege nicht restlos gelang[17]) und die heute mit anderen Betätigungsgruppen in der Viag, der Vereinigten Industrie-Unternehmungen-Aktiengesellschaft, als Holdinggesellschaft des Reiches zusammengefaßt sind[18]). Im übrigen befaßt die öffentliche Hand sich vorwiegend mit der Banknotenausgabe und sonstigen Bankgeschäften[19]), mit der Beherrschung der Kraftquellen wie

---

[12]) a. a. O. S. 1—2.

[13]) Max Lehmann, Freiherr vom Stein Bd. I (Leipzig 1902), S. 354. Die Äußerung Steins, auf die Lehmann sich stützt, gibt er nicht an, und es ist mir nicht gelungen, sie aufzuspüren.

[14]) Vgl. Fleiner a. a. O. S. 121 („zu schwerfällig").

[15]) Wiedenfeld, a. a. O. S. 2—3.

[16]) Giovanni Salemi, Studi di diritto corporativo (Padova 1929), S. 19.

[17]) Wiedenfeld, a. a. O. S. 7—8.

[18]) a. a. O. S. 9. Vgl. den Geschäftsbericht der Vereinigte Industrie-Unternehmungen Aktiengesellschaft über das siebente Geschäftsjahr 1928/29.

[19]) Zusammenfassende Darstellung: Th. G. v. Hippel, Wilh. Kord-Rurisch, Franz Schmidt, Die öffentlich-rechtlichen Kreditinstitute, ihr Aufbau, ihre Funktionen und ihre Geschichte (Berlin 1927).

Bergwerke und Elektrizitätserzeugung[20]) und mit der Bereitstellung und dem Betriebe des Transportapparates[21]); bei den Gemeinden kommen die mannigfachen Versorgungsbetriebe hinzu[22]), und endlich sind die öffentlichen Versicherungsunternehmungen zu nennen, die sich vorwiegend in der Lebens-[23]) und der Feuerversicherung betätigen.

Für das Verständnis, auch das juristische Verständnis der so in groben Zügen umrissenen Erscheinung halte ich es für notwendig, zunächst nach ihren Gründen zu fragen. Daß die Gründe sich geschichtlich ergeben haben, wurde schon angedeutet. Es dürfte aber angebracht sein, gewissermaßen den Querschnitt in der Gegenwart zu ziehen und zu untersuchen, welche Ursachen heute dafür maßgebend sind, daß Staat und sonstige Träger öffentlicher Gewalt sich aktiv wirtschaftend betätigen und solche Betätigung vielfach noch auszudehnen bestrebt — oder wenigstens verdächtig sind. Gerade bei dieser Prüfung der Gründe bin ich mir — wie bei dem ganzen Referat — bewußt, daß sie vorerst nur im Sinn einer Fragestellung unternommen wird und daß sie nicht glatte, fertige Ergebnisse bringen kann.

Eine erste und, wie mir scheint, sehr wichtige Frage muß ich dabei unzuständigkeitshalber ganz beiseite lassen, die Frage nämlich nach der Rolle, die sozialistische Ideen und Sozialisierungsabsichten bei dem Vordringen des Staates und der Gemeinde auf wirtschaftlichem Gebiete spielen[24]). Die Vorstellung, ein Stück Sozialismus zu verwirklichen, wirkt sicher vielfach mit, wenn etwa eine Gemeinde die Totenbestattung kommunalisiert oder einen städtischen Milchhof unter Zurückdrängung des privaten Milchhandels anlegt. Aber sehr viel bedeutsamere öffentliche Unternehmungen sind entstanden oder wenigstens geplant worden, längst ehe die Anhänger des Sozialismus politischen Einfluß hatten, und

---

[20]) Zum Tatsächlichen und Wirtschaftlichen vgl. Johannes Eichhorn, Die staatliche Elektrizitätsversorgung in Sachsen und Bayern (Leipziger volksw. Diss., Leipzig 1927) und Erhard Weber, Der staatseigene Industriekonzern in Sachsen (Leipziger volksw. Diss. 1928).

[21]) Wiedenfeld, a. a. O. S. 3—7.

[22]) a. a. O. S. 8; ferner Heinrich Bleicher, Kommunale Finanzwirtschaftslehre (in Gerloff-Meisel, Hdb. d. FinWiss. II S. 376 ff.), S. 426 ff.; Friedrichs, Das Recht der Versorgungsbetriebe (Verein für Kommunalwirtschaft und Kommunalpolitik, Vereinsschrift Nr. 26; Berlin 1928).

[23]) Neueste Zusammenfassung: Heinz Weber, Die öffentlichen Lebensversicherungsanstalten in Deutschland, ihre Sonderstellung im Rahmen des deutschen Lebensversicherungswesens (Berlin-Dahlem 1928).

[24]) Vgl. etwa Kautsky a. a. O. S. 210 ff. und öfter.

ihre Schöpfer standen sozialistischen Bestrebungen vollkommen fern. Es darf hier an Bismarcks Eisenbahnpläne erinnert werden. Jedenfalls ist der Sozialismus nicht das einzige Motiv staatswirtschaftlicher Betätigung, und man wird sich auch für die Gegenwart hüten müssen, das Vordringen der öffentlichen Hand einzig aus diesem Motiv erklären zu wollen und mit „kalter Sozialisierung“[25]) gleichzusetzen. Mißverständnisse darüber scheinen sich auf beiden Seiten leicht zu bilden, bei Verfechtern der privatkapitalistischen Wirtschaftsweise und Gegnern alles Sozialismus wie bei den Freunden der Sozialisierung. Diese begnügen sich, nachdem radikalere Pläne gescheitert sind, mit der Verstaatlichung oder Kommunalisierung irgendwelcher Unternehmungen als mit einem Erfolg ihrer politischen Bestrebungen und scheinen sich neuerdings anzuschicken, das Ziel der Sozialisierung mindestens auf eine lange Zwischensicht zu ersetzen durch das der „Wirtschaftsdemokratie[26])“, unter deren wenig klarem Begriff eine große Reihe recht verschiedenartiger Erscheinungen und eben auch die „öffentlichen Betriebe“ zusammengefaßt werden, weil bei diesen „die Eigentumsverhältnisse am Produktionsapparat selbst im Gegensatz stehen zu dem autokratisch-privatkapitalistischen System[27])“. Man wird mithin neben dem Sozialismus als mögliche Ursache staatswirtschaftlicher Tätigkeit das Mißverständnis in Betracht ziehen müssen, daß es sich dabei um etwas Sozialistisches handle.

Eine andere, vom Sozialismus grundsätzlich unabhängige, wenn auch mit ihm verflechtungsfähige Gruppe von Ursachen wurzelt in dem Machtbedürfnis des Staates[28]). In ihm erblicke ich den eigentlichen und gewissermaßen natür-

[25]) Etwa Karl Geiler, Die wirtschaftlichen Strukturwandlungen und die Reform des Aktienrechts, in Verh. u. Ber. des Aussch. zur Untersuchung der Erzeugungs- und Absatzbedingungen der deutschen Wirtschaft, I. Unterausschuß, 3. Arbeitsgruppe, 1. Teil: Wandlungen in den Rechtsformen der Einzelunternehmungen und Konzerne (Berlin 1928), S. 53. Auch Karl Kumpmann, Kapitalismus und Sozialismus (Essen 1929) ist, trotz des Vorbehaltes auf S. 106, allzu geneigt, „Verstadtlichungen und Verstaatlichungen aller Art“ dem Sozialismus aufs Konto zu setzen (S. 97, vgl. auch S. 143).

[26]) Vgl. das in Anm. 7 angeführte, aus Gemeinschaftsarbeit verschiedener sozialistischer Wissenschafter hervorgegangene Buch. Seine Fortführung soll ein von Pahl in freigewerkschaftlichem Auftrag bearbeitetes „Handbuch der öffentlichen Wirtschaft“ bilden. In einem etwas anderen Sinne wird „Wirtschaftsdemokratie“ verstanden von den Gewerkschaften freiheitlich-nationaler Richtung und ihrem Exponenten Bruno Ranecker, Wirtschaftsdemokratie (Berlin 1929), der unsere Erscheinung nur beiläufig erwähnt (S. 11).

[27]) Wirtschaftsdemokratie S. 53.

[28]) Vgl. Fleiner a. a. O. S. 121; ferner hierzu und zur Ätiologie der Erscheinung überhaupt die Ausführungen von Göppert, Staat

lichen Grund staatlicher Wirtschaftsbetätigung. Vielleicht erscheint das als Selbstverständlichkeit; zum Teil ist es politisches Bekenntnis. Es dürfte aber doch angebracht sein, dabei etwas zu verweilen. Zunächst ist daran zu erinnern, daß man verhältnismäßig früh und unter verhältnismäßig geringem Widerspruch zur Verstaatlichung in irgendeiner Form dort schreitet, wo sich in einem Wirtschaftszweig ein natürliches Monopol entwickelt, etwa bei den großen Verkehrseinrichtungen, besonders bei der Eisenbahn, oder neuerdings bei der Elektrizitätserzeugung und -übertragung. Hier sind es nicht nur technisch-wirtschaftliche Momente, die einen einheitlichen und konkurrenzlosen Betrieb geboten erscheinen lassen, sondern die öffentliche Hand sieht sich zur Aktivität veranlaßt durch die Gefahr des Mißbrauchs einer wirtschaftlichen Machtstellung in privater Hand, durch die Befürchtung des Ausschlusses oder der ungleichmäßigen Behandlung von Benutzern, durch das Bedürfnis annähernd gleichmäßiger Versorgung des ganzen Staatsgebietes mit Verkehrs- oder Lieferungseinrichtungen. Kollisionen privater Veranstaltungen mit Zwecken der öffentlichen Verwaltung — mögen diese nur im rein Polizeilichen gesucht oder auf die Wohlfahrtspflege erstreckt werden — sollen durch Staatsbetrieb im Keim unterbunden werden, wie sich dies besonders deutlich bei der Nachrichtenübermittlung durch die Post und ihre neueren Nebenformen — Telegraph, Fernsprecher, Rundfunk — zeigt[29]). Verhindert oder unterbrochen werden soll aber auch und vor allem das Heranwachsen innenstaatlicher Machtzentren, die sich der staatlichen Beherrschung entziehen; das staatliche Machtbedürfnis — vielleicht geradezu die Notwendigkeit staatlicher Selbstbehauptung — geht dahin, keine andere Macht neben dem Staat aufkommen zu lassen. Die Vereinigung natürlicher Monopolien in der Hand des Staates, die dabei vielfach zu rechtlichen Monopolen gemacht werden, läßt sich schon verhältnismäßig früh

---

und Wirtschaft (Recht und Staat i. Gesch. u. Gegw., Heft 33), Tübingen ohne Jahr (1924).

[29]) Zur allmählichen Ausweitung der Sonderstellung des Reiches auf dem Gebiete der Nachrichtenübermittlung vgl. Art. 48—52 a. RV.; G. über das Postwesen des Deutschen Reiches vom 28. Oktober 1871 (RGBl. S. 347, mehrfach geändert); G. über Telegraphenwesen des Deutschen Reichs vom 6. April 1892 (RGBl. S. 467, abgeändert durch G. vom 7. März 1908, S. 79, und öfter); Art. 88 RV.; V. (des Reichspräsidenten auf Grund des Art. 48 RV.) zum Schutze des Funkverkehrs vom 8. März 1924 (RGBl. I S. 273, abgeändert durch V. vom 24. Juli 1924, S. 670 — aufgehoben durch V. vom 28. Dezember 1927, S. 513); G. zur Änderung des Telegraphengesetzes vom 3. Dezember 1927 (RGBl. I S. 331) mit Bek. des Wortlauts des G. über Fernmeldeanlagen vom 14. Januar 1928 (RGBl. I S. 8).

beobachten, und sie stößt auch dort auf geringen oder keinen Widerspruch, wo man sonst dem staatlichen Eigenbetrieb unfreundlich gegenübersteht. So wünschte ein auf Art. 164 RV. gestützter Antrag der deutschnationalen Reichstagsfraktion von 1926[30]) jene Betriebe nicht ganz zu beseitigen, sondern „lediglich auf diejenigen Gebiete“ zu „beschränken, für welche ein nachweisbar allgemein öffentliches Interesse vorliegt“. Auch der Hansabund fordert unter dem Stichwort „Freiheit der Wirtschaft“[31]) nur Einschränkung, nicht völlige Beseitigung der wirtschaftlichen Betätigung der öffentlichen Hand. Die älteren Formen monopolistischer Betätigung der öffentlichen Hand sind in das Bewußtsein des Volkes gewissermaßen hineingewachsen. Von hier aus kann es eher merkwürdig erscheinen, daß angesichts des Monopolcharakters des Bodens trotz Art. 155 RV. von einer öffentlichen Bodenwirtschaft noch wenig die Rede ist. Mit der Verhinderung von Privatmonopolen ist das staatliche Machtbedürfnis aber nicht befriedigt. Lag der Ausgangspunkt hier überwiegend bei der staatlichen Tätigkeit, der Verwaltung, die nicht erschwert werden sollte, so läßt sich der wirtschaftliche Betätigungsdrang des Staates auch gewissermaßen bis in seine Substanz hinein zurückverfolgen. Die öffentliche Hand wird aktiv, um ihre Macht zu steigern. Ein gewisses Quantum Macht muß jedes soziale Gebilde haben, um lebensfähig zu sein. Trifft das schon auf private Organisationen zu, deren Zweck nicht zu eng abgesteckt sein darf und die gewöhnlich nach Erweiterung ihres Betätigungsspielraumes drängen, so erst recht auf den Staat und, wie hier einmal besonders hinzugefügt sein mag, auf die sonstigen öffentlich-rechtlichen Subjekte. Nun hat der deutsche Staat nach dem Kriege zweifellos eine erhebliche Machteinbuße erlitten, zumal an militärischer Macht. Es scheint mir, daß er zum Ausgleich hierfür, zu seiner Rekonsolidierung, wirtschaftliche Macht zu gewinnen sucht. Zu dieser Vorstellung stimmt es, daß wir auf staatswirtschaftlichem Gebiet vielfach einen Wettstreit der verschiedenen öffentlichen Verbände — Reich, Länder, Gemeinden — beobachten können, die dadurch, manchmal vielleicht unbewußt, ihre politische Stellung im gegenseitigen Verhältnis festigen wollen. Ein Beispiel, das in zwiefacher Hinsicht lehrreich ist, bieten die staatlichen Kraftverkehrsgesellschaften. Wie ich ersehen konnte, ist der Anstoß zur Entwicklung des öffentlichen Kraftverkehrswesens noch während des Krieges von militär-politischer Seite ausgegangen[32]); das Reich wollte für einen künf-

---

[30]) RTDrucks. Nr. 2777, III. Wahlperiode 1924/26, vom 2. Dezember 1926.

[31]) Denkschrift wie Anm. 6, S. 9 unter X Abs. 2.

[32]) Andeutungen bei B o e t h k e - H e g e r, Die Kraftverkehrs-

tigen Mobilmachungsfall einen ausreichenden, leicht greifbaren Wagenpark zur Verfügung haben, ohne daß die Heeresverwaltung ihn selbst schon im Frieden halten müßte — Wirtschaftsmacht und militärische Macht sind hier eine enge Verbindung eingegangen. Im weiteren Verlaufe der Entwicklung, nachdem bei Schaffung der Reichseisenbahnen die Mitübernahme der Kraftfahrlinien vom Reich abgelehnt worden war, haben sich auf dem Gebiete des Personen- und Güterkraftverkehrs mannigfache Rivalitäten zwischen Reichsstellen — Reichsbahn und Reichspost — und Ländern, bisweilen auch zwischen Ländern und Gemeinden oder Gemeindeverbänden ergeben, bei denen wiederum das Machtstreben im Spiele ist. Daß der Staat sein Machtstreben in wirtschaftlicher Richtung einstellt, ergibt sich aber nicht nur aus der Augenblickslage der Nachkriegszeit. Die Wurzeln des Staatskapitalismus scheinen sehr viel tiefer zu gehen. Ich möchte mich keines Übergriffs in die Disziplin der Soziologie schuldig machen, und ich glaube auch nicht, daß dort die Dinge schon restlos geklärt sind. Bei allem Vorbehalt gegen seine politische Einstellung möchte ich jedoch Rudolf Goldscheid[33]) zitieren, der im Handbuch der Finanzwissenschaft darauf hinweist, wie der Staat in der Neuzeit expropiiert worden ist, wie „von dem Moment an, wo der öffentliche Besitz einer öffentlich Kontrolle zu unterstehen beginnt, ... jede wirtschaftliche Erstarkung des Staates zu einer Schranke der Willkür der neuen Machthaber“[34]), nämlich der Staatsgläubiger wird. Goldscheid geht so weit zu behaupten, daß „nur ein reicher Staat . . . ein Rechtsstaat sein“ kann, und er weist — wie mir scheint, zutreffend — darauf hin, daß der Staat, der nicht Träger öffentlichen Eigentums ist, zwangläufig zum Träger öffentlicher Schulden wird[35]). Macht man sich diese Auffassung auch nur teilweise zu eigen, so wird auch verständlich, warum gerade der gegenwärtige deutsche Staat bei seiner wirtschaftlichen Betätigung auf so erbitterten Widerstand vieler seiner Bürger stößt. Anderseits könnte die machtsteigernde Wirkung der Staatswirtschaft es rechtfertigen, daß die öffentliche Hand in die Wirtschaft selbst dann eindränge, wenn hierbei nicht der rein wirtschaftlich gesehen optimale Wirtschaftserfolg einträte. Über die ökonomische Oppor-

---

gesellschaften Deutschlands, Werden, Wesen und Bedeutung (Sonderdruck aus dem Jahrbuch 1925 des Deutschen Kraftfahr- und Motorwesens, Berlin 1925), S. 1 ff.

[33]) Rudolf Goldscheid, Staat, öffentlicher Haushalt und Gesellschaft — Wesen und Aufgaben der Finanzwissenschaft vom Standpunkte der Soziologie, in Gerloff-Meisel, Handbuch der Finanzwissenschaft I (Tübingen 1926), S. 146 ff.

[34]) a. a. O. S. 153.

[35]) a. a. O. S. 165.

tunität des Staatskapitalismus, über die bestmöglichen betriebswirtschaftlichen Formen zu urteilen, kann nicht Sache des Juristen sein; er darf aber darauf aufmerksam machen, daß solche Gesichtspunkt selbst in der privaten Wirtschaftsbetätitung bisweilen hinter politische Entschließungen zurücktreten.

Ein weiteres Motiv für erwerbswirtschaftliche Betätigung der öffentlichen Verbände ist ihr Finanzbedürfnis[36]). Dieses Motiv kann verhältnismäßig isoliert auftreten und führt gelegentlich zu Bildungen, wie etwa dem Branntweinmonopol des Deutschen Reiches[37]), die nicht eigentlich der erwerbswirtschaftlichen Betätigung der öffentlichen Hand zugerechnet werden können. In anderen Fällen ist das Finanzbedürfnis einer unter den vielen Gründen der konkreten Gestaltung. Man wird es von dem Machtstreben zu unterscheiden haben, wenn auch beide Ursachengruppen dicht nebeneinanderliegen und in Wechselwirkung stehen. Auch hier, bei den finanziellen Gründen, läßt sich eine Verstärkung in der Nachkriegszeit vermuten und beobachten. Auch dieses Motiv tritt nicht an einer Stelle auf, sondern bei den verschiedenen Gemeinwesen, und treibt sie unter Umständen zum Wettbewerb. Seine Stärke kann nicht an dem erreichten wirtschaftlichen Erfolg gemessen werden, weil schon die Hoffnung auf möglichen finanziellen Ertrag zur Betätigung auf wirtschaftlichem Gebiet anregt. Finanzpolitische Erwägungen führen nicht nur zu staatswirtschaftlichem Vorgehen überhaupt, sondern bestimmen vielfach auch die konkrete Form des Unternehmens.

In ähnlicher Doppelrichtung auf das Ob und das Wie wirkt sich auch die letzte Ursachengruppe aus, die ich hier nennen möchte, nämlich der Betätigungsdrang der Bürokratie. Freilich betritt man hier einen besonders unsicheren Boden, auf dem ein exakter Beweis sich kaum führen läßt, wenigstens nicht für den Außenstehenden, und die unmittelbar Beteiligten sind verständlicherweise wenig geneigt, greifbare Angaben zu machen. Immerhin dürfte die Erwartung gerechtfertigt sein, daß ein an sich gesunder Personalstab nach neuen Möglichkeiten drängt, seine Vitalität zu entfalten, und daß dieser Drang gesteigert wird, wenn bisherige Betätigungsmöglichkeiten beschnitten werden. Die politischen Änderungen des letzten Jahrzehnts haben aber den alten Machtbereich des höheren Beamtentums eingeengt. Hinzu kommt, daß die Kompetenzverschiebungen zwischen Reich, Ländern und Gemeinden bei den unteren Verbänden hie und da ein Vakuum hinterlassen

[36]) Vgl. Fleiner a. a. O. S. 121.

[37]) Gesetz über das Branntweinmonopol in der Fassung des G. über Änderungen im Finanzwesen vom 8. April 1922 (RGBl. I S. 335/405), zuletzt geändert durch G. vom 21. Mai 1929 (RGBl. I S. 99).

haben, dessen Ausfüllung durch neue Aufgaben der gleichsam arbeitslos gewordenen Bürokratie erwünscht sein muß. Kommen aber die Länder und auch die Gemeinden so zu neuer erwerbswirtschaftlicher Betätigung, so scheint die Reichsbürokratie dem nicht tatenlos zusehen zu können. Selbstverständlich stehen auch die Bedürfnisse der Bürokratie als Ursache staatswirtschaftlichen Vorgehens nicht isoliert da; sie sind mit dem vorhin erörterten Machtstreben des Staates selbst um so enger verbunden, je mehr das Beamtentum geneigt ist, sich als das eigentlich Lebendige, das tragende Element im Staate zu empfinden. Es kommen aber wohl noch sekundäre Momente subjektiver Art hinzu, etwa der Wunsch des Beamtentums, sich als unentbehrlich zu erweisen oder zu zeigen, daß es — entgegen lautwerdender Kritik — auch auf wirtschaftlichem Gebiete tüchtig ist, vielleicht auch das Streben nach Verbesserung der materiellen Lage, insbesondere der materiellen Lage einzelner. Die Einstellung und die Bedürfnisse der Bürokratie können aber nicht nur dem Vordringen der öffentlichen Hand Antrieb geben, sondern sie dürften auch starken Einfluß haben auf die Form, in der die öffentliche Erwerbswirtschaft organisiert wird. Es ist bekannt und wird noch etwas näher zu zeigen sein, daß die öffentliche Hand bei ihrem erwerbswirtschaftlichen Vorgehen vielfach solche Formen wählt oder Formen neu schafft, bei denen im Voranschlag und in der Rechnungskontrolle eine freiere Stellung erreicht wird als in der eigentlichen Verwaltung, bei denen der Einfluß der Parlamente oder der Stadtverordnetenkollegien erheblich eingedämmt wird[38]). Die öffentlichen Verbände unterer Ordnungen finden für ihre Wirtschaftsunternehmen Rechtsformen, die es ermöglichen, die normale hoheitliche Staatsaufsicht auszuschalten[39]). Für all das sind gewiß eine ganze Reihe von Gründen, zum Teil rein wirtschaftstechnischer Art, maßgebend; es scheint mir aber, daß auch der Selbständigkeitsdrang der mitwirkenden Bürokratie hierbei eine Rolle spielt.

Diese Gesichtspunkte — sozialistische und pseudosozialistische Vorstellungen, Notwendigkeit der Selbstbehauptung und Machterweiterung des Staates, Finanzbedürfnisse, Einstellung der Bürokratie — scheinen mir für die ursächliche Erklärung unserer Erscheinung wichtig zu sein. Für erschöpfend

---

[38]) Alfred Amonn, Privatwirtschaftliche Einnahmen (in Gerloff-Meisel, Hdb. d. FinWiss. I, Tübingen 1926, S. 334 ff.), S. 351, macht auf die „Stärkung der Exekutivgewalt bei gleichzeitiger Schwächung der Legislative“ als „politische Folge“ der Wahl privatwirtschaftlicher Einnahmeformen aufmerksam.

[39]) Hans Peters, Grenzen der kommunalen Selbstverwaltung in Preußen (Berlin 1926), S. 179.

halte ich sie nicht. Aber die sonst auftretenden Ursachen sind mehr zufälliger Art. Man denke zum Beispiel an den Wunsch, ja die Notwendigkeit der Verwertung ohnehin vorhandener Betriebsmittel, die sich in der Demobilmachungszeit zeigte und die zur Schaffung der Verarbeitungsbetriebe des Reiches zunächst in Gestalt der Deutschen Werke Aktiengesellschaft, jetzt angeschlossen dem Konzern der Viag, geführt hat[40]). In ähnlicher Weise haben die Kraftverkehrsgesellschaften mit übernommenen Heereskraftwagen den Betrieb aufgenommen[41]).

Ehe ich mich den Rechtsformen im einzelnen zuwende, die am wirtschaftlich tätigen Staat zu beobachten sind, möchte ich die grundsätzliche Frage nach der rechtlichen Zulässigkeit erwerbswirtschaftlicher Betätigung der öffentlichen Hand aufwerfen. Das erscheint um so notwendiger, als die wirtschaftspolitische Diskussion über diesen Punkt auffallend schnell hinwegzugehen pflegt. Weder ist es selbstverständlich, daß die öffentlichen Verbände sich am Wirtschaftsleben ihrer Bürger in freiem oder gar bevorrechtigtem Wettbewerb beteiligen dürfen, noch ist das Gegenteil von vornherein anzunehmen. Geschichtliche Betrachtung spricht eher für als gegen die Zulässigkeit, wenn sie nur hinreichend weit in die Vergangenheit blickt. Wie steht es aber in der Gegenwart?

Es würde zu weit führen, an dieser Stelle das Gesamtverhältnis des Staates zum Wirtschaftsleben ausführlich zu erörtern. Es darf aber daran erinnert werden, daß hier keineswegs ein der staatlichen Einflußnahme unzugänglicher Bezirk vorliegt und daß bei solcher Einflußnahme der Staat keineswegs sein eigenes Interesse auszuschalten pflegt. Hält man sich an die auch für deutsche Verhältnisse zutreffende Formulierung der Carta del Lavoro[42]), wonach der Staatseingriff in die wirtschaftliche Produktion die Form der Überwachung, der Ermutigung oder der unmittelbaren Geschäftsführung annehmen kann, so ist zunächst die Überwachung etwas durchaus Geläufiges. Ihr dient eine ausgebreitete Gesetzgebung, für die zum Teil sehr deutliche Kompetenznormen in der Reichsverfassung enthalten sind[43]). Daran schließt sich eine entsprechende Handhabung der Gerichtsgewalt, und auch die Verwaltung hat es vielfach mit der Über-

[40]) Wiedenfeld, a.a.O. S. 8; D. Fischer, Der Aufbau und die Aufgaben der Vereinigte Industrie-Unternehmungen A.-G. (Vortrag vor der Frankfurter Gesellschaft für Handel, Industrie und Wissenschaft am 27. April 1927) S. 21.

[41]) Boethke-Heger a.a.O. S. 7.

[42]) Ziffer IX Satz 2.

[43]) Vgl. z. B. Art. 7 Nr. 14 bis 20, Art. 10 Nr. 5 RV.

wachung des Wirtschaftslebens zu tun. Gewerbepolizei, Arbeitsaufsicht, Kartellgericht, Kaliwirtschaftsgesetz seien hier als Beispiele genannt. Die rechtliche Zulässigkeit derartiger Überwachung durch den Staat steht außer Frage; politisch umstritten ist ihr vernünftiges Maß.

Weniger zutage tritt die obrigkeitliche Ermutigung wirtschaftlicher Bestrebungen, bei der privaten Unternehmern ideelle oder materielle Unterstützung zuteil wird, ohne daß der Staat aktiv als Wirtschaftssubjekt auftritt. Selbstverständlich ist auch hier wieder an die Gesetzgebung zu denken, die das Unternehmertum ermutigen oder entmutigen kann. Sehr bedeutsam sind aber unter diesem Gesichtspunkt auch Einzelmaßnahmen, die im Gange der Verwaltung getroffen werden[44]). Unübersehbare Möglichkeiten bieten sich hier in der Hingabe von Vorschüssen, Subventionen, Überlassung von Bauland, Gewährung von Fahrpreisermäßigungen, Steuerbegünstigungen, Ausfuhrerleichterungen, Veranstaltung einer Exportkreditversicherung, Beratung und Ermittlung durch die Auslandsvertretungen usw. Bisweilen entwickeln diese Dinge sich auf einer ausdrücklichen allgemeinen Rechtsgrundlage, wie sie z. B. (allerdings für Katastrophenfälle) die Verordnung betreffend Maßnahmen gegenüber Betriebsabbrüchen und -stillegungen[45]) bietet. Vielfach ergeben sie sich aber als Ausflüsse der Zuständigkeit einer Behörde, ohne daß sie ihr besonders aufgetragen wären, und nur wenn Aufwendungen gemacht oder Bürgschaften übernommen werden sollen, bedarf es einer formellgesetzlichen Grundlage wenigstens im Haushaltsplan. Daß die Form der Bewilligung bisweilen ziemlich lax gehandhabt wird und daß sich hieran politische wie juristische Bedenken und Reformwünsche knüpfen, ist bekannt. Beim Reiche nimmt das, was an finanziellen Hilfen der verschiedensten Art aus den verschiedensten Titeln des Etats alles in allem geleistet wird, in der Summe der Fälle und der Beträge einen erstaunlichen Umfang an. Alles in allem sind die staatlichen Ermutigungen für das Wirtschaftsleben in ihrer Zulässigkeit unbestritten; da sie greifbare Vorteile bringen, fordern sie wenig Widerspruch heraus, der auch kaum allgemein zu begründen wäre.

Anders steht es mit dem unmittelbaren Geschäftsbetriebe der öffentlichen Hand, unserem eigentlichen Thema. Hierfür aus den Gesetzgebungskompetenzen des Reiches etwas herausholen zu wollen, erscheint abwegig. Wohl aber dürfte es möglich und nötig sein, die Frage der Zulässigkeit

---

[44]) Vgl. auch Fleiner a. a. O. S. 127 unter 1.

[45]) Vom 8. November 1920/15. Oktober 1923 (RGBl. 1920 S 1901, 1923 I S. 983).

an dem materiellen Inhalt der Verfassung zu prüfen. Enthält etwa die Reichsverfassung eine Rollenverteilung zwischen öffentlicher Hand und Privatwirtschaft? Gibt es einen rechtlichen Grenzschutz für die Privatwirtschaft gegen Ein- und Übergriffe der öffentlichen Hand? Für die Auslegung der verstreuten Bestimmungen, die hier in Betracht kommen, gewinnt die Vorfrage Bedeutung, was grundsätzlich an erster Stelle steht, die Privatwirtschaft oder die Staatswirtschaft. Man wird sich wohl für das erste, für den Primat der Privatwirtschaft entscheiden müssen, wenn man die Ergebnisse der liberal-kapitalistischen Periode überblickt und auch wenn man die jüngsten Strukturwandlungen der Wirtschaftsorganisation — Kartellwesen, Konzernbildung usw. — in Betracht zieht. Die private Initiative in Wirtschaftsdingen erscheint als das Normale, und der Staat entschließt sich zu Eingriffen nur dort, wo jene versagt oder wo politische Interessen der Allgemeinheit im Spiele sind — die Formel der Carta del Lavoro[46]) trifft auch hierin über Italien hinaus zu. Freilich ist damit zunächst nur der tatsächliche Zustand und die vorherrschende Anschauung gekennzeichnet, die die Weimarer Reichsverfassung vorgefunden hat und die wir auch heute vorfinden. Ob man daraus eine Rechtsregel machen und sie in den Verfassungsinhalt hineinlegen kann, erscheint mir recht zweifelhaft. Positiv entscheidet die Reichsverfassung an einigen Stellen für die Staatswirtschaft: im Art. 88 beim Post-, Telegraphen- und Fernsprechwesen, im Art. 89 bei den Eisenbahnen, im Art. 97 bei den Wasserstraßen. Im übrigen herrscht nach Art. 151 Abs. 3 Handels- und Gewerbefreiheit. Aber auch abgesehen von dem Vorbehalt der Beschränkung durch Reichsgesetze, die ja nicht erst zu ergehen pflegen, ehe ein öffentlicher Verband eigenwirtschaftlich tätig wird, fragt sich doch, ob hieraus etwas gegen die öffentliche Wirtschaft und für einen rechtlichen Vorrang der Privatwirtschaft hergeleitet werden kann. Ich glaube, das verneinen zu müssen. Es erscheint mir bemerkenswert, daß Kestner, der in seinem bekannten, jetzt von Lehnich neu bearbeiteten Buch über den Organisationszwang[47]) aus dem Grundsatz der Gewerbefreiheit sehr viel mehr als ein bloßes Gewerbe-unternehmen-dürfen, nämlich eine positivrechtliche Konkurrenzfreiheit herausholt, mit keinem Wort andeutet, daß es sich hierbei um eine Domäne der Bürger handle, in die öffentliche Verbände nicht einbrechen dürften. Man wird vielmehr annehmen dürfen, daß das Reich, die Länder und die sonstigen öffentlichen Verbände rechtlich ungehindert an der gleichen Freiheit

[46]) Ziffer IX Satz 1.

[47]) Kestner-Lehnich, Der Organisationszwang (2. Aufl., Berlin 1927), S. 190 f., 197 ff.

teilnehmen dürfen, die im Art. 151 Abs. 3 RV. den Bürgern eingeräumt ist, daß auch nach dieser Richtung der Wettbewerb offen ist. Die einzige Folgerung, die aus den liberalen Anschauungen und den Verfassungsvorschriften allenfalls zu ziehen wäre, ist die, daß die öffentliche Hand bei dem Wettbewerb mit der Privatwirtschaft ihr wirtschaftlich gleichzustellen ist, daß sie eine rechtliche Sonderstellung nicht in Anspruch nehmen, sich nicht durch Gesetze schaffen darf. Das ergibt sich schon aus dem Gleichheitssatz des Art. 109 RV. Indessen ist damit sogleich die Unsicherheit der These angedeutet. Denn wo liegen die Tatbestände bei der öffentlichen Hand einerseits, der Privatwirtschaft andrerseits noch gleich, sodaß ungleiche Rechtsfolgen Willkür sind? Sicher liegt eine Besonderheit vor bei dem faktischen Monopol — vielleicht auch bei dem rechtlich geschaffenen Monopol, und auch wo Gemeinwesen und Privatunternehmer frei konkurrieren, können doch Umstände gegeben sein, die eine Bevorzugung des öffentlichen Unternehmens als gemeinnützig oder dergleichen rechtfertigen. Die hiermit angeschnittenen Fragen haben besondere Bedeutung auf steuerrechtlichem Gebiete, in das ich nicht eintreten möchte, auf dem die Bevorzugung der in Privatrechtsform auftretenden öffentlichen Hand übrigens wohl nicht den Umfang hat, der manchmal behauptet wird. Immerhin bleibt gerade an diesem Punkte Raum für Kritik und politische Diskussion[48]. — Erscheint schon nach dem bisher Gesagten der historische Vorrang der Privatwirtschaft als ein rein tatsächlicher, ist wirtschaftliche Aktivität der öffenlichen Hand nicht rechtlich unzulässig, so findet sie vollends die ausdrückliche Bestätigung ihrer Zulässigkeit in Art. 156 RV. Wenn dieser sogenannte Sozialisierungsartikel vorsieht, daß das Reich durch Gesetz private wirtschaftliche Unternehmungen in Gemeineigentum überführen, daß es sich, die Länder oder die Gemeinden an der Verwaltung wirtschaftlicher Unternehmungen beteiligen, daß es sich in anderer Weise einen bestimmenden Einfluß sichern und endlich die sogenannte wirtschaftliche Selbstverwaltung einführen kann, so liegt darin zugleich als ein minus, daß das Reich und, wie ich annehmen möchte, auch die anderen öffentlichen Verbände überhaupt wirtschaftlich tätig werden dürfen, insbesondere unter Benutzung der allgemein zugänglichen privatrechtlichen Formen[49]. Man kann solche Betätigung der öffentlichen Hand, wenigstens soweit sie mit gemeinwirtschaftlichen Endzwecken erfolgt, die übrigens im Abs. 1 Satz 2 des

[48]) Vgl. z. B. die Denkschrift des Hansabundes (Anm. 6) S. 83 ff.; Uecker in Dt. ArbGZtg. vom 14. April 1929, 1. Beibl. zu Nr. 15.

[49]) Fritz Pötzsch-Heffter, Handkommentar der RV. (3. Aufl., Berlin 1928) Art. 156 Anm. 4.

Artikels nicht ausdrücklich gefordert sind, wohl der Sicherung eines bestimmenden Einflusses in anderer Weise — Satz 2 zweiter Halbsatz — zurechnen, obwohl die Kommentare hier wesentlich an negative, einschränkende Befugnisse gegenüber fortbestehender Privatwirtschaft denken[50]). Jedenfalls aber ist es angesichts des Art. 156 RV. unmöglich, die grundsätzliche rechtliche Unzulässigkeit staatswirtschaftlicher Maßnahmen zu behaupten und das Betätigungsfeld der öffentlichen Hand auf positivrechtlich vorgesehene Ausnahmefälle einzuschränken. Daran vermag auch der gelegentlich beliebte Hinweis auf die Verfassungsartikel 163 und 164 nichts zu ändern. Das extrem programmatische Recht auf Arbeit kann auch gegenüber einer weitgehend in öffentliche Hand überführten Wirtschaft bestehen, denn das Bedürfnis nach Beschäftigung von menschlichen Arbeitskräften und damit die Möglichkeit, durch wirtschaftliche Arbeit den Unterhalt zu erwerben, fällt bei der Überführung nicht weg. Und der Schutz des selbständigen Mittelstandes in Landwirtschaft, Gewerbe und Handel, den Art. 164 als Programmsatz verheißt, stellt bestenfalls eine mäßigende Schranke, nicht aber ein allgemein wirksames Hindernis der öffentlichen Wirtschaft dar. Die Einzelfragen, wie weit mit der Schaffung öffentlicher Unternehmen zu gehen sei, welche Wirtschaftszweige sich dafür mehr, welche weniger eignen, können ohnehin nicht vom Juristen beantwortet werden; bei ihrer politischen Lösung werden allerdings solche Verfassungssätze wie Art. 164 in den Ausgleich einzubeziehen sein. — Zur Unterstützung der Behauptung von der rechtlichen Zulässigkeit wirtschaftlicher Betätigung der öffentlichen Hand kann endlich noch auf § 48 der Reichshaushaltsordnung und verwandte Bestimmungen in Landeswirtschaftsgesetzen, Gemeindeordnungen usw. hingewiesen werden, wonach gesetzgeberisch mit der Beteiligung öffentlicher Verbände an Unternehmen gerechnet wird, die einen gewerblichen oder sonstigen wirtschaftlichen Betrieb zum Gegenstand haben.

Die Rechtsformen, die von den öffentlichen Verbänden bei ihrer wirtschaftlichen Betätigung gewählt werden, sind mindestens in ihrer Zusammenfügung ungeheuer vielgestaltig. Einen Überblick über die Fülle der Möglichkeiten gibt etwa die Verwaltungsordnung der Stadt Königsberg i. Pr. vom 15./16. Dezember 1926. Es wird nicht möglich sein, sie im Rahmen eines Referats alle vorzuführen; es ist mir auch in der verhältnismäßig kurzen Vorbereitungszeit nicht möglich gewesen, die verstreuten und bisweilen vertraulich gehaltenen Rechtstatsachen vollständig aufzuspüren. Man wird sich davor hüten

[50]) Pötzsch-Heffter Anm. 5; Anschütz Anm. 3; Giese Anm. II 4.

müssen, vorzeitig zu einer Typisierung und Schematisierung gelangen zu wollen. Bemerkenswert ist die reichliche Verwendung privatrechtlicher Formen, sowohl im Organisatorischen wie im Rechtsverkehr. Mit ihrer Einbeziehung wird zwar äußerlich der Rahmen des Themas gesprengt; angesichts der wirtschaftspolitischen Streitlage und für das Verständnis der Gesamterscheinung ist sie aber notwendig, und die korrekte Abgrenzung des Begriffes Verwaltungsrecht darf kein Hindernis bilden.

Um wenigstens etwas Ordnung in die Fülle der Erscheinungen zu bringen, ist es zweckmäßig, zunächst von den Organisationsformen zu sprechen, deren das wirtschaftende Gemeinwesen sich bedient, und dann von der rechtlichen Ausgestaltung seiner Verkehrsbeziehungen zu Arbeitskräften, Kunden und Lieferern. Die Organisationsformen lassen sich grundsätzlich einteilen in solche des privaten und solche des öffentlichen Rechts.

Gerade dort, wo die öffentliche Hand die Aufmerksamkeit am stärksten auf sich zieht, tritt sie auf in privatrechtlicher Gestalt. Fast alle neueren Zweige staatswirtschaftlicher Betätigung, wie Elektrizitätsversorgung, Kraftfahr- und Rundfunkwesen, bedienen sich dieser Form, und bei den seit längerer Zeit bestehenden kommunalen Versorgungsbetrieben ist ein starker Drang aus der öffentlich-rechtlichen in die privatrechtliche Organisationsform zu beobachten. Verwendet werden fast alle Typen der juristischen Person des Privatrechts — zum Beispiel auch die des eingetragenen Vereins bei der allerdings neuestens aufgelösten Reichszentrale für Deutsche Verkehrswerbung, einem Ableger der Deutschen Reichsbahn-Gesellschaft[51]), und bei der Union Internationale de Radiophonie, die nach Schweizerischem Recht errichtet ist[52]) —, während Einzelperson, bürgerlichrechtliche Gesellschaft und offene Handelsgesellschaft aus naheliegenden Gründen ausscheiden. Praktisch bevorzugt werden die Formen der Aktiengesellschaft und der Gesellschaft mit beschränkter Haftung[53]). Die Reichshaus-

---

[51]) Rudolf Köhler, Die Nebenbetriebe der Deutschen Reichsbahn-Gesellschaft auf dem Gebiete des Personenverkehrs (Tübinger Diss.) im Archiv f. Eisenbahnwesen 1926, S. 1270; vgl. Adolf Sarter, Verkehrswerbung bei den Eisenbahnen (Berlin 1927) S. 96. Die Reichszentrale ist im Frühjahr 1929 ersetzt worden durch die Reichsbahnzentrale für den deutschen Reichsverkehr G. m. b. H., deren Kapital ausschließlich in Händen der Deutschen Reichsbahn-Gesellschaft ist.

[52]) Hans Bredow, Vier Jahre deutscher Rundfunk (Berlin 1927), S. 53.

[53]) Überblick über die verwendeten Formen und die Gründe ihrer Wahl gibt Hans Boelsen, Kapitalgesellschaften in öffent-

haltsordnung[54]) beschränkt das Reich durch Sollvorschrift auf die Formen der A.-G., der Kommanditgesellschaft auf Aktien, der G. m. b. H. und der eingetragenen Genossenschaft, wobei für letzteren Fall die Beschränkung der Haftung auf eine im voraus bestimmte Summe besonders betont wird. Damit tritt ein für die Wahl der Organisationsform wesentliches Motiv deutlich hervor; das Risiko, das der wirtschaftlichen Betätigung innewohnt, soll in übersehbaren Grenzen gehalten werden. Sieht man sich die Gründungs- und Gesellschaftsverträge von Aktiengesellschaften oder Gesellschaften m. b. H. an, bei denen öffentliche Verbände wesentlich beteiligt sind oder deren Kapital ausschließlich in öffentlicher Hand ist[55]), so unterscheiden sie sich vielfach in nichts von denen gleichartiger Gesellschaften des privaten Kapitals. Zum Beispiel enthält die Satzung der Viag genaue Bestimmungen über den Verfall der Gewinnanteilscheine bei nicht rechtzeitiger Vorlage und über das Verfahren bei Verlust von Aktien, obwohl sämtliche Aktien dem Reiche gehören. Die etwaigen Besonderheiten, die solchen Gesellschaften dennoch anhaften, finden sich außerhalb des Gesellschaftsvertrags. So sieht die Reichshaushaltsordnung vor, daß das Reich sich bei der Gründung den erforderlichen Einfluß auf das Unternehmen durch geeignete Abmachungen sichern, insbesondere das Recht zur Bestellung von Aufsichtsratsmitglieder ausbedingen soll usw., und auch beim Erwerb von Anteilen bestehender Gesellschaften soll auf solche Sicherungen hingewirkt werden[56]). Auch ohne dahinterstehende Gesetzesvorschrift finden sich derartige Einflußsicherungen, z. B. im Gründungsvertrag der Energie Aktiengesellschaft Leipzig vom 17. Mai 1923, wo die Vertragspartner — ein öffentlichrechtlicher Gemeindeverband, eine private Aktiengesellschaft, eine kommunale G. m. b. H. und eine Stadtgemeinde — sich verpflichten, in den Generalversammlungen mit ihrem gesamten Aktienbesitz für eine bestimmte Verteilung der Aufsichtsratssitze einzutreten[57]). Wo aber, wie es oft genug der Fall ist, das gesamte Gesellschaftskapital sich in der Hand eines einzigen Gemeinwesens befindet, fallen solche ausdrücklichen

---

licher Hand unter bes. Berücks. der Beeinflussung und Überwachung ihrer Geschäftsführung durch die öffentlichen Körperschaften (Verein für Kommunalwirtschaft und Kommunalpolitik, Vereinsschrift Nr. 30; Berlin 1929); Auszug in Frankfurter Zeitung Nr. 283, Zweites Morgenblatt vom 17. April 1929.

[54]) § 48 Abs. 1, 4.

[55]) Reiches Material z. B. in Berliner Stadtrecht I, Städtische Gesellschaften und Gesellschaftsbeteiligungen; herausgegeben vom Magistrat der Stadt Berlin (1926).

[56]) § 48 Abs. 2, 3 RHO.

[57]) Vgl. auch Geiler a. a. O. S. 86 f.

Einflußsicherungen als überflüssig weg. Der zuständige Finanzminister, der allein — etwa bei der Viag oder der Aktiengesellschaft Sächsische Werke — die Generalversammlung bildet, hat ohnehin das erforderliche Maß von Bestimmungsmacht, und es scheint, daß der trotzdem bestehende, meist aus Beamten[57a] und Wirtschaftsverständigen zusammengesetzte Aufsichtsrat nach dem in übertragenem Sinn anwendbaren Worte Sohms darauf beschränkt ist, ein „Glasauge" der Gesellschaft zu sein. Das Verhältnis zwischen der Gesellschaftsleitung und dem zuständigen Ressort dürfte in starkem Maße Taktfrage sein. Für den Konzern der Viag hat Staatssekretär Fischer[58]) sich dahin geäußert, „daß die zuständigen Ressorts sich durch Vertretung in den Aufsichtsräten betätigen und daß es die Aufgabe des Vorsitzenden des Aufsichtsrats und des Vorstandes ist, in wichtigen Angelegenheiten den dem Reichstag verantwortlichen Reichsminister rechtzeitig zu informieren, daß aber anderseits das Ressort auf den Gang der Geschäfte im einzelnen keinen Einfluß nimmt, sondern die handelsrechtliche Verantwortung der Gesellschaftsorgane beachtet und sich auswirken läßt". — Außerhalb der Verfassung der in öffentlicher Hand befindlichen Gesellschaft liegen Bindungen, wie sie in nicht ganz singulärer Weise das sächsische ASW-Gesetz[59]) enthält, wonach die vollständig im Besitze des Landes befindlichen Aktien der Gesellschaft nur mit Zustimmung des Landtags veräußert oder verpfändet werden dürfen. Rechtlich wird die Stellung der Gesellschaft und ihr privatrechtlicher Charakter durch solche Vorschriften ebensowenig berührt, wie durch die im gleichen Gesetz enthaltene Ermächtigung an den Finanzminister, die staatlichen Kohlen- und Elektrizitätswerke sowie Beteiligungen käuflich der neuen Aktiengesellschaft zu übertragen, und wie durch Bürgschafts- und Anleiheermächtigungen[60]), die schließlich auch zugunsten wirklich privater Unternehmungen ausgesprochen werden könnten. — In den Fragebogen, die das Reichsjustizministerium zur Aktienreform herausgibt, scheint die Frage aufgeworfen werden zu sollen, ob die Form der Aktiengesellschaft auf echte Erwerbsgesellschaften zu beschränken sei. Die gleiche Frage kann auch für die

[57a]) Vgl. Heinrich Wimpfheimer, Beamte als Aufsichtsräte (in Festschrift für Heinitz, Berlin 1929).

[58]) a. a. O. S. 25.

[59]) Gesetz über die Ubertragung des staatlichen Kohlen- und Elektrizitätsunternehmens an die Aktiengesellschaft Sächsische Werke zu Dresden vom 30. Januar 1924 (Sächs. GBl. S. 51).

[60]) § 3 ASW-Gesetz; ferner z. B. Gesetz über die Aufnahme von Staatsanleihen und die Übernahme einer Staatsbürgschaft für die Aktiengesellschaft Sächsische Werke in Dresden vom 1. Juli 1926 (Sächs. GBl. S. 131).

G. m. b. H. gestellt werden. Indessen scheint bei der Arbeit des Enquêteausschusses, auf die das Reichsjustizministerium sich stützt, nur an das Problem der Verwendung der Gesellschaftsform in den Fällen gedacht worden zu sein, wo eine Gewinnerzielungsabsicht fehlt; das ist aber bei der öffentlichen Hand zumeist nicht der Fall[61]).

Nur scheinbar eine Sonderstellung innerhalb der von der öffentlichen Hand benutzten privatrechtlichen Organisationsformen nehmen die sogenannten gemischtwirtschaftlichen Unternehmen ein, deren hervorstechendes Merkmal die kapitalmäßige Beteiligung sowohl öffentlicher Verbände wie des privaten Unternehmertums ist. Das Rheinisch-Westfälische Elektrizitätswerk und die vorhin genannte Energie Aktiengesellschaft Leipzig sind bekannte Beispiele dafür. In einer sehr umfassenden Dissertation, auf die ich verweisen darf, bestimmt Mallon[62]) den Begriff des gemischtwirtschaftlichen Unternehmens dahin, daß es „zustandekommt 1. durch den Abschluß eines gemeinsamen Vertrags in Privatrechtsform zwischen zwei oder mehr Personen, von denen 2. mindestens je eine dem öffentlichen oder dem privaten Recht angehört, von denen 3. jede einen Teil des Grund- oder Stammkapitals aufbringt und 4. vollberechtigtes Mitglied des Unternehmens ist". Sind „nur Personen des öffentlichen Rechts in verschiedener Abstufung Mitglieder", so spricht Mallon von einem echten gemischtwirtschaftlichen Unternehmen im weiteren Sinne, während er als unechte gemischtwirtschaftliche Unternehmen anstaltsähnliche Unternehmen bezeichnet, bei denen eines der anderen Merkmale, z. B. die volle Mitgliedschaft Privater, fehlt. Das geltende Gesetz kümmert sich um das gemischtwirtschaftliche Unternehmen nur wenig. Ausdrücklich erwähnt ist es nur im § 3 des noch nicht praktisch gewordenen Gesetzes betreffend die Sozialisierung der Elektrizitätswirtschaft vom 31. Dezember 1919 (RGBl. 1920 S. 19); darauf zugeschnittene oder verwendbare Bestimmungen nebensächlicher Art finden sich im Telegraphenwegegesetz, in den Durchführungsvorschriften zum Kaliwirtschaftsgesetz und in einzelnen Steuergesetzen. Bestrebungen auf Schaffung einer besonderen Rechtsform des gemischtwirtschaftlichen Unternehmens, wie sie vor dem Krieg etwa der Ministerialdirektor Freund[63]) betrieb, sind in

---

[61]) Vgl. RJustMin. IIIa 403/29, Fragebogen I, Frage 7; Fragebogen VIII, der „Aktiengesellschaft und öffentliche Hand" behandeln soll, liegt noch nicht vor; ferner in „Wandlungen" (hier Anm. 25) Flechtheim S. 38 und Haußmann S. 137.

[62]) Otto Mallon, Das Gemischtwirtschaftliche Unternehmen im deutschen öffentlichen und im ausländischen Recht (Bonner jur. Diss.), einstweilen gedruckter Auszug (Bonn 1928) S. 5.

Deutschland ergebnislos verlaufen, und auch das, was das österreichische Gesetz vom 29. Juli 1919 (StGBl. Nr. 389; 141. Stück) über gemeinwirtschaftliche Unternehmungen an Rechtsgebilden vorsieht[64]), scheint mir aus einer anderen Gedankenwelt, aus Absichten der Sozialisierung und Betriebsdemokratisierung, hervorgewachsen zu sein[65]). Ein Bedürfnis nach rechtlicher Sonderbehandlung des gemischtwirtschaftlichen Unternehmens scheint um so weniger zu bestehen[66]), als die öffentliche Hand es vielfach vorzieht, das Kapital ihrer privatrechtlich organisierten Unternehmungen allein aufzubringen. So sehen wir die Viag, die neue Preußische Elektrizitäts- und Bergwerks-A.-G.[67]), die Aktiengesellschaft Sächsische Werke und auch viele kommunale Betriebsgesellschaften je zu 100% in der Hand eines einzigen öffentlichen Verbandes. Das gemischtwirtschaftliche Unternehmen ist — wie so manches andere, was an der öffentlichen Hand zu beobachten ist — ein wirtschaftlicher Sonderfall, nicht aber eine besondere Rechtsform[68]). Dies dürfte auch gelten für die sog. gemischtwirtschaftliche Zwillingsunternehmung[69]), bei der Anlagewerte und Betriebsführung in den Händen formell getrennter juristischer Personen liegen.

Hingegen stoßen wir auf rechtliche Besonderheiten und nähern uns der Grenze zwischen bürgerlichem und öffentlichem Recht, wenn wir nach der Anwendbarkeit der Kategorie „beliehener Unternehmer" fragen. Freilich handelt es sich hierbei nicht um ein einheitliches Rechtsinstitut[70]), sondern um den Versuch einheitlicher Erklärung verschiedener verwandter positivrechtlicher Gestaltungen. Der Begriff ist zwar nicht ausschließlich, aber doch vorwiegend darauf abgestellt, daß einem Privaten ein Stück öffentlicher Verwaltung zur Ausübung im eigenen Namen und Rechte verliehen wird, wobei mit egoistischer Einstellung des Beliehenen gerechnet wird[71]). Der private Charakter des Unternehmers ist nicht so

---

[63]) Friedrich Freund, Die „gemischte wirtschaftliche Unternehmung", eine neue Gesellschaftsform, in DJZ. 1911 Sp. 1113 ff.

[64]) Vgl. Mallon §§ 175 ff., Auszug S. 8.

[65]) Hierzu Kautsky, a. a. O. S. 210.

[66]) Geiler a. a. O. S. 85 lehnt gesetzgeberische Eingriffe auch unter dem Gesichtspunkte der Aktienreform zurzeit ab.

[67]) Über die „Prebag" vgl. Münchner Neueste Nachrichten Nr. 55 vom 25. Februar 1929; Frankfurter Zeitung Nr. 188, Abendblatt vom 11. März 1929.

[68]) So auch Fleiner a. a. O. S. 124: „Der Ausdruck bezeichnet keinen juristischen Begriff."

[69]) Erwähnt bei Geiler a. a. O. S. 86.

[70]) Vgl. Walter Jellinek, Verwaltungsrecht (2. Aufl., Berlin 1929), S. 507, 510.

[71]) Zum Begrifflichen vgl. Jellinek a. a. O. S. 507 ff.; Otto

sehr im Juristischen als in seiner gesellschaftlichen und wirtschaftlichen Stellung zu suchen, und auch, wo Personen des öffentlichen Rechts als Verleihungsempfänger vorgestellt werden, ist ihre Öffentlichrechtlichkeit ein mehr zufälliger Umstand und jedenfalls das öffentliche Unternehmen, das ihnen verliehen wird, außer Zusammenhang mit ihren eigentlichen öffentlichen Aufgaben. Der Ausgangstatbestand des beliehenen Unternehmers liegt also anders als bei den Privatrechtsgebilden, deren die öffentliche Hand sich bedient, um ihre wirtschaftlichen Zwecke zu verfolgen. Will man trotzdem von beliehenen Unternehmern bei den zu 100% oder auch nur überwiegend mit öffentlichem Kapital finanzierten Aktiengesellschaften usw. sprechen, die wir kennengelernt haben, so darf man es nur in dem Bewußtsein, daß man sich an die äußere Rechtsform hält und nicht an den sozialen Inhalt. Dann kann man sagen, daß solchen Gesellschaften ein Stück öffentlicher Verwaltung übertragen ist, das ihnen, da sie ja nicht Personen des öffentlichen Rechts sind, von Haus aus nicht zukommt. Diese Verleihung hat nichts zu tun mit der Erteilung von Gewerbeerlaubnissen, Genehmigung von Kraftfahrlinien, Einräumung von Gebrauchsrechten am Straßengrundstück oder dem Luftraum darüber, deren die Unternehmungen der öffentlichen Hand in mannigfachster Weise ebenso bedürfen wie echte Privatunternehmungen, die aber — und zwar beiden Gruppen gegenüber — Gelegenheit zu recht weitgehenden Einflußsicherungen der öffentlichen Verwaltung bieten[72]) und gelegentlich die Sonderstellung der öffentlichen Hand schaffen helfen. Auch die generelle Anerkennung einer Gesellschaft als dem öffentlichen Nutzen gewidmetes Unternehmen im Sinne der Enteignungsgesetzgebung, wie sie sich im ASW-Gesetz[73]) findet, macht aus der Gesellschaft noch keinen beliehenen Unternehmer. Die Figur der Verleihung eines öffentlichen Unternehmens wird man angesichts der Privatrechtsgesellschaften der öffentlichen Hand nur heranziehen dürfen, wo durch sie spezifisch öffentliche Aufgaben erledigt werden sollen. Die Grenze dessen, was als Aufgabe der öffentlichen Verwaltung anzusehen ist, erscheint auch in diesem Zusammenhang flüssig und politisch umstritten. Unsicherheit besteht auch darüber, inwieweit die der öffentlichen Hand dienenden Gesellschaften ihre Auf-

---

Mayer, Deutsches Verwaltungsrecht II (3. Aufl., München 1924), S. 243 ff., bes. S. 244 oben; Fleiner a. a. O. S. 341 ff., bes. S. 342 oben; Hatschek-Kurtzig, Lehrbuch des deutschen und preußischen Verwaltungsrechts (5./6. Aufl., Leipzig 1927), S. 356 ff.

[72]) Belege z. B. bei A. Steinhauser — Ludwig Steinhauser, Deutsches Elektrizitätsrecht (München 1928), bes. S. 33 ff., 68 ff., 87 ff.

[73]) § 5 Abs. 2.

gaben im eigenen Namen, zu eigenem Rechte erledigen und wieweit ihr Verwaltungsauftrag nach außen hervortritt; auch daraus lassen sich Bedenken gegen die Heranziehung des Verleihungsbegriffes herleiten. Statt nun allzu stark zu theoretisieren, möchte ich Ihnen zwei konkrete Fälle kurz vorführen: die Kraftverkehr Freistaat Sachsen Aktiengesellschaft als Staatliche Kraftwagenverwaltung und die Organisation des Rundfunkwesens im Reiche.

Die Kraftverkehr Freistaat Sachsen Aktiengesellschaft, abgekürzt KVG., ist eine Aktiengesellschaft des privaten Rechts ohne organisatorische Besonderheit; ihre Aktien sind vinkulierte Namensaktien und befinden sich zu rund 46% in den Händen des Landes Sachsen, zu 35% in den Händen von Städten und Bezirksverbänden, zu 3¾% in denen der Sächsischen Staatsbank und zu 14% in denen der Deutschen Reichsbahngesellschaft, also durchweg in öffentlicher Hand. Den Güterverkehr betreibt die KVG. völlig in Formen des Privatrechts nach Art eines Frachtführers. Anders beim Personenverkehr, der sich aus der Tradition der ehemaligen Staatsbahnen entwickelt hat, dann durch Krieg und Demobilmachung neue Anregungen erhielt und dessen Liniennetz in Sachsen sehr gut entwickelt ist. Hierüber enthält das sächsische Staatshandbuch[74]) beim Titel Finanzministerium unter der Überschrift „Staatliche Kraftwagenverwaltung" folgenden Vermerk: „Die Verwaltung und Leitung des staatlichen Personen-Kraftlinien-Unternehmens erfolgt unter Oberaufsicht des Finanzministeriums durch die Kraftverkehr Freistaat Sachsen A.G. in Dresden." Praktisch sieht das so aus, daß die Personenwagen und ein Teil der Kraftwagenhallen nach Maßgabe des Haushaltplanes aus Staatsmitteln angeschafft werden und im Eigentum des Landes bleiben. Dementsprechend tragen die Autobusse die doppelte Aufschrift „KVG." und „Staatliche Kraftwagenverwaltung" und das Landeswappen als Hoheitszeichen. Den gesamten Betrieb aber führt die Aktiengesellschaft durch. Sie schließt insbesondere namens des Landes die Linienverträge mit den Gemeinden und Bezirksverbänden, in denen das Land sich zum Linienbetrieb, die Gemeinden usw. sich zur Zahlung von Zuschüssen, meist nur im Unrentabilitätsfalle, zur Überlassung von Wagenhallen und Wohnungen sowie dazu verpflichten, das Land wegen des Betriebes der Linie von allen Beiträgen oder sonstigen Leistungen für die Benutzung der Gemeindewege usw freizulassen. Trotz der letzteren Bestimmung ist der Vertrag durchaus privatrechtlich

[74]) Staatshandbuch für den Freistaat Sachsen, nach dem Stande vom 1. April 1927 (Dresden 1927) S. 221.

aufgemacht; ein Schiedsgericht nach dem zehnten Buche der ZPO. ist darin vorgesehen. Die Beförderungsverträge, denen einer Straßenbahn auch äußerlich ähnlich, sind privatrechtlicher Art; die Haftung für Unfälle trägt das Land, das deswegen einen Deckungsfonds bildet. Die Einnahmen fließen der KVG. zu. Diese hat zunächst das vom Land in den Wagen usw. angelegte Kapital zu verzinsen; am Betriebsüberschuß nehmen das Land und die Verbände der Gemeinden teil, denen außerdem aus dem Gesellschaftsteil noch die eventuell erarbeitete Dividende auf ihre Aktien zufließt. Zur Eröffnung von Linien bedarf das Unternehmen der Genehmigung nach dem Kraftfahrliniengesetz[75]). Gerade hierbei kommt ihm zugute, daß es juristisch schillert. Bei den Verhandlungen mit den Verwaltungsbehörden tritt die Staatliche Kraftwagenverwaltung in den Vordergrund, gegenüber manchen anderen Stellen die Aktiengesellschaft. Über den Einzelfall hieraus ist zu bemerken, daß die Privatrechtsform der öffentlichen Hand vielfach Rechtsbeziehungen zum Ausland ermöglicht, die einem deutschen öffentlich-rechtlichen Subjekt niemals zugänglich wären. Das wird z. B. auch berichtet für die Aktiengesellschaft Sächsische Werke, für die Mitteleuropäische Schlafwagen- und Speisewagen Aktiengesellschaft (Mitropa), für das Mitteleuropäische Reisebüro G. m. b. H. und andere Ableger der Deutschen Reichsbahn-Gesellschaft[76]). Der KVG. muß eine gewisse öffentlichrechtliche Stellung deshalb zugesprochen werden, weil das Personenkraftfahrwesen Sachsens als folgerichtige Fortentwicklung der staatlichen Eisenbahnverwaltung sich als gleichsam natürliche Aufgabe der öffentlichen Verwaltung darstellt und weil diese Staatsaufgabe zum allergrößten Teil in der KVG., zum allerkleinsten im Finanzministerium erledigt wird. Die öffentlich-rechtliche Stellung der KVG. läßt sich mit der Figur des beliehenen Unternehmers noch am besten erklären. Volle Klarheit ist bei dem Schweigen der Rechtsquellen und der Unzugänglichkeit der Rechtstatsachen vorerst nicht zu erlangen. Erwähnen möchte ich noch, daß dem Fahrpersonal polizeiliche Befugnisse nicht eingeräumt sind, daß es vielmehr gegebenenfalls auf die Handhabung des Hausrechts angewiesen ist.

Die rechtliche Ordnung des deutschen Rundfunkwesens[77]) wurzelt in dem Gesetz über Fernmeldeanlagen

---

[75]) G. über Kraftfahrlinien vom 26. August 1925 (RGBl. I S. 319) § 1.

[76]) Vgl. Köhler im Arch. f. Eisenbahnwesen 1927 S. 112.

[77]) Vgl. zum folgenden Bredow a. a. O. und Eberhard Neugebauer, Funkrecht (2. Aufl., Berlin 1926), wobei die Änderungen des Telegraphengesetzes vom 3. Dezember 1927 (RGBl. I S. 331) zu beachten sind; Feyerabend-Heidecker-Breisig-Kruckow, Handwörterbuch des elektrischen Fernmeldewesens (2 Bände, Berlin 1929), bes. Art. „Rundfunk“.

(Fassung vom 14. Januar 1928), nach dessen § 1 das Recht, Fernmeldeanlagen, nämlich Telegraphen-, Fernsprech- und Funkanlagen, zu errichten und zu betreiben, ausschließlich dem Reiche zusteht, nach dessen § 2 jedoch die Befugnis zur Errichtung und zum Betrieb einzelner Fernmeldeanlagen durch den Reichstpostminister verliehen werden kann, ohne daß im allgemeinen und insbesondere für Funkanlagen Anspruch auf die Verleihung besteht. Im Rundfunkwesen hat sich nun die Reichspost im allgemeinen den Sendebetrieb selbst vorbehalten, sich aber auf diesen auch, und zwar auf seinen technischen Teil, beschränkt. Die Aufstellung und akustische Verwirklichung des Programms ist Sache der Sendegesellschaften, die — zehn an der Zahl — in Privatrechtsform bestehen. Mit Ausnahme der „Deutschen Stunde in Bayern G. m. b. H." sind sie zur Reichs-Funk-Gesellschaft A.-G. als Dachgesellschaft zusammengeschlossen, die durch Aktienmehrheit oder Vorzugsaktien mit mehrfachem Stimmrecht den überwiegenden Einfluß in ihnen ausübt und deren Aktienmehrheit wiederum in den Händen der Reichspost ist. An der bayerischen G. m. b. H. sind das Reich und Bayern zusammen mit 51 Prozent der Stimmen beteiligt. Der Einfluß der öffentlichen Hand ruht nun aber hier nicht nur auf dem privatrechtlichen Stimmenverhältnis. Vielmehr bietet die telegraphenrechtliche Verleihung die Möglichkeit, die Sendegesellschaften sehr viel fester zu binden. Einer solchen Verleihung bedarf es, weil die Gesellschaften nicht einfach eine Fernmeldeanlage in der im § 7 des Gesetzes vorgesehenen Weise benutzen, sondern einmal in ein weit engeres Verhältnis zu bestimmten Sendern treten und zweitens auch selbst technischen Einfluß auf Mikrophon und Verstärkereinrichtungen ausüben müssen. Bei der Verleihung werden die Sendegesellschaften einer sehr scharfen Überwachung, noch über die Vorschriften des Fernmeldegesetzes hinaus, unterworfen. Insbesondere wird „zur Überwachung des Nachrichten- und Vortragsdienstes", der nach Richtlinien auszuführen ist, die überparteiliche Gestaltung gewährleisten sollen, und „zur Entscheidung über alle mit der Programmgestaltung zusammenhängenden politischen Fragen" ein Überwachungsausschuß, zur Mitwirkung an der kulturellen Programmgestaltung ein Beirat eingesetzt. Der Überwachungsausschuß besteht aus Regierungsvertretern des Reiches und der beteiligten Länder; diese müssen auch in den Aufsichtsrat der Gesellschaft gewählt werden. Die Mitglieder des Beirates werden nach Anhörung der Gesellschaft von der Landesbehörde im Benehmen mit dem Reichsministerium des Innern berufen. Die Befugnisse beider Gremien gehen recht weit. Politische Nachrichten darf die Sendegesellschaft nur von der Nachrichtenstelle, der

„Drahtlose Dienst A.-G.“ (Dradag) beziehen, deren Aktien zu 51 Prozent in Händen des Reiches sind und die ähnlich einer Zeitungsredaktion arbeitet. Die sogenannten Auflagenachrichten (auch Auflagevorträge) muß die Gesellschaft ungekürzt und unverzüglich verbreiten; im übrigen steht ihr die Auswahl auch unter dem Nachrichtenmaterial der Dradag frei. Manche weitere Einzelheiten muß ich beiseite lassen. Schon nach dem Vorgeführten wird man die Bezeichnung der Sendegesellschaften als beliehene Unternehmer in Erwägung ziehen dürfen. Eine eigentliche Betriebspflicht ist ihnen allerdings nicht auferlegt. — Noch erwähnen möchte ich den Rundfunkkommissar des Reichspostministers, der seinen Sitz im Büro der Reichs-Rundfunk-Gesellschaft hat und deren Verwaltungsvorsitzender ist. Zu seinen Obliegenheiten gehört u. a., vor der Beschlußfassung im Verwaltungsrat eine einheitliche Stellungnahme der vom Reichspostminister ernannten Verwaltungsratsmitglieder herbeizuführen[77a]). Im übrigen laufen in seiner Hand eine Reihe wichtiger Angelegenheiten der Gesellschaft und Befugnisse des Ministeriums zusammen. — Die Empfänger des Rundfunks bedürfen zur Errichtung und zum Betrieb der Empfangsanlage ebenfalls einer Verleihung nach § 2 des Fernmeldegesetzes[78]), für die sie eine laufende Gebühr zu entrichten haben. Als beliehene Unternehmer wird man sie keinesfalls ansehen können, weil der Empfang der Rundfunkdarbietungen nicht als öffentliche Verwaltung gelten kann. Zu den Sendegesellschaften stehen die sogenannten Teilnehmer beim Unterhaltungsrundfunk in keinerlei Rechtsverhältnis. Daß den Gesellschaften von der Gebühreneinnahme der Post ein wesentlicher Teil zufließt, beruht lediglich auf einer Klausel in der Sendeverleihung. Nur bei einigen Sonderdiensten, wie Funkwetterdienst, Presserundfunk, Wirtschaftsrundfunk[78a]) usw. stehen die Empfänger in einem privaten Rechtsverhältnis zur Sendeunternehmung und schulden ihr Entgelt.

Unter den öffentlich-rechtlichen Organisationsformen, in denen die öffentliche Hand wirtschaftend auftritt, sind zunächst die rechtsfähigen Anstalten zu nennen. Als Beispiel verweise ich auf die

---

[77a]) Die positive Gestaltung rechnet also mit dem Entstehen des von Friedrich Klausing, Uneinheitliche Ausübung mehrerer Stimmen durch Einzelpersonen und Personenverbände (Berlin 1928), behandelten Problems.

[78]) Vgl. Bekanntmachung über den Unterhaltungsrundfunk vom 24. August 1925 (RMinBl. S. 1001).

[78a]) Vgl. hierzu und auch zu den übrigen Funkdiensten Albert Hegendorf, Wirtschaftsfunkrecht (Leipziger jur. Diss., Berlin 1929).

Deutsche Reichsbahn-Gesellschaft, über die ich mich angesichts der reichen Literatur[79]) nicht weiter zu verbreiten brauche.

Überhaupt möchte ich mir bei den öffentlichen Anstalten große Beschränkung auferlegen, weil ich annehmen darf, daß der Herr Mitberichterstatter sich mit diesem Punkte besonders befassen wird. Faßt man die öffentliche Anstalt in dem weiten Sinne Otto Mayers[80]) als „eine Vereinigung von sächlichen und persönlichen Mitteln, welche in der Hand des Staates oder eines anderen Trägers öffentlicher Verwaltung einem Zwecke derselben dauernd gewidmet sind", so dürfte es schwer fallen, ein Unternehmen der öffentlichen Hand von dem Anstaltsbegriff auszuschließen. Eine gewisse äußere Sonderung der Betriebsmittel von dem sonstigen Vermögen und Apparat des Verwaltungssubjekts wird bei Wirtschaftsveranstaltungen immer zu beobachten sein. Dauernde Zweckbestimmung ist ebenfalls leicht gegeben. Die Zugehörigkeit eines Wirtschaftsbetriebs der öffentlichen Hand zur öffentlichen Verwaltung endlich ist jedenfalls solange nicht zu bestreiten, als die verwaltende Staatstätigkeit nur negativ von Gesetzgebung und Rechtsprechung abgegrenzt wird[81]). Zu bemerken ist nur, daß in die Anstaltsverfassung gelegentlich körperschaftliche Elemente eingeschoben sein können, wie etwa bei der Reichsbank. Auch die starke gegenseitige Annäherung der „gemeinwirtschaftlichen Anstalt" und der „Gesellschaft gemeinwirtschaftlichen Charakters" des österreichischen Rechts[82]) ist hier zu erwähnen.

Neben der rechtsfähigen begegnet auch die nichtrechtsfähige öffentliche Anstalt als Organisationsform der öffentlichen Wirtschaft. Man denke nur an die Reichspost[83]) und die noch immer zahlreichen, nicht in Gesell-

---

[79]) Jellinek a. a. O. S. 169 f.; teilweise angreifbar Fleiner a. a. O. S. 122; W. Haustein, Die Träger öffentlicher Verwaltung im Eisenbahnrecht, im Arch. ö. R., NF. XI (1926) S. 100 ff.; Hans Carl Huch, Die Organisation und die Rechtsnatur der Deutschen Reichsbahn-Gesellschaft (Leipziger jur. Diss., Quedlinburg 1928).

[80]) Otto Mayer, zuletzt in „Finanzwirtschaft und Finanzrecht" (in Gerloff-Meisel, Hdb. d. FinWiss. I 1926 S. 86 ff.), S. 91.

[81]) Hierzu etwa Adolf Merkl, Allgemeines Verwaltungsrecht (Wien 1927), S. 4 ff. — Eine Abgrenzung zwischen Gemeindeanstalten einerseits und gewerblichen Unternehmungen der Gemeinden anderseits, wie sie in §§ 3, 4 preuß. KommunalabgabenG. vom 14. Juli 1893 (GBl. S. 152) versucht ist (vgl. dazu L. Buck in Stier-Somlo, Hdb. komm. Verf.- u. VerwR. II 2, Oldenburg 1917, S. 129), verspricht wenig Erfolg.

[82]) Mallon a. a. O. §§ 176—178.

[83]) Vgl. Fleiner a. a. O. S. 123; ferner Köttgen a. a. O. S. 21; neuestens H. Hellmuth, Wurde die Deutsche Reichspost durch das Reichspostfinanzgesetz eine ertragswirtschaftliche Unternehmung? (im

schaftsform überführten, gemeindlichen Wasser-, Gas- und Elektrizitätswerke usw.

Gerade hier wirkt der wirtschaftlich wünschenswerten Beweglichkeit das entgegen, was Wiedenfeld[84]) als die staatsrechtlichen Unterlagen der öffentlichen Wirtschaft bezeichnet: die Notwendigkeit des rechtlich gebundenen Voranschlags und die Rechnungskontrolle. Gerade hier aber finden sich im neueren öffentlichen Recht auch Gegenbewegungen, wie die Erleichterungsklausel für „das Finanzwesen der ertragswirtschaftlichen Unternehmungen des Staates" in Art. 69 der preußischen Verfassung, die Nettoetatisierung und die Einsetzung von Verwaltungsbeiräten, bei der Post nach dem Reichspostfinanzgesetz, in den Kommunen in Form gemischter Ausschüsse[85]), in den Ländern nach Maßgabe der Staatswirtschaftsgesetze[86]), ferner die Beschränkung der Rechnungsprüfung durch Ressort und Rechnungshof[87]) zugunsten von Treuhandgesellschaften. Eine solche Treuhandgesellschaft besteht z. B. im Konzern der Viag als Deutsche Revisions- und Treuhandgesellschaft A.-G. für die Prüfung der Konzerngesellschaften und fremder Unternehmungen, während die Viag selbst von einer fremden Treuhandgesellschaft geprüft wird[88]). Auch zu dem landeseigenen sächsischen Industriekonzern gehört eine Treuhandgesellschaft. Die verhältnismäßige Lösung von Etat und Rechnungskontrolle und damit auch vom Parlaments- oder Gemeindeverordneteneinfluß bildet eine der versteckten Triebkräfte bei der Formgebung der öffentlichen Unternehmen; sie ist ein ausgesprochenes Politikum. Hinzuweisen ist hier vielleicht noch darauf, daß die Gestaltungsbedürfnisse im Staat einerseits, den Kommunen anderseits eine verschiedene Wendung bekommen durch den verschiedenen Einfluß des Repräsentativorgans, der sich nach den Gemeindeordnungen meist in die Exekutive hinein erstreckt, die im Reich und Ländern magistratischen Organen zu verhältnismäßig selbständiger Erledigung überlassen ist. Die berufsmäßigen Gemeindefunktionäre glauben deshalb die Führung der Gemeindebetriebe nach rein wirtschaftlichen Gesichts-

---

Arch. ö. R., NF. XVII, 1929, S. 94 ff.), mit willkürlicher Terminologie und offensichtlichen Zirkelschlüssen.

[84]) Wiedenfeld a. a. O. S. 34 ff.

[85]) Städteordnung für die sechs östlichen Provinzen der Preußischen Monarchie vom 30. Mai 1853 (GS. S. 261) § 59; Gemeindeordnung für den Freistaat Sachsen, Fassung vom 15. Juni 1925 (GBl. S. 136) § 61.

[86]) Z. B. sächs. Staatswirtschaftsgesetz vom 31. Mai 1922 (GBl. S. 213) §§ 33 ff., bes. § 39.

[87]) Reichshaushaltsordnung § 48 Abs. 2 Satz 2, §§ 110—115.

[88]) Fischer a. a. O. S. 22.

punkten erst dann gesichert, wenn auch die zur Mitwirkung in der Verwaltung herangezogenen Stadtverordneten usw. von jeder Verantwortung gegenüber dem Kollegium gelöst sind; daraus erklärt sich zum Teil die Bevorzugung privatrechtlicher vor öffentlich-rechtlichen Organisationsformen[89]).

Neben den Anstalten verwendet die öffentliche Hand als Organisationsform für Wirtschaftszwecke gewisse öffentlich-rechtliche Verbände. Dabei handelt es sich nicht um die ohnehin und mit umfassenden Zwecken bestehenden Gemeinwesen, die Gebietskörperschaften, sondern um genossenschaftliche Sondergebilde, hinter deren Erscheinung dann die trotzdem vorhandene nichtrechtsfähige Anstalt vollständig zurücktritt. Als Beispiel möchte ich das „Meßamt für die Mustermessen in Leipzig" nennen, eine Körperschaft des öffentlichen Rechts, die den Gegenstand schon so manchen Rechtsgutachtens gebildet hat[90]). Allgemeiner bekannt sind die Zweckverbände, wie sie nach dem Preußischen Gesetz vom 19 Juli 1911 (GS. S. 115) oder etwa nach der Sächsischen Gemeindeordnung vom 15. Juni 1925 gebildet werden können. Auffallend ist die in dem neueren Gesetz eingeräumte größere Beweglichkeit in der Zusammensetzung des Zweckverbandes; nach sächsischem Rechte können sich nicht nur Gemeinden und was dem gleichsteht, sondern auch das Reich, andere öffentlichen Körperschaften und öffentliche Anstalten, unter Umständen auch außersächsische, und sogar juristische Personen des Privatrechts an öffentlich-rechtlichen Zweckverbänden beteiligen. Zweckverbände für wirtschaftliche Unternehmungen größeren Umfangs sind im sächsischen Gesetz (§ 163) ausdrücklich vorgesehen; sie müssen ihre Geschäfte mindestens durch eine Verbandsversammlung und einen Vorstand verwalten, und die Aufsichtsbehörde kann die Schaffung eines Aufsichtsrates fordern. Auch die zwangsweise Bildung von Zweckverbänden ist in Sachsen erleichtert; während sie in Preußen nur zur Erfüllung gesetzlicher Kommunalaufgaben möglich ist, genügen in Sachsen überwiegende Gründe des Gemeinwohls schlechthin; der Zwang ist allerdings auch hier nur gegenüber Gemeinden, Bezirks- und Zweckverbänden zulässig.

Die Rechtsbeziehungen, in denen das in der einen oder anderen Form organisierte Wirtschaftsunternehmen der öffentlichen Hand auftritt, lassen sich in drei Hauptgruppen einteilen.

---

[89]) Zu einfach Fleiner a. a. O. S. 121 („Entpolitisierung").

[90]) Zuletzt: Erwin Jacobi, Die Rechtsgrundlagen der Leipziger Messe (Leipzig 1927) und Richard Schmidt, Das Leipziger Meßamt (Leipzig 1928).

Zunächst steht das Unternehmen, dafern es zu eigener Rechtspersönlichkeit erhoben ist, in einem Rechtsverhältnis zu seinem Gründer oder seinen Gründern, zum Muttergemeinwesen, wie man gegenüber der Anstalt zu sagen pflegt. Über dieses Rechtsverhältnis ist hier nichts weiter zu sagen; es wurde schon beim Organisatorischen erwähnt. Nur an die Auflockerung der Rechnungskontrolle ist nochmals zu erinnern.

Eine weitere Gruppe von Rechtsverhältnissen ergibt sich aus der Notwendigkeit, für den Betrieb des Wirtschaftsunternehmens Arbeitskräfte zu beschaffen. Soweit die öffentliche Hand in Gestalt eines Privatrechtssubjektes auftritt, kann sie nur Angestellte und Arbeiter verwenden, mit denen sie privatrechtliche Arbeitsverträge schließt und für deren Rechtslage das Arbeitsrecht ohne größere Besonderheiten maßgebend ist. Vereinzelt finden sich Bestimmungen, z. B. im Sächsischen ASW-Gesetz, wonach eine Abordnung von öffentlichen Beamten zum Dienste bei einer Privatrechtsgesellschaft möglich ist; endgültiger Übergang in ein privatrechtliches Anstellungsverhältnis erfolgt aber nur mit Zustimmung des bisherigen Beamten. Hat das Unternehmen der öffentlichen Hand eine öffentlich-rechtliche Form, so können in ihm außer Arbeitern und Angestellten auch Beamte bedienstet sein. Bekanntlich geht ein lebhafter Streit darum, ob die öffentlich-rechtliche oder die privatrechtliche Anstellungsform den Vorzug verdiene und ob der trotz aller Varianten im großen und ganzen doch einheitliche Beamtentypus mit Rücksicht auf die neueren Wirtschaftsaufgaben in die zwei Unterformen des Hoheits- und des Wirtschaftsbeamten zu zerlegen sei[91]). Gewiß ist es auffällig, wenn, wie z. B. bei der Reichsbank[92]), gerade die leitenden Posten nach bürgerlichem Rechte vergeben werden, während für untergeordnetere Dienstleitungen öffentliche Beamte Verwendung finden. Auffallend ist auch das von Köttgen[93]) erwähnte Beispiel der preußischen Zentralgenossenschaftskasse, die, obwohl öffentliche Anstalt, nur privatrechtliche Dienstverträge abschließen darf. Gewiß ist der ursprüngliche Sinn der Beamtung durch die neuere Entwicklung einigermaßen denaturiert. Es darf aber nicht vergessen werden, daß das wahllose Austun

---

[91]) Sonderung zwischen Arbeits- und Wirtschafts- oder Betriebsverwaltung: Fleiner a. a. O. S. 121.

[92]) Bankgesetz vom 30. August 1924 (RGBl. II S. 235) §§ 6 ff., bes. § 10 Abs. 1 und 2. Über die jetzige Reichsbank vgl. Jellinek a. a. O. S. 169; v. Hippel usw. a. a. O. (oben Anm. 19) S. 11 ff. Juristische Monographie fehlt. Wirtschaftswissenschaftlich: Gert v. Eynern, Die Reichsbank (Jena 1928).

[93]) Köttgen a. a. O. S. 26.

von Beamtenstellungen[94]) schon vor Generationen eingesetzt hat. Die Bestrebungen auf gesetzliche Trennung von Hoheits- und Wirtschafts- oder Betriebsbeamten stoßen auf starke Widerstände und haben bisher nirgends Fuß gefaßt; selbst die Finanzstatistik[95]) ist über schüchternste Ansätze nicht hinausgekommen. Die Neuordnung des Beamtenrechts, die an sich dringlich ist, läßt sich nicht nur unter dem Gesichtspunkte der Staatshoheit und der guten juristischen Ordnung vornehmen, sondern hat auch ihre sozialpolitische Seite und mindestens dadurch einen starken Zusammenhang mit dem Arbeitsrecht.

Die dritte Verkehrsrichtung der wirtschaftenden öffentlichen Hand ist die zu den Lieferern und zu den Kunden, Benutzern, Abnehmern oder wie man sie sonst nennen mag. Wo die öffentlichen Wirtschaftsgebilde als Bezieher auftreten, ist kaum etwas Besonderes zu beobachten. Im Verhältnis zu den Kunden ist wieder zwischen öffentlich-rechtlich und privatrechtlich organisierten Unternehmen zu unterscheiden.

Beiden gegenüber hat die Frage des Ausschlusses einzelner Bewerber um Lieferung oder Anschluß usw. eine Rolle gespielt. Ich kann deswegen auf die Schrift von Nipperdey[96]) über Stromsperre, Zulassungszwang und Monopolmißbrauch verweisen. Gegenüber privatrechtlichen Unternehmungsformen können die allgemeinen Regeln des bürgerlichen Rechts unbedenklich Anwendung finden. Gegenüber öffentlich-rechtlichen Gebilden wird man von dem längst entwickelten[97]) Grundsatz ausgehen können, daß sie den Interessen des ganzen Gemeinwesens zu dienen bestimmt sind und deshalb jedem Bürger zu gleichen Bedingungen zugänglich sein müssen. Die Frage ist nur wieder, bis wieweit die Verhältnisse noch gleich liegen und ob nicht gerade öffentliche Interessen eine ungleiche Behandlung, den Ausschluß Einzelner gebieten.

---

[94]) Karl Binding, Lehrbuch des Gemeinen Deutschen Strafrechts, Besonderer Teil II, 2 (Leipzig 1905), S. 382.

[95]) Verordnungen über Finanzstatistik vom 9. Februar 1926 (RGBl. I S. 109) und vom 25. Juli 1927 (RGBl. I S. 245), z. B. Muster A Anlagebogen 3 bzw. 2: „Personalbestand der Hoheitsverwaltungen der Länder"; bei den Betriebsverwaltungen sind weder die Personalausgaben gesondert noch ist der Personalbestand erhoben worden.

[96]) Hans Carl Nipperdey, Stromsperre, Zulassungszwang und Monopolmißbrauch (Mannheim 1929). Vgl. ferner Fritz Runkel, Privatwirtschaftliche Betätigung der öffentlichen Körperschaften und Allgemeininteresse, sowie Fritz Rumpf, Die Pflicht der Elektrizitätswerke zur Lieferung von Reservestrom, beide in Die Wirtsch. u. d. Recht IV (1929), Sp. 113 bez. 143.

[97]) Vgl. z.B. Fleiner a.a.O. S. 336; A. Pfleghart, Die Elektrizität als Rechtsobjekt, Bd. II (Straßburg 1902), S. 304; Nipperdey a.a.O. S. 6 ff. und die dort Angeführten; Friedrichs a. a. O. S. 58.

So bedeutet ein Reserveanschluß, den ein Elektrizitätswerk einem Stromselbsterzeuger etwa gewähren muß, für das Werk auch dann eine erhebliche Belastung, wenn die Gegenleistung des Angeschlossenen nicht nur nach der Zahl der entnommenen Kilowattstunden bemessen wird, sondern einen Betrag zu den Anlagekosten enthält. Auf die Verleihung der sogenannten Rundfunkgenehmigung (zum Empfang) ist ein Rechtsanspruch ausdrücklich ausgeschlossen[98]), und wenn auch durch Dienstanweisung größtes Entgegenkommen geboten ist, so ist doch Versagung vorgeschrieben, wenn begründeter Verdacht besteht, daß mit der Anlage Mißbrauch getrieben werden soll[99]).

Eine andere praktisch wichtige Frage ist die nach der Bemessung der Gebühren für Leistungen öffentlicher Anstalten. Tritt die öffentliche Hand in Privatrechtsform auf, so wird sie ihre Preise nach den allgemeinen Gepflogenheiten des Marktes festsetzen können[100]), dabei aber doch vielleicht das öffentliche Interesse zu berücksichtigen haben — auch das ein Gegenstand politischer Erwägungen. Mit den Gebühren öffentlicher Anstalten hat sich Köttgen[101]) in seiner Antrittsvorlesung beschäftigt. In einem gewissen Gegensatze zu ihm kann ich die Ausschaltung rein finanzieller Gesichtspunkte bei der Gebührenbemessung weder im geltenden Recht grundsätzlich begründet finden noch rechtspolitisch befürworten.

Ferner die Wettbewerbsfrage[102]). Wenn schon bei Erörterung der Zulässigkeit privatwirtschaftlicher Betätigung der öffentlichen Hand betont wurde, daß der wirtschaftende Staat mit seinen Bürgern auf gleicher Ebene konkurrieren müsse, so bedeutet das die grundsätzliche Annahme der Möglichkeit von Wettbewerbsverstößen. Und zwar ist zu fordern und von den Gerichten hie und da schon anerkannt, daß die

---

[98]) Rundfunkbekanntmachung (oben Anm. 78) Art. I Vorspruch Satz 2.

[99]) Ausführungsbestimmungen zu vorgenannter Bekanntmachung (abgedruckt bei Neugebauer S. 214 ff.) B 1, 4.

[100]) Über die verschiedenen für die Preisfestsetzung wirtschaftlich in Betracht kommenden Gesichtspunkte vgl. Oskar Engländer, Öffentliche Unternehmungen (in Gerloff-Meisel, Hdb. d. Fin-Wiss. I, Tübingen 1926 S. 365 ff.); ferner Heinrich Bleicher, Kommunale Finanzwirtschaftslehre (daselbst II, 1927, S. 377 ff.), bes. S. 388 ff.

[101]) Köttgen a. a. O. S. 19 ff.

[102]) Vgl. Otto Bernstein, Wettbewerbsverstöße öffentlicher Behörden in JW. 1927 S. 1071; Rudolf Callmann, Besprechung des Reichsgerichtsurteils 234/26 II vom 14. Januar 1927 in JW. 1927 S. 895; Nipperdey a. a. O. S. 47, auch S. 40 f.; Hugo Kümmel, Fälle der mißbräuchlichen Betätigung der öffentlichen Hand im Wirtschaftsverkehr und ihre Bekämpfung ... (Kölner jur. Diss., Bad Kreuznach 1928).

öffentliche Hand sich in den Grenzen des im Wirtschaftsverkehr Zulässigen auch dort halten muß, wo sie sich öffentlichrechtlicher Formen bedient. Freilich bricht auch hier wieder das Problem auf, bei welcher Betätigung die öffentlichen Verbände lediglich wirtschaften und bei welchen sie echte Verwaltung führen. Letzteres tun sie jedenfalls nur dort, wo nicht auch private Wirtschaftssubjekte gleichartige Tätigkeiten betreiben. Wo ein Wettbewerb stattfindet, muß er sich auch seitens der öffentlichen Hand in den dafür allgemein gezogenen Grenzen halten. Dahin neigt auch die Auffassung der Gerichte, wie dies sehr deutlich wird in einem Erkenntnis des Reichsgericht vom 16. April 1929: einer rechtsfähigen Anstalt des öffentlichen Rechts wird hier durch Zivilurteil bei Vermeidung von Strafe verboten, im geschäftlichen Verkehr die Bezeichnung „Braunschweigische Lebensversicherungsanstalt" zu führen[103]). Die öffentlichen Verbände zeigen ohnehin die Neigung, auch dort, wo sie in Privatrechtsform mit ihren Kunden verkehren, auf ihre öffentliche Gewalt zurückzugreifen[104]) und den Polizeiton anzuschlagen. Freilich ist dieser Ton nicht mehr allzu verschieden von dem, den rein private Wirtschaftssubjekte, wenn sie mächtig genug sind, ihren Kontrahenten zu bieten belieben. Hier wird man beiden gegenüber bremsen müssen, aus Gründen des Geschmacks und der Politik.

Aus denselben Gründen ist zu fordern, daß die öffentliche Hand die Polizeigewalt beiseiteläßt, wo sie wirtschaftend auftritt. Daß die Privatrechtsgesellschaften der öffentlichen Hand keine Anstaltspolizei üben können, dürfte selbstverständlich sein; ich habe auch keine Versuche dazu in der Praxis finden können. Kritischer liegen die Dinge bei öffentlichen Wirtschaftsanstalten; auch bei ihnen bieten die allgemeinen Polizeiermächtigungen keine genügende Grundlage für einen polizeilichen Anstaltsschutz. Das schließt natürlich weder aus, daß die Anstalt ihren Benutzern gegenüber Anstaltsgewalt ausübt, noch, daß besondere Rechtssätze polizeiliches Eingreifen ermöglichen, etwa der § 22 des Fernmeldegesetzes, wonach die Polizei unbefugt errichtete, geänderte oder unbefugt betriebene Fernmeldeanlagen ohne Androhung außer Betrieb zu setzen oder zu beseitigen hat. Auch können aus allgemeinen Gesichtspunkten polizeiliche Verfügungen und Verordnungen in einer die öffentliche Wirtschaft berührenden und fördernden Weise möglich sein, wie dies zum Schutze des Rundfunk-

---

[103]) Aktenzeichen II 631/28; vgl. Inserat der obsiegenden Partei in der Braunschw. LZtg. vom 20. April 1929.

[104]) Über einen vielleicht sehr deutlichen, aber durch Kriegsverhältnisse bedingten Fall dieser Art, den Weber a. a. O. (oben Anm. 20) S. 20 erwähnt, war Näheres nicht zu ermitteln.

empfangs Walter Jellinek in einem unveröffentlichten Gutachten[105]) anzunehmen scheint.

Versucht man zum Schluß, sich ein Bild zu machen von der juristischen Gesamtbedeutung der besprochenen Erscheinung, so wird man zunächst sagen dürfen, daß sie geeignet ist, das überlieferte Gefüge der rechtswissenschaftlichen Begriffe aufzulockern. Übergangsformen treten an die Stelle festabgegrenzter Rechtsinstitute. Es erschiene mir gefährlich, hier vorschnell zu neuen Systemen kommen zu wollen[106]), gefährlich auch, durch gesetzliche Bindungen der vielgestaltigen Entwicklung des Lebens Zwang anzutun[107]). Aufgelockert wird auch die ohnehin problematische Unterscheidung zwischen öffentlichem und privatem Recht. Rein rechtsdogmatisch läßt sich allerdings die Grenze irgendwo ziehen, und wenn man sie gezogen hat, muß jede Erscheinung sich auf die eine oder die andere Seite verweisen lassen. Von gemischt-öffentlich- und privatrechtlichen Gebilden kann juristisch nicht die Rede sein. Getroffen wird aber nicht die Form, sondern der Sinn der Einteilung, der letzten Endes im gesellschaftlichen Tatbestand wurzelt. Ich stimme insbesondere Köttgen[108]) durchaus darin zu, daß die Erscheinungsformen der öffentlichen Hand sich über den Sinn der alten Scheidung hinwegsetzen; ich stehe aber seinem Beginnen skeptisch gegenüber, mit Hilfe spezieller Kautelen Vorsorge zu treffen, daß die Normen des öffentlichen Organisationsrechts nur Verwendung finden in den durch den Sinngehalt des öffentlichen Rechts gezogenen Grenzen. Damit wird ein politischer Gesichtspunkt zur Maxime nicht nur des Handelns, sondern auch der juristischen Reflexion gemacht, und überdies ein Gesichtspunkt, der als politische Realität wahr gewesen ist, der es aber vielleicht heute schon nicht mehr ist. Ich erinnere daran, daß auch in der privatkapitalistischen Wirtschaft Strukturwandlungen zu beobachten sind, die schon so weit gehen, daß z. B. Geiler[109]) von einer Parallelbewegung in der privaten und öffentlichen Wirtschaft zu sozialen Organismen mit Organschaft der Leiter spricht. — Wie sehr wir bei unserem Thema im Zuge einer vorwiegend vom Wirtschaftlichen her bedingten Entwicklung stehen, das möge endlich noch der Hinweis darauf zeigen, daß die besprochene Erscheinung auch die politischen Grenzen überspringt. Das

[105]) Zitiert bei Konrad Engländer, Der privatrechtliche Schutz gegen Rundfunkstörungen, in Arch. f. Funkrecht II (1929) S. 74.

[106]) Vgl. Fleiner a. a. O. S. 121: „Sie haben ihre endgültige Prägung bis heute noch nicht empfangen."

[107]) Vgl. auch Boelsen a. a. O. S. 119.

[108]) S. den Gesamtgehalt der in Anm. 11 angeführten Schrift.

[109]) Geiler a. a. O. S. 53.

gilt innerhalb des Reiches für die Landesgrenzen; ich erinnere an die sächsische Gemeindeordnung, die Zweckverbände mit außersächsischen Mitgliedern ausdrücklich zuläßt. Das gilt aber auch für die Reichsgrenzen. Ich nenne nochmals die Union Internationale de Radiophonie, die bezeichnenderweise in Form eines privatrechtlichen Vereins von 17 europäischen Staaten (Stand vom 1. Juli 1927) gebildet ist und einige außereuropäische Staaten zu außerordentlichen Mitgliedern hat[110]). Zu erwähnen ist aber auch das Hinausgreifen von Verkehrsunternehmungen (wie Mitropa) und Elektrizitätsnetzen über die Staatsgrenzen, wobei die trennenden Randgebirge geradezu zu Verbindungsgliedern werden. Diese Internationalität ist übrigens ein weiterer Grund, aus dem die öffentliche Wirtschaft privatrechtliche Organisationsformen wählt.

1a. Leitsätze.

1. *Die erwerbswirtschaftliche Betätigung öffentlicher Verbände, auf Deutschland nicht beschränkt, als Gesamterscheinung nicht neu, in ihrem Umfang gern überschätzt, führt zu neuen juristischen Gestaltungen, in denen jedoch bekannte Formelemente wiederkehren.*
2. *Unter den Gründen, die zur Ausbreitung der Erscheinung führen, treten neben geschichtlichen Zusammenhängen und besonderen Gegebenheiten einzelner Fälle hervor: sozialistische und pseudosozialistische Vorstellungen, Notwendigkeit der Machterweiterung des Staates, Finanzbedürfnisse, Einstellung der Bürokratie.*
3. *Grundsätzlich ist trotz tatsächlichen Vorwiegens der Privatwirtschaft Einflußnahme des Staates und sonstiger Träger öffentlicher Gewalt auf die Wirtschaft nicht nur in Form der Überwachung und der Ermutigung, sondern auch in Form des unmittelbaren Geschäftsbetriebes zulässig. Vom Rechtsstandpunkte zu fordern ist nur, daß die öffentliche Hand beim Wettbewerb mit der Privatwirtschaft dieser gleichgestellt wird, soweit nicht besondere öffentliche Interessen eine rechtliche Sonderstellung rechtfertigen.*
4. *Die Organisationsformen, in denen die öffentliche Hand wirtschaftend auftritt, sind teils privatrechtlicher, teils öffentlich-rechtlicher Art. In beiden Gebieten hat sich eine entscheidende Bevorzugung bestimmter Formen ebensowenig herausgebildet wie ein Bedürfnis nach gesetzlicher Entwicklung und Festlegung von Sonderformen. Eine*

---

[110]) S. das Schaubild bei Bredow a. a O. S. 51.

Sonderstellung beansprucht auch nicht das sogenannte gemischtwirtschaftliche Unternehmen, dessen Eigenart sich in der Kapitalzusammensetzung erschöpft. Gelegentlich finden sich Gestaltungen, die der Figur des beliehenen Unternehmers mindestens nahekommen. Haushaltrecht und Rechnungsprüfung zeigen die Tendenz zur Lockerung überlieferter Formen.

5. *Die Rechtsbeziehungen der öffentlichen Wirtschaftsunternehmen werfen bei der Heranziehung von Arbeitskräften die Frage nach der Verwendbarkeit des bisher zur Hauptsache einheitlichen Beamtentypus, bei dem Verkehr mit „Kunden" die Frage nach der Zulässigkeit des Ausschlusses Einzelner, nach der Bemessung von Gebühren, nach der Möglichkeit von Wettbewerbsverstößen und nach der Verwendbarkeit von Anstaltspolizei auf.*
6. *Zur Aufstellung allgemeiner Regeln und Ausprägung neuer Begriffe sind die Verhältnisse noch nicht reif. Die tatsächliche Entwicklung drängt im Gegenteil zu einer Auflockerung theoretischer Begriffe und trägt insbesondere dazu bei, den Sinn der Unterscheidung zwischen öffentlichem und bürgerlichem Recht problematisch erscheinen zu lassen.*

Verwaltungsrecht der öffentlichen Anstalt.

2. Mitbericht von Privatdozent Dr. **Arnold Köttgen** in Jena.

Wenn gerade die öffentliche Anstalt auf die heutige Tagesordnung gesetzt worden ist, so ist dieses Interesse aus mehr als einem Grunde verständlich. Die alten Gegensätze „Anstalt" und „Genossenschaft" sind, wie das Beispiel der Sozialversicherung lehrt, gerade im Augenblick wieder praktisch bedeutsam und umstritten. Wollte das Referat allerdings auf diese Fragen eingehen, so würde dies eine prinzipielle Auseinandersetzung mit der Gegenwartsbedeutung der Selbstverwaltung überhaupt verlangen, was jedoch wohl kaum den mit der Wahl des Themas verfolgten Absichten entsprechen dürfte. Weiter ist die öffentliche Anstalt in der Form der selbständigen öffentlichen Anstalt in der Gegenwart als gern gebrauchtes Dezentralisationsmittel von einer gewissen besonderen Bedeutung, die auch auf das wissenschaftliche Interesse an ihr nicht ohne Einfluß sein kann. Wenn ich auch diesem Problemkomplex und mit ihm die besonderen Fragen des Universitätsrechts ausschalten möchte, die ja nur auf dem Hintergrunde des Organisationsrechts überhaupt behandelt werden könnten, so geschieht es im Interesse der Auseinandersetzung mit einem dritten Problemkreis innerhalb des Anstaltsrechts, einer Auseinandersetzung, mit der ich den von dem Herrn Referenten gesponnenen Faden aufnehmen und die allgemeinen Ausführungen seines Referates in einer Sonderrichtung fortführen darf.

In Abkehr von den Prinzipien des Liberalismus und im Banne der Sozialpolitik sind die deutschen öffentlichen Körperschaften in zunehmendem Umfang zur Übernahme wirtschaftlicher Aufgaben übergegangen. Der Tätigkeitsbereich der öffentlichen Körperschaften hat sich so im Laufe der letzten fünf Jahrzehnte inhaltlich gewandelt, womit im übrigen ja keineswegs bereits feststeht, daß alle diese neu übernommenen wirtschaftlichen Funktionen unterschiedslos in erwerbswirtschaftlicher Absicht ausgeübt werden. Diese erwerbswirtschaftliche Note ist vielmehr erst eine Begleiterscheinung der derzeitigen Finanznot und fehlte daher ursprünglich regelmäßig. Soweit wirtschaftliche Aufgaben in diesem weitesten Sinne überhaupt im

Rahmen der öffentlich-rechtlichen Verwaltungsorganisation ihre Erledigung finden sollen, wie es ja das von Haus aus Gegebene zu sein schien[1]), stellt das Verwaltungsrecht hier als Organisationstyp die öffentliche Anstalt zur Verfügung, wobei allerdings der Mangel erwerbswirtschaftlicher Absichten Voraussetzung ist. So hat die öffentliche Anstalt durch die genannte Entwicklung der modernen Verwaltung wesentlich an praktischer Bedeutung gewonnen. Es ist anderseits allerdings bemerkenswert, daß die von dem Verwaltungsrecht mit der öffentlichen Anstalt gebotenen organisatorischen Möglichkeiten seitens der praktischen Verwaltung keineswegs voll ausgeschöpft worden sind, daß man vielmehr in zahlreichen Fällen unter Umgehung der bereitstehenden öffentlichen Anstalt Verwaltungsaufgaben ad hoc gegründeten privatrechtlichen Gesellschaften übertragen hat. Die zeitweilig sehr beliebte gemischtwirtschaftliche Unternehmung, das Verhältnis Reich und Länder[2]) sowie schließlich auch der Wunsch nach einer gewissen Ausschaltung parlamentarischer Körperschaften sind sicherlich Schrittmacher dieser Entwicklung gewesen. Zu einem nicht geringen Teil wird man die Gründe jedoch auch in dem Anstaltsrecht selbst zu suchen haben, das den Bedürfnissen der Praxis nicht genügend entsprach.

Das Zusammentreffen dieses Abmarschs der öffentlichen Verwaltung in privatrechtliche Organisationsformen mit starken erwerbswirtschaftlichen Tendenzen der öffentlichen Finanzgebarung hat an vielen Stellen eine völlige Undurchsichtigkeit der Verwaltung zur Folge gehabt. Der Interessenkreis der modernen Verwaltung hat sich weit über den durch entsprechende öffentlich-rechtliche Verwaltungseinrichtungen ge-

---

[1]) So noch bei Verstaatlichung der Eisenbahnen, die die erste große moderne Betriebsverwaltung darstellen, bei denen jedoch, wofern sie überhaupt auf den Staat überführt werden sollten, ihre verwaltungsmäßige Organisation für die damalige Zeit außer Frage stand. Es ist charakteristisch, daß die doppelte Möglichkeit, die Personalpolitik einer öffentlichen Körperschaft zu handhaben, das Nebeneinander von Beamten und Vertragsangestellten ursprünglich den maßgebenden Stellen regelmäßig nicht gegenwärtig war, daß man daher vielfach die Beamtenanstellung als im Geschäftsbereich einer öffentlichen Körperschaft allein in Frage kommend erachtete. So sind beispielsweise die Bestimmungen der preußischen Regierungsinstruktion vom 23. Oktober 1817, betreffs die Verwendung von Kündigungsbeamten bei Besetzung untergeordneter, lediglich mechanischer Posten, ebenfalls nur aus der Annahme zu erklären, der Staat müsse unter allen Umständen Beamte in seinen Diensten verwenden. Heute würde man die entsprechenden Stellen im Zweifel mit Vertragsangestellten besetzen.

[2]) Siehe hierzu Lassar, Reichseigene Verwaltung unter der Weimarer Verfassung, Jahrbuch des öffentlichen Rechts, Bd. XIV.

kennzeichneten Rahmen hinaus ausgedehnt. Anderseits sind manche Verwaltungszweige so stark unter fiskalischen Einfluß geraten, steht bei ihnen der „Betriebsüberschuß" derart betont im Vordergrund, daß man geneigt ist, sie in die Reihe der fiskalischen Gewerbebetriebe einzurangieren.

So wird das Verwaltungsrecht durch diese starken wirtschaftlichen Interessen der öffentlichen Körperschaften, mögen diese nun erwerbswirtschaftlich sein oder nicht, vor eine Fülle neuartiger Fragen gestellt. Wenn auch keine Rede davon sein kann, daß hier in allen Fällen gerade das Anstaltsrecht zur Lösung berufen wäre, so dürfte letzteres doch innerhalb dieses Fragenkomplexes zur Zeit eine zentrale Bedeutung besitzen. Die entscheidende Frage, ob und inwieweit auch heute noch Verwaltungsaufgaben durch die hierzu primär berufene öffentlich-rechtliche Verwaltungsorganisation[3]) erledigt werden sollen, inwieweit die Verhältnisse jedoch heute eine Einschaltung privatrechtlicher Formationen in die Verwaltungsorganisation verlangen, kann nur aus genauer Kenntnis des Wesens und der praktischen Möglichkeiten der öffentlichen Anstalt heraus beantwortet werden. So möchte ich mich denn im Folgenden im Anschluß an die Ausführungen des Herrn Referenten unter diesen Gesichtspunkten mit der öffentlichen Anstalt auseinandersetzen.

Den Ausgangspunkt einer solchen Auseinandersetzung bildet begreiflicherweise der Anstaltsbegriff. Wie eine jede juristische Begriffsbildung, so ist auch der herrschende Anstaltsbegriff durch ganz bestimmte, zeitlich gebundene praktische Bedürfnisse entscheidend bedingt. Haben sich diese Bedürfnisse jedoch auf Grund der eingangs erwähnten Ent-

[3]) An der Auffassung, daß öffentliche Verwaltung grundsätzlich in öffentlich-rechtlicher Form geführt wird, glaube ich de lege lata trotz der gegenüber dieser These in der Diskussion von Erich Kaufmann vorgebrachten Bedenken festhalten zu sollen. Wenn von Erich Kaufmann dort und bereits früher („Verwaltung und Verwaltungsrecht" bei v. Stengel-Fleischmann, Wörterbuch des deutschen Staats und Verwaltungsrecht, 2. Auflage) sowie auch von Lassar (a. a. O. S. 49) darauf hingewiesen wird, daß zum mindesten in Deutschland öffentliche Verwaltung sowohl in öffentlich-rechtlichen wie in privatrechtlichen Formen geführt werden könne, so hat diese Feststellung gegenüber gewissen publizistischen Überspannungen zweifellos ihre Berechtigung. Nur wird man aus der Tatsache, daß in Deutschland öffentliche Verwaltung auch mittels privatrechtlicher Formen geführt werden kann, nicht die unbedingte Gleichwertigkeit beider juristischer Methoden für die Zwecke der Verwaltung ableiten dürfen. Kann auch öffentliche Verwaltung in Privatrechtsform geführt werden, so gilt dies doch nur für Ausnahmefälle. Gerade angesichts der Tatsache, daß heute in der praktischen Verwaltung aus dieser Ausnahme die Regel zu werden beginnt, wird man den das geltende Recht beherrschenden Primat des Verwaltungsrechts beson-

wicklung seit den Zeiten Otto Mayers, den man wohl noch heute als den Vater des herrschenden Anstaltsbegriffs bezeichnen darf, entscheidend gewandelt, so wird dieser Wandel auch auf die Formulierung der juristischen Begriffe nicht ohne Einfluß sein können.

Die These Otto Mayers: „Verfassungsrecht vergeht, Verwaltungsrecht besteht" ist in diesem Kreise schon einmal mit einem Fragezeichen versehen worden[4]). Ich möchte glauben, daß um so mehr die neuen verfassungsrechtlichen Verhältnisse sich konsolidieren, um so stärker hier und dort das Bedürfnis einer Anpassung des Verwaltungsrechts an die neue politische Situation empfunden wird. Ich darf lediglich an das Kommunalrecht und an das Beamtenrecht erinnern, bei denen der Zwiespalt zwischen Verwaltungsrecht und Verfassungsrecht zur Zeit vielleicht am lebhaftesten empfunden wird. Ähnliches gilt jedoch auch für das Anstaltsrecht, auch hier verlangen die Verhältnisse eine Anpassung der juristischen Form an neu erstandene Bedürfnisse der Praxis. Wie das Verwaltungsrecht überhaupt, so verlangt daher in Sonderheit das Anstaltsrecht zurzeit eine stärkere rechtspolitische Behandlung. Im Gegensatz zu der Frühzeit der Verwaltungsrechtswissenschaft, im Gegensatz damit zu Otto Mayer, der sein juristisches System in weiser Selbstbeschränkung eng an das vorgefundene positive Recht anlehnte, um auf diese Weise überhaupt erst einmal systematische Ordnung in die Unzahl verwaltungsrechtlicher Normen zu bringen, verlangen die gegenwärtigen Verhältnisse, wenn mich nicht alles täuscht, von der Verwaltungsrechtswissenschaft eine kritische Stellung gegenüber dem geltenden Recht.

Es war die aus dem Rechtsstaat folgende Notwendigkeit,

---

ders betonen müssen. Es mag sein, daß die von Erich Kaufmann in der Diskussion gezeichnete Entwicklung der Verwaltung sich in Zukunft immer stärker durchsetzt, womit dann allerdings der Schatten des Patrimonialstaates, wenn auch in mannigfach modifizierter Form, heraufdämmert. Unter solchen Umständen müßte man sich jedoch zu einer prinzipiellen Revision der Grundlagen unseres Verwaltungsrechts entschließen, wozu allerdings bislang wohl kaum der Zeitpunkt gekommen sein dürfte. Allein die Tatsache, daß bei der Umorganisation der Reichsbahn an einer öffentlich-rechtlichen Formulierung festgehalten worden ist, scheint mir dafür zu sprechen, daß der Primat des öffentlichen Rechts für die Zwecke öffentlicher Verwaltung auch heute noch als eine Notwendigkeit empfunden wird. Ja man wird sogar sagen können, daß gerade heute, wo öffentliches Recht und Privatrecht auf dem Gebiet der Verwaltung aufs stärkste miteinander rivalisieren, das Verständnis dafür, daß es nicht ausschließlich technisch konstruktive Rücksichten sind, die die Wahl der juristischen Form bestimmen, wieder im Steigen begriffen ist. Es ist dabei nicht weiter verwunderlich, wenn diese Erkenntnis sich am ersten in Ansehung der Personalfrage durchzusetzen beginnt.

[4]) Hensel, Veröffentl. deutscher Staatsrechtslehrer, Bd. 3 S. 75.

auch für die dem unmittelbaren Zugriff des Gesetzgebers entzogenen Beziehungen zwischen Bürger und Staat eine juristische Formel zu besitzen, die der Verwaltungsrechtswissenschaft in Gestalt der öffentlichen Anstalt ein besonderes Rechtsinstitut aufzwängte. So gilt für diese öffentliche Anstalt das gleiche wie für den Verwaltungsakt auf Unterwerfung sowie die Lehre von den besonderen Gewaltverhältnissen überhaupt. Es ist somit vollauf verständlich, wenn sich das Interesse an der öffentlichen Anstalt auf ihre Eigenschaft als Erscheinungsform des besonderen Gewaltverhältnisses konzentrierte, wenn somit innerhalb der wissenschaftlichen Behandlung des Anstaltsrechts die Anstaltsnutzung im Vordergrund steht[5]). Es hat daher auch einen tieferen Sinn, wenn Otto Mayer den der öffentlichen Anstalt innerhalb seines Lehrbuchs gewährten Raum mit der Kapitelüberschrift: „Gewährte Anstaltsnutzung" versieht. Daß dieser Nutzungsordnung auch heute noch eine große Bedeutung zukommt, werden die späteren Auseinandersetzungen mit der sog. Anstalt mit privatrechtlicher Nutzungsordnung zu zeigen haben. Jedoch unser heutiges Interesse an der öffentlichen Anstalt erschöpft sich nicht innerhalb des Problemkreises der Nutzungsordnung, ist hier zur Zeit nicht einmal am lebendigsten. Für die Gegenwart, in der es den vorgefundenen Verwaltungapparat den veränderten Verwaltungsbedürfnissen anzupassen gilt, konzentriert sich das Interesse an der öffentlichen Anstalt auf ihre Eigenschaft als verwaltungsrechtlicher Organisationstyp, von dessen Ausbau es zu einem guten Teil abhängt, in welchem Umfang die öffentlichrechtliche Verwaltungsorganisation sich überhaupt den praktischen Bedürfnissen moderner Verwaltung anpassen läßt. Hiermit gewinnen insbesondere jene bisher etwas stiefmütterlich behandelten Verbindungslinien an Interesse, die die öffentliche Anstalt zu benachbarten Kreisen des Verwaltungsrechts, insbesondere zu dem Steuer- und Gewerberecht, aber auch zu dem Beamten- und Etatrecht in Beziehung setzen.

Otto Mayer, dessen Anstaltbegriff[6]) ja wohl auch heute noch als der herrschende bezeichnet werden kann, verlangt,

---

[5]) Charakteristisch Nawiasky: Deutsches und österreichisches Postrecht, 1909, S. I: „Die vorliegende Arbeit steckt sich ein viel engeres Gebiet ab, das Rechtsverhältnis zwischen Postanstalt und Publikum. Maßgebend für diese Beschränkung war vor allem der Umstand, daß gerade in der fraglichen Richtung das spezifisch Eigentümliche des Rechtsinstituts der öffentlichen Anstalten gelegen ist."

[6]) „Die öffentliche Anstalt ist ein Bestand von Mitteln, sächlichen wie persönlichen, welche in der Hand eines Trägers öffentlicher Verwaltung einem besonderen öffentlichen Zweck dauernd zu dienen bestimmt sind." (Deutsches Verwaltungsrecht, 3. Auflage, 24, Bd. 2, S. 268).

daß die öffentliche Anstalt sich in der Hand eines Trägers öffentlicher Verwaltung befinde. Wie allerdings diese Beziehung zwischen Anstalt und Verwaltungskörperschaft im einzelnen beschaffen sein soll, darüber besagt diese Definition nichts, so daß angenommen werden muß, daß eine wie auch immer geartete Beziehung diesen Anforderungen genügt. So muß daher insbesondere eine in der Hand einer öffentlichen Körperschaft befindliche privatrechtliche Gesellschaft ceteris paribus als öffentliche Anstalt anerkannt werden, weshalb ja beispielsweise auch Fleiner neustens von der öffentlichen Anstalt in Privatrechtsform gesprochen hat[7]).

Die auf diese Definition zurückzuführende starke Neutralisierung des gesamten Rechtsinstituts der öffentlichen Anstalt ist nicht zu verkennen. Diese nivellierende Weite des Anstaltsbegriffs O. Mayers ist nur verständlich aus dem Bestreben, eine glatte Gebietsabgrenzung zwischen öffentlicher Verwaltung und öffentlicher Wirtschaft zu ermöglichen. Alles, was mangels jeder erwerbswirtschaftlichen Note nicht der Zahl der öffentlichen Gewerbsunternehmen zugerechnet werden kann, läßt sich auf diese Weise unschwer unter dem Sammelbegriff der öffentlichen Anstalt zusammenfassen. Der Umstand, daß nach deutschem Recht den öffentlichen Körperschaften für ihre Zwecke öffentliches und Privatrecht gleichmäßig zur Verfügung stehen, ist dabei auf diese weite Fassung des Anstaltsbegriffs sicherlich ebenfalls nicht ohne Einfluß gewesen. Ob allerdings ein in seiner Art notwendig indifferenter Sammelbegriff, wie dieser Anstaltsbegriff, den Anforderungen zu entsprechen vermag, die die Gegenwart an das Anstaltsrecht zu stellen hat, erscheint im hohen Grade zweifelhaft[8]). Gilt es heute die öffentlich-rechtliche Verwaltungsorganisation den neu erstandenen Verwaltungsbedürfnissen anzupassen und ist letzteres nur durch entsprechenden Ausbau speziell der Anstaltsverwaltung möglich, so muß eine jede Definition, die nebeneinander

---

[7]) Siehe Institutionen des deutschen Verwaltungsrechts, 8. Auflage, 28, S. 125. Nach seinen Ausführungen auf Seite 124 zu schließen, rechnet Fleiner sogar auch die gemischtwirtschaftliche Unternehmung zu diesen öffentlichen Anstalten in Privatrechtsform.

[8]) Hier zeigt sich die Verschiedenheit des Ausgangspunkts der vorliegenden Untersuchung gegenüber Otto Mayer, aber auch Fleiner in aller Deutlichkeit. Während bei ihnen das Streben nach Deutung des als Faktum genommenen Rechtsstoffs im Vordergrund steht, ist für die Ausführungen des Textes der Wunsch nach Angleichung des Rechtsstoffes an die Wirklichkeit moderner Verwaltung und damit eine vornehmlich rechtspolitische Absicht richtunggebend. Daß eine solche rechtspolitische Behandlung der Materien des Verwaltungsrechts, wie sie die Gegenwart fordert, nur dank der vorhergehenden systematischen Arbeit Otto Mayers, Fleiners u. a. überhaupt möglich ist, sollte dabei nicht verkannt werden.

öffentlich-rechtliche und privatrechtliche Organisationstypen als öffentliche Anstalten anerkennt, von dieser zentralen gegenwärtigen Aufgabe des Anstalsrechts die Aufmerksamkeit abziehen. Daß im übrigen die Fruchtbarkeit eines Begriffs durch mangelhafte Prägnanz ungünstig beeinflußt wird, daß an einen derart indifferenten Anstaltsbegriff kaum nennenswerte Konsequenzen angeknüpft werden können, liegt auf der Hand. So möchte ich daher privatrechtliche Gebilde jeglicher Art aus dem Anstaltsbegriff eliminieren und diesen ausschließlich auf öffentlich-rechtliche Verwaltungseinheiten beschränken. Die Tatsache, daß sich auf diese Weise zwischen öffentlichen Anstalten und Gewerbeunternehmungen der öffentlichen Hand eine Mittelgruppe bilden muß, die weder zu der einen, noch zu der anderen Kategorie gehört, darf ich in einem späteren Zusammenhang noch berücksichtigen.

Aber auch unter dieser Einschränkung erscheint der herrschende Anstaltsbegriff noch allzu umfassend und nur unvollkommen präzisiert. Die Anstalt ist hiernach identisch mit der öffentlich-rechtlichen Verwaltungseinheit überhaupt[9]). Otto Mayer selbst hat beispielsweise ausdrücklich das Gericht unter die Zahl der Anstalten aufgenommen, das gleiche gilt aber von der Polizei- und Finanzverwaltung, ja von aller Staatstätigkeit überhaupt. Hiernach müßte daher ein Ausbau bzw. eine Reform der Anstaltsverwaltung eine solche der öffentlichen Verwaltung überhaupt bedeuten. Dem steht entgegen, daß die zuvor erwähnten neuen Verwaltungsbedürfnisse lediglich einen Teil der Verwaltung betreffen, daß daher auch nur in Ansehung eines Teils der Verwaltungsorganisation aus den genannten Gründen eine Reform notwendig und erwünscht erscheint. Die Tatsache, daß die Eingruppierung wirtschaftlicher Aufgaben in den Bereich der allgemeinen Verwaltung gegenüber der funktionell einheitlichen Verwaltung liberaler Prägung eine Verschiedenartigkeit der materiellen Verwaltungsaufgaben zur Folge gehabt hat, wirkt sich heute allerorts praktisch aus und verlangt eine der Verschiedenheit der Aufgaben entsprechende Differenzierung der Verwaltungsorganisation. Soll die öffentliche Anstalt den hier liegenden Bedürfnissen dienstbar gemacht werden, so darf sie daher nicht schlechthin mit der öffentlich-rechtlichen Verwaltungseinheit identifiziert werden.

Es erscheint bemerkenswert, daß die verwaltungsrechtliche Theorie bei der Auseinandersetzung mit dem Anstaltsrecht im einzelnen regelmäßig gleichsam eine stillschweigende Veren-

---

[9]) So schon Erich Kaufmann bei v. Stengel-Fleischmann.

gerung des von ihr zum Ausgang genommenen Anstaltsbegriffs vorgenommen hat, indem sie lediglich in einer ganz bestimmten Richtung praktische Konsequenzen aus diesem Anstaltsbegriff zog. Gericht, Polizei, Finanz usw. fehlen in den Darstellungen des Anstaltsrechts regelmäßig. Konnte man ihnen auch, solange man an dem alten Anstaltsbegriff festhielt, ihre Anstaltsqualität nicht ausdrücklich abstreiten, so ist man über sie und ihre Zugehörigkeit zu den öffentlichen Anstalten doch regelmäßig mit Stillschweigen hinweggegangen. Es ist allerdings versucht worden, diese stillschweigende Verengerung der Basis des Anstaltsrechts durch eine entsprechende Formulierung des Anstaltsbegriffs offiziell anzuerkennen. Kormann unterscheidet in dieser Absicht zwischen Anstalten und nutzbaren Anstalten, um lediglich letztere als Anstalten im eigentlichen Sinne anzuerkennen[10]). Eingedenk der Tatsache, daß schließlich eine jede Staatstätigkeit von Nutzen für den Bürger begleitet ist, daß auch auf der Basis eines individuellen Nutzens, wie etwa das Beispiel der Gerichte lehrt, sich schwerlich eine brauchbare Abgrenzung wird vornehmen lassen, da eben individueller und kollektiver Nutzen allzu häufig unlöslich miteinander verquickt sind, wird man jedoch Bedenken tragen müssen, auf dieser Grundlage den Anstaltsbegriff aufzubauen.

Verlangt die inhaltliche Verschiedenheit der staatlichen Funktionen eine entsprechende Differenzierung der öffentlichrechtlichen Verwaltungsorganisation und soll die öffentliche Anstalt in den Dienst dieser Bedürfnisse gestellt werden, so liegt es nahe, unter die Kriterien der öffentlichen Anstalt die dieser öffentlichen Anstalt speziell übertragenen Aufgaben in irgendeiner Form aufzunehmen. Worin äußert sich aber nun die Besonderheit der fraglichen Funktionen des Staates, die zurzeit nicht immer in der gewünschten Weise ihre Erledigung finden können und für die daher die Anstaltsverwaltung speziell ausgebaut werden soll?

In einem gewissen Unterschied zu Merkl, der wohl als erster eine Präzisierung des Anstaltsbegriffs in dieser Richtung angestrebt hat[11]), möchte ich diese Klassifizierung auf der zwar reichlich formalen, dafür aber entsprechend eindeutigen Basis des von der Zivilrechtsdogmatik seit langem analysierten Handlungsbegriffs vornehmen, der ja auch auf den Staat seine Anwendung findet. Gleich jedem Privatem stehen auch dem Staat die beiden Äußerungsmöglichkeiten: Willenserklärung und Realakt nebeneinander zur Verfügung. Während allerdings

---

[10]) Kormann: „Öffentliche Anstalt", bei v. Stengel-Fleischmann a. a. O.

[11]) A. Merkl: Allgemeines Verwaltungsrecht, 27, S. 306 f.

im Leben des Privaten regelmäßig der Realakt, die schaffende Tat überwiegt, stellte sich die Tätigkeit des Staates seit dem Liberalismus vornehmlich in der Form der Willenserklärung, alias Verwaltungsakt, dar. Wenn unsere deutsche Verwaltung in dem noch heute für sie entscheidenden Stadium der Verwaltungsgeschichte einseitig auf den Verwaltungsakt zugeschnitten worden ist, so erklärt sich dies aus dem Zusammentreffen des Liberalismus mit der Rechtsstaatsidee. Beide vereint haben die Verwaltung in justizförmige Organisationen hineingedrängt, was im Hinblick auf die historische Situation erklärlicherweise gegenüber der Staatsverwaltung nachhaltiger gelang, als gegenüber der Kommunalverwaltung. So war denn die Verwaltungsorganisation in ihrem ganzen Aufbau planmäßig auf eine Verwaltung zugeschnitten, deren vornehmste Aufgabe in der Vornahme von Verwaltungsakten bestand. Als daher in einer späteren Zeit die öffentliche Verwaltung, anknüpfend an frühere Epochen deutscher Staatsverwaltung, wieder unmittelbar in den nationalen Arbeitsprozeß eingeschaltet und ihr das weite Feld des Realakts wieder freigegeben wurde, mußte dieser einseitige Zuschnitt der Verwaltungsorganisation als ein Mangel empfunden werden. Auf diesen Mangel ist es nicht zuletzt zurückzuführen, wenn heute zahlreiche Verwaltungszweige in privatrechtliche Organisationsformen überführt worden sind.

Soll daher die öffentlich-rechtliche Verwaltungsorganisation wieder in vollem Umfang in den Dienst der öffentlichen Verwaltung gestellt werden, so hat dies zur Voraussetzung eine der Zwiespältigkeit der materiellen Verwaltungsaufgaben entsprechende Differenzierung der Verwaltungsorganisation. Die Einsicht, daß auch die Verwaltungsorganisation nicht notwendig nach einem einheitlichen und zwar nach dem derzeit noch herrschenden Organisationsschema aufgebaut zu sein braucht, daß auch hier vielmehr sehr wohl Differenzierungen möglich sind, beginnt eigentlich erst recht langsam sich Bahn zu brechen. Allerdings die preußischen Entwürfe für eine Kommunalreform sind von ihr lebhaft beeinflußt[12]).

Verlangen heute diejenigen Verwaltungszweige, innerhalb deren Geschäftsbereich der Realakt, die schaffende Tat überwiegt, eine ihren Sonderbedürfnissen genügend angepaßte Verwaltungsorganisation und soll die Anstaltsverwaltung in den

[12]) Siehe in diesem Sinne sehr betont die Ausführungen des derzeitigen Leiters der Kommunalabteilung im Preußischen Ministerium des Innern, v. Leyden, in seinem Aufsatz: Wandlungen im Gemeinderecht, veröffentlicht in Recht und Staat im neuen Deutschland, 1929, herausgegeben im Namen der deutschen Vereinigung für staatswissenschaftliche Fortbildung von Harms, Bd. 1, S. 334 f.

Dienst dieser Bestrebungen gestellt werden, so lassen sich hieraus die für die Formulierung des Anstaltsbegriffs zu folgernden Schlüsse unschwer ablesen. Wira die öffentliche Anstalt aber in dieser Weise auf Verwaltungszweige beschränkt, innerhalb deren Geschäftsbereich der Realakt dominiert[13]), so bedeutet dies nichts anders, als daß das Anstaltsrecht nunmehr bereits durch die Formulierung des Anstaltsbegriffs ausschließlich auf jene Verwaltungsgebiete festgelegt wird, für die es de facto bereits heute allein von Bedeutung ist, an die insbesondere mit dem Terminus nutzbare Anstalt gedacht war. Hiermit ist die Möglichkeit eröffnet, neben dem bisher vorherrschenden Organisationstyp, der „Behörde", die Anstalt als gleichberechtigtes Glied innerhalb der öffentlich-rechtlichen Verwaltungsorganisation zu ihrer vollen Besonderheit zu entwickeln.

Aber auch ein in dieser Weise gegenüber dem herrschenden zwiefach eingeengter Anstaltsbegriff dürfte für unsere heutigen Bedürfnisse noch allzu weitmaschig sein. Die gerade angesichts der heutigen staatskapitalistischen Tendenzen besonders wichtige Abgrenzung der öffentlichen Anstalt gegenüber dem Gewerbebetrieb der öffentlichen Hand wird auf dieser Basis nur unvollkommen erreicht. Nach der herrschenden Definition kennzeichnet die öffentliche Anstalt gegenüber einem Gewerbsunternehmen der öffentlichen Hand die Bindung an einen öffentlichen Zweck. Was dabei unter einem solchen öffentlichem Zweck verstanden werden soll, bleibt vorerst einmal dunkel, denn schließlich dient im korporativen Staat ja eine jede Unternehmung einer öffentlichen Körperschaft der Öffentlichkeit[14]).

Ich glaube hier auf eine prinzipielle Auseinandersetzung

---

[13]) Daß ein gewisses Mischungsverhältnis zwischen Willenserklärung und Realakt überall gegeben sein muß, so daß es sich bei dieser Differenzierung zwischen Anstalt und Behörde nicht um ein Entweder-Oder, sondern nur um das Übergewicht des Einen oder des Anderen handeln kann, dürfte sich von selbst verstehen.

[14]) Dieses Argument pflegt in der Praxis gern herangezogen zu werden, um der Wirtschaft der öffentlichen Hand ungeachtet ihrer ausgesprochenen erwerbs- oder, wie man, vielleicht aus gewissen psychologischen Erwägungen heraus, neuerdings lieber sagt, ertragswirtschaftlichen Einstellung eine Sonderstellung gegenüber der Privatwirtschaft anweisen zu können. In diesem Sinne Leyden a. a. O. S. 318, ähnlich Mulert: Die wirtschaftliche Betätigung der Gemeinden, Generalbericht für den Internationalen Kongreß der Städte und Lokalverwaltungen in Sevilla im März 1929, erschienen im Verlag der Union Internationale des Villes in Brüssel, S. XXX; ja, sogar das preußische Oberverwaltungsgericht hat ähnliche Anschauungen vertreten, Bd. 46 S. 156: „Jedes Unternehmen einer Gemeinde soll einen öffentlichen Zweck haben, denn nur zur Erfüllung öffentlicher Aufgaben bestehen die Gemeinden selbst und sind sie mit Machtmitteln ausgerüstet."

mit der Frage, ob und inwieweit überhaupt materielle Zweckmomente für Zwecke juristischer Begriffsbildung Verwendung finden können, verzichten zu können. Auch dann, wenn man nicht die Kelsensche Auffassung[15]) teilt, wird man gegenüber einem Anstaltsbegriff, der seine Hauptstütze in einem solchen Zweckmoment findet, gewisse Bedenken haben müssen. Bekanntlich lassen sich solch materiale Zweckmomente, wenn überhaupt, so nur auf Umwegen in die Netze juristischer Begriffsbildung einfangen. Ist der Zweck, wenn ich mich einer Definition Wundts bedienen darf, die antizipierte Vorstellung unseres Handelns, so ist hiernach ein jedes Zweckmoment von Haus aus psychologischer Natur. Wie jedoch die psychologische Haltung des Handelnden überhaupt nur mit Hilfe eines Schlusses aus der symptomatischen Bedeutung der Handlung der Erkenntnis zugänglich gemacht werden kann, so kann auch die juristische Begriffsbildung nicht unmittelbar an die Zweckvorstellung, sondern lediglich an bestimmte äußere Tatbestände anknüpfen, die erfahrungsgemäß als typischer Reflex einer bestimmten psychologischen Haltung betrachtet werden können.

Charakteristisch für diese Methode ist die Rechtsprechung des Reichsfinanzhofs zum Begriff der Gemeinnützigkeit sowie die auf diese Rechtsprechung aufbauende Durchführungsverordnung zum Körperschaftssteuergesetz vom 17. Mai 1926, die den von Haus aus ebenfalls psychologischen Faktor der Gemeinnützigkeit in einer für juristische Zwecke geeigneten Weise zu formalisieren versucht. Alle diese Versuche vermögen an der Tatsache, daß die Gemeinnützigkeit als ein psychologischer Zustand sich einer definitiven Formalisierung letzthin notwendig entzieht, nicht das Geringste zu ändern. Nicht anders liegen die Dinge bei der öffentlichen Anstalt, bei der die begriffliche Bindung an einen öffentlichen Zweck ebenfalls ursprünglich nicht anders besagt, als daß von den Organen dieser Anstalt eine besondere geistige Haltung erwartet wird[16]), was beiläufig bemerkt für die Ausgestaltung der Personalverhältnisse von Wichtigkeit ist.

---

[15]) „Hauptprobleme der Staatsrechtslehre", 2. Auflage, S. 84 ff.

[16]) Ebenso Fleiner a. a. O. S. 327, sowie Mulert a. a. O. S. XXII, die beide in überraschender Übereinstimmung von der inneren bzw. geistigen Einstellung sprechen, die die öffentliche Wirtschaft kennzeichnet. Ähnlich Köttgen: Die erwerbswirtschaftliche Betätigung der öffentlichen Hand und das öffentliche Recht, 28, S. 13; in gleicher Richtung weist schließlich bereits die Bemerkung Adolf Wagners: „Der Unterschied dieser Prinzipien (privatwirtschaftlich, gemeinwirtschaftlich und karitativ) ist ein psychologischer, welcher auf die Verschiedenheit der das wirtschaftliche Handeln bestimmenden Motive zurückgeht." (Lehr- und Handbuch der politischen

Entzieht sich daher eine jede Zweckvorstellung notwendig der formalen Präzisierung, so wird die Entscheidung über sie regelmäßig von Fall zu Fall, von Person zu Person getroffen werden müssen. Allerdings dürfen dabei die bekannten Bindungen sozialer Gesamtvorstellungen nicht außer acht gelassen werden, die auch hier die Entscheidung bis zu einem gewissen Grade dem freien Ermessen des jeweils zur Entscheidung Berufenen entziehen. Solange der traditionelle Verwaltungsaufbau noch unangetastet war, werden diese sozialen Gesamtvorstellungen auch die Entscheidung, ob eine bestimmte Unternehmung, da öffentlichen Zwecken dienend, als öffentliche Anstalt angesehen werden soll oder nicht, regelmäßig erleichtert haben[17]). Heute fehlt vielfach die Selbstverständlichkeit, mit der früher diese Fragen beantwortet werden konnten[18]), soweit daher eine Entscheidung unumgänglich ist, wird sie häufig in erster Linie auf der persönlichen Anschauung des zur Entscheidung Berufenen beruhen. Solange an dem, wenn auch stark durchlöcherten, Prinzip der Gewaltenteilung überhaupt noch festgehalten werden soll, solange noch eine wesentliche Aufgabe des Rechts in der Ermöglichung der Berechenbarkeit der Entscheidung gesehen werden soll, wird man Rechtsbegriffen, die in dieser Weise gleich dem Anstaltsbegriff an einer entscheidenden Stelle die Entscheidung aus der Hand des Gesetzgebers in diejenige der das Gesetz anwendenden Stelle hinüberspielen, skeptisch gegenüberstehen müssen[19]). So hatte

---

Ökonomie, 1. Teil: Grundlegung der Volkswirtschaft, 1893. S. 774.) Siehe hierzu neustens J. Brandt: „Die wirtschaftliche Betätigung der öffentlichen Hand" 1929, der mit vollem Recht die mangelhafte Unterscheidung zwischen Wirtschaft und Verwaltung in der Gegenwart rügt (S. 5) „und hier entscheidendes Gewicht auf den Wirtschaftswillen" (S. 9) als Kriterium legt.

[17]) Für das Werturteil, auf dem die Entscheidung unter diesen Umständen aufbauen muß, charakteristisch Lassar a.a.O. S. 200. Als Beweis dafür, daß allerdings auch in der Vorkriegszeit diese Fragen einigermaßen problematisch waren, sei auf Laband verwiesen, der Post und Eisenbahnen einerseits als gewerbliche Unternehmungen des Reichs, anderseits beide, da nicht allein finanziellen Interessen dienend, nicht als freie Gewerbe, sondern als öffentliche Verkehrsanstalten bezeichnet, bei dem daher gewerbliche Geschäftsabsichten und Anstaltscharakter bereits in jenem der Gegenwart nur allzu gut bekannten Mischungsverhältnis auftreten (vgl. Reichsstaatsrecht, 6. Aufl., S. 392 f. sowie S. 232 und 250). Hierher gehört auch die Bemerkung von Arndt über die Unmöglichkeit einer Unterscheidung zwischen Finanz- und Verwaltungsvermögen, da beides öffentlichen Interessen zu dienen bestimmt sei (Staatsrecht des Deutschen Reiches, 1901, S. 436).

[18]) Auch hier gilt, was Carl Schmitt in der Vorrede seiner „Verfassungslehre" über das „politische und soziale Sicherheitsgefühl der Vorkriegszeit" schreibt.

[19]) „Öffentliches Interesse ist ein Etwas, das uns molluskenhaft

ja auch die zuvor erwähnte steuerrechtliche Verordnung lediglich die Aufgabe, diese Mängel durch Einschaltung objektiver Kriterien zu beheben. Für das Anstaltsrecht wird man ähnliche Wege einschlagen müssen, auch hier müssen objektive Kriterien gefunden werden, die eine hinreichende Formalisierung des Anstaltsbegriffs gestatten. Hierfür ist jedoch Voraussetzung, daß vorerst einmal Klarheit darüber geschaffen wird, was denn überhaupt darunter zu verstehen ist, wenn der moderne korporative Staat, der doch bereits begrifflich dem Allgemeinwohl verhaftet zu sein scheint, hier und dort noch speziell für das Allgemeinwohl in Anspruch genommen wird.

Das geltende Recht, mit besonderer Deutlichkeit das Steuerrecht, hat bekanntlich der Tätigkeit des Staates nur bedingungsweise das Prädikat der Gemeinnützigkeit zuerkannt, nur stellenweise wird der Staat als dem öffentlichen Zweck verbunden betrachtet[20]). Soweit der Staat hier für öffentliche Zwecke in Anspruch genommen wird, besagt dies nichts anderes, als daß ihm eine gemeinnützige Haltung zur Pflicht gemacht wird. In diesem Sinne sprechen neuere Gesetze vielfach im Unterschied zu der „werbenden" von einer „gemeinnützigen" Staatstätigkeit[21]), in diesem Sinne zählt etwa Georg Jellinek den Faktor der Gemeinnützigkeit unter die begrifflichen Eigentümlichkeiten der Verwaltung überhaupt[22]). Wenn das geltende Recht es ablehnt, dem Staat schlechthin ob seiner Eigenschaft als Staat den Charakter der Gemeinnützigkeit zuzuerkennen, so befindet es sich hier im Einklang mit den Grundprinzipien der Ethik, auf deren Boden die Kategorie der Gemeinnützigkeit ja zu Hause ist. Die Gemeinnützigkeit ist

---

entgleitet, wenn wir es greifen möchten, das wie Proteus hundertfach die Gestalt wechselt, während wir es betrachten. Es in einer definitiven Formel, die auf alle Fälle anwendbar wäre, zu begreifen, ist unmöglich. Wo der Begriff in den Gesetzbüchern vorkommt, entscheidet der Richter nach subjektivem Ermessen, ob ein öffentliches Interesse vorliegt und ob es verletzt ist." Posse: „Preßfreiheit", Zeitschrift für Politik, Bd. 18 Heft 5 S. 336.

[20]) Siehe etwa § 2 der preußischen Gewerbesteuerverordnung vom 15. März 1927, pr. OVG. Bd. 13 S. 224.

[21]) Siehe etwa § 74 des Entwurfs für eine preußische Städteordnung und § 95 der thüringischen Gemeinde- und Kreisordnung.

[22]) G. Jellinek: Allgemeine Staatslehre, 4. Aufl., S. 623; anders Kelsen: „Hauptprobleme" S. 493, der, ausgehend von seiner prinzipiellen Einstellung zum Zweckproblem für die Zwecke der juristischen Normierung, mit Rücksicht auf die unbestreitbare Tatsache, daß Verwalten eine Zwecktätigkeit ist, zu der Annahme gelangen muß, daß der Begriff der Verwaltung überhaupt kein Rechtsbegriff, sondern lediglich ein wirtschaftlicher Begriff ist, eine Annahme, die mit ihrer prinzipiellen Gleichsetzung von öffentlicher und privater „Verwaltung" allerdings in ihrer letzten Konsequenz zu patrimonialstaatlichen Anschauungen zurückkehren muß.

innerhalb des ethischen Systems nur ein Unterfall altruistischer Haltung überhaupt, d. h. gemeinnützig handelt nur, wer einen fremden Nutzen verfolgt[23]). Dem auf Grund der bekannten Identifikation mit dem Staatsvolk den Nutzen dieses Staatsvolkes verfolgenden modernen Staat liegt eine solch altruistische Haltung von Haus aus völlig fern, die staatlichen Eigeninteressen sind hier nur zufällig mit denen des Staatsvolkes identisch. Eine jede Anwendung des Begriffs der Gemeinnützigkeit auf den korporativen Staat verlangt daher notwendig, daß die „Allgemeinheit", an deren Interessen diese gemeinnützige Staatstätigkeit ausgerichtet werden soll, anders bestimmt wird als das persönliche Staatselement.

Dank der ihr eigenen Relativität kann diese Allgemeinheit beliebig eng oder weit gefaßt werden. Die oberste Grenze liegt bei dem allgemeinen Menschheitsideal, die unterste wird sich kaum generell bestimmen lassen. Auch im modernen Staatsbegriff ist eine solche „Allgemeinheit" enthalten, gerade an ihren Interessen darf jedoch die staatliche Tätigkeit nicht ausgerichtet sein, wofern dieser wenigstens das Prädikat „gemeinnützig" zuerkannt werden soll. Beruht der moderne korporative Staat auf einer persönlichen Grundlage, so allerdings nicht etwa auf der Summe der lebenden Staatsbürger. Das Volk im Strom der Geschichte bildet das persönliche Staatselement. Es sind die über die Gegenwart und die lebende Generation hinausweisenden nationalen Solidarinteressen, die die staatlichen Interessen inhaltlich bestimmen. Diese Lösung des Staates aus zeitlichen Fesseln bedeutet gleichzeitig eine starke Potenzierung der staatlichen Macht, die wiederum dem den modernen Staat in allen seinen Entwicklungsphasen maßgeblich bestimmenden Liberalismus besondere Garantien angezeigt erscheinen ließ. In dieser Absicht hat man aller staatlichen Machtentfaltung einen wirksamen Zügel angelegt, indem man von dem Staat gerade auf den Gebieten, auf denen er am ersten dem Individuum gefährlich werden konnte, eine gemeinnützige Haltung verlangte. Es sind die Interessen der lebenden Generation, auf die hier der Staat die genügende

[23]) Somit wird daher auch unter den drei obenerwähnten volkswirtschaftlichen Organisationsprinzipien Adolf Wagners das neben dem privatwirtschaftlichen und dem karitativen stehende gemeinwirtschaftliche Prinzip nur dann im Sinne Adolf Wagners als eine psychologische Besonderheit gegenüber der Privatwirtschaft angesehen werden können, wenn es sich nicht allein als ein zwar an den Interessen eines größeren Personenverbandes orientiertes, seinem Motive jedoch nach wie vor privatwirtschaftliches Handeln darstellt, sondern darüber hinaus die geistigen Elemente der den Wirtschaftsegoismus in sich überwindenden karitativen Wirtschaft in sich aufgenommen hat.

Rücksicht nehmen soll. Die Möglichkeit des völlig freien Spiels der Kräfte, die der Liberalismus dem Privaten ausdrücklich garantierte, wurde dem Staat auf diese Weise genommen. Bemerkenswerter Weise hat eine spätere, von anderen politischen Grundanschauungen ausgehende Zeit zwar für den Privatmann mancherlei Fesseln im Interesse der Allgemeinheit gebracht, um jedoch umgekehrt für die Notwendigkeit auch den Staat an die Kette des Allgemeinwohls zu legen verhältnismäßig geringeres Verständnis zu zeigen. Der Übergang zu dem demokratischen System und damit die Überwindung letzter dualistischer Rückständigkeiten machen es zwar vielleicht verständlich, wenn man in der Gegenwart in Anbetracht des Staates solche Bindungen für überflüssig, da selbstverständlich hält. Trotzdem verlangt gerade die starke Potenzierung staatlicher Macht, die die letzten Jahrzehnte gebracht haben, ein Sicherheitsventil im Interesse des Individuums, wie es die Bindung des Staates an das Gemeinwohl bedeutet. Es ist dabei nur scheinbar paradox, wenn gerade einer solchen Bindung an das Allgemeininteresse die Bedeutung einer Sicherung der Individualsphäre beigelegt wird. Ist in dem Solidarinteresse einer zeitlich und räumlich gebundenen Gemeinschaft, eben der lebenden Staatsbürgergeneration, das Individualinteresse als Gattung enthalten, so liegt in der Bindung an dieses gattungsmäßig bestimmte Einzelinteresse gegenüber einem wesensmäßig an keinerlei zeitliche Schranken gebundenem Staate eine nicht unbeträchtliche Garantie des Individuums.

Die theoretische Möglichkeit einer gemeinnützigen Haltung ist somit auch für den korperativen Staat erwiesen. Nur wird es schwierig sein, im Einzelfall mit Sicherheit anzugeben, ob der Staat hier im gemeinnützigen Sinne tätig geworden ist oder nicht. Die äußeren Tatbestände, aus denen man etwa die gewünschten Schlüsse ziehen könnte, sprechen hier keine deutlich vernehmbare Sprache. Ist das Eigeninteresse des Staates mit dem Nationalinteresse identisch und ist das dem Staat speziell ans Herz gelegte Allgemeininteresse dasjenige der lebenden Staatsbürgergeneration, so wird eine reinliche Scheidung dieser beiden konzentrischen Interessenkreise kaum möglich sein. Der Weg, den die eingangs erwähnte Durchführungsverordnung zum Körperschaftssteuergesetz in Ansehung der privaten Gemeinnützigkeit mit Erfolg beschreiten konnte, ist daher, soweit es sich um öffentliche Körperschaften handelt, verschlossen. Bezeichnenderweise begnügt sich die genannte Verordnung daher auch im § 7 mit der mageren Feststellung, daß der Umstand, daß Erträgnisse eines bestimmten Unternehmens einer öffentlichen Körperschaft zufließen, allein noch nicht genügt, um den Tatbestand der Gemeinnützigkeit zu erfüllen. Es fehlt eben im Fall der öffentlichen Körperschaften die genügende Spannung zwischen dem Eigeninteresse des Handelnden und dem, wie auch immer bestimmten, für letzteren richtunggebenden Allgemeininteresse, die im Falle privater Gemeinnützigkeit gewisse Anhaltspunkte dafür bietet, ob eine bestimmte Handlung als gemeinnützig betrachtet werden kann oder nicht[24]).

Auf das Anstaltsrecht übertragen, bedeutet dies die Erschwerung aller Versuche, eine Abgrenzung zwischen öffentlicher Anstalt und gewerblichem Unternehmen zu finden. Soll jedoch hier die Entscheidung nicht auf der schwankenden Basis eines mehr oder minder persönlichen Werturteils aufbauen, so muß notwendig nach irgendwelchen objektiven Unterlagen gesucht werden. So hat denn auch die verwaltungsrechtliche Theorie die Entscheidung, ob öffentliche Anstalt oder nicht, regelmäßig mit derart objektiven Momenten zu verbrämen versucht. So hat man beispielsweise auf das Moment des Gewinnstrebens, auf den Rechtscharakter der Nutzungsordnung, auf die Existenz eines Benutzungszwanges u. a. abgestellt, um mit Hilfe dieser Momente die Entscheidung auf eine sichere Grundlage stellen können. Ich habe mit Absicht soeben von einer „Verbrämung" der Entscheidung gesprochen, denn in Wahrheit handelt es sich hier regelmäßig um eine petitio prinzipii. Wenn z. B. von einem Unternehmen einzig und allein deswegen, weil es mit einer öffentlich-rechtlichen Nutzungsordnung arbeitet, behauptet wird, daß es öffentlichen Zwecken diene, um es daraufhin als öffentliche Anstalt bezeichnen zu können, so ist dies doch alles andere als bewiesen. Eine relativ größere Berechtigung hatte es dem-

[24]) Von Interesse ist hier die von G l u m (Selbstverwaltung der Wirtschaft S. 14) im Anschluß an v. M ö l l e n d o r f f gegebene Definition der Gemeinwirtschaft. Hiernach ist Gemeinwirtschaft kein Rechtsbegriff, sondern ein wirtschaftorganisatorischer Zustand der Nationalwirtschaft oder einer engeren politischen Gemeinwirtschaft, der durch die gesetzliche Verwirklichung einer wirtschaftspolitischen Maxime geschaffen wird, die geradezu den kontradiktatorischen Gegensatz zu der Maxime der Individualwirtschaft bildet, daß Wirtschaften eine allein den wirtschaftenden Subjekten zu überlassende Angelegenheit sei, für die der Egoismus der beste Motor ist. In dieser Definition ist die Besonderheit, die der Gemeinwirtschaft gegenüber bloßer staatskapitalistischer Betätigung eigen ist, gut zum Ausdruck gelangt. Nur versteht sich auch für die öffentlichen Körperschaften der Verzicht auf den Motor des wirtschaftlichen Egoismus keineswegs von selbst; ist nicht allein deswegen, weil die öffentliche Hand sie betreibt, alle Wirtschaft Gemeinwirtschaft in dem oben angegebenen Sinne. Im Gegenteil wird man fast sagen können, daß heute, angesichts der steuerlichen Situation gewiß verständlicherweise, der Staatskapitalismus sich auf Kosten der Gemeinwirtschaft auszudehnen beginnt.

gegenüber, wenn auf dem Moment des Gewinnstrebens die Entscheidung aufgebaut wurde.

Unsere heutige öffentliche Verwaltung ist durch die Übernahme steuerstaatlicher Finanzierungsgrundsätze in ihrem Wesen entscheidend bestimmt. Im Gegensatz zu der Privatwirtschaft, im Gegensatz zu der Verwaltung des Patrimonialstaates beherrscht die moderne Verwaltung das Prinzip der völligen Lösung von Leistung und Gegenleistung. Jede planmäßige Verbindung der Verwaltungsarbeit mit dem Streben nach entsprechenden Einnahmen steht im Widerspruch zu diesen steuerstaatlichen Prinzipien. So ist die Annahme, daß nur dort, wo diese finanzwirtschaftlichen Prinzipien des Steuerstaates innegehalten und auf Gewinn verzichtet wird, der staatlichen Tätigkeit der Charakter der Gemeinnützigkeit zuerkannt werden könne, verständlich, wenngleich auch diese Schlußfolgerung nicht auf logischen Notwendigkeiten beruht, wenn daher auch hier gewisse Unterstellungen nicht fehlen. Nachdem jedoch inzwischen unter dem Druck der Finanznot sowie unter dem Einfluß gewisser sozialisierender Tendenzen hier ein Wandel eingetreten ist und die deutsche Verwaltung nicht mehr ausschließlich unter die Herrschaft dieser steuerstaatlichen Finanzierungsgrundsätze gestellt ist, seitdem Steuerstaat und Unternehmerstaat nicht allein in der finanzwissenschaftlichen Theorie[25]), sondern auch in der Praxis[26]) miteinander rivalisieren, hat auch die verwaltungsrechtliche Theorie auf dieses Kriterium verzichten müssen. Wollte man nicht neben Post und Eisenbahn[27]) die überwiegende Mehrzahl aller in Frage kommenden Unternehmungen der öffentlichen Körperschaften der Zahl der Gewerbebetriebe zurechnen und die öffentliche Anstalt gleichsam zu einem aussterbenden Verwal-

[25]) Siehe Herbert Sultan: Über das Verhältnis von Steuerstaat und Unternehmerstaat, Festgabe für G. v. Schanz, Bd. 1.

[26]) Nach Angabe von Mulert werden zurzeit mindestens 12% des Finanzbedarfs der deutschen Gemeinden aus Betriebsüberschüssen gedeckt (a. a. O. S. XXXII ff.). Eine Ausnahme machen von dieser auch in anderen Ländern zu beobachtenden Erscheinung nach den Angaben des Berichts lediglich die angelsächsischen Länder sowie die Kommunalwirtschaft von Wien. Während insbesondere Amerika, abgesehen von allgemeinen wirtschaftlichen Erwägungen, die der Gedankenwelt des wirtschaftlichen Liberalismus entstammen, durch die Lage seiner öffentlichen Finanzen in den Stand gesetzt ist, auf den Betriebsüberschuß in seiner öffentlichen Wirtschaft zu verzichten, macht sich in Wien hier ein gewisser konsequenter Radikalismus geltend, der ohne Rücksicht auf die steuerliche Lage die Prinzipien der Gemeinwirtschaft unverwässert in die Praxis umzusetzen trachtet und damit dem für Deutschland zurzeit charakteristischen Staatskapitalismus aus dem Wege gehen konnte.

[27]) Für die Schwierigkeiten auf diese Fragen heute eine Antwort zu geben, charakteristisch Lassar a. a. O. S. 200.

tungstyp stempeln, so mußte man sich dazu verstehen, auch der öffentlichen Anstalt das Recht planmäßiger Gewinnwirtschaft zuzubilligen, wobei allerdings regelmäßig hinzugefügt zu werden pflegt, daß dieses Gewinnstreben nicht eine vorherrschende Bedeutung erlangen dürfe[28]). Da sich jedoch kaum an einem sicheren Maßstab messen lassen dürfte, wieweit ein solches Gewinnstreben hiernach mit dem Charakter der öffentlichen Anstalt noch vereinbar ist, entfällt damit jede Möglichkeit, auf dieser Grundlage eine objektive Entscheidung aufzubauen.

Will man sich daher nicht damit begnügen, einzig und allein in ihrer gemeinnützigen Geisteshaltung das entscheidende Kriterium der öffentlichen Anstalt zu sehen und damit diese öffentliche Anstalt letztens auf einem Werturteil beruhen lassen, dessen individuelle Note gerade in Zeiten der Um- und Neubildung eine besonders betonte sein muß, so wird man notwendig nach anderweiten objektiven Grundlagen Umschau halten müssen, auf denen der Anstaltsbegriff etwa aufgebaut werden könnte. Ich hatte bereits erwähnt, daß die herrschende Anstaltstheorie hier häufig zu dem Rechtscharakter der Nutzungsordnung Zuflucht genommen hat, um aus einer öffentlich-rechtlichen Normierung dieser Nutzungsordnung ohne weiteres auf den Anstaltscharakter des betreffenden Unternehmens zu schließen. Ist auch die petitio prinzipii dieses Schlusses nicht zu verkennen, so wird dieser doch aus einer ganz bestimmten Einstellung zu der öffentlich-rechtlichen Kategorie heraus verständlich. Wie der Tätigkeit der öffentlichen Verwaltung gegenüber derjenigen der Privatwirtschaft um ihrer gemeinnützigen Haltung willen regelmäßig ein ethischer Mehrwert beigelegt zu werden pflegt, so hat man auch das gesamte öffentliche Recht als durch eine besondere ethische Tönung charakterisiert empfunden[29]). Bezeichnenderweise äußert sich dies am eindeutigsten innerhalb des Beamtenrechts. So bestehen daher nach gemeindeutschen Vorstellungen ganz bestimmte Wechselwirkungen zwischen der gemeinnützigen Haltung der Staatstätigkeit und der öffentlich-rechtlichen Kategorie überhaupt, die es verständlich machen, wenn aus der Existenz einer öffentlich-rechtlichen Nutzungsordnung auf den Anstaltscharakter einer Unternehmung geschlossen wird. Die Schwäche dieser Deduktion liegt dabei einzig und allein darin, daß sie nach wie vor ausgehend von dem letzthin psychologischen Moment der öffentlichen Zweckbestimmung zwischen dieser und der öffentlich-rechtlichen Kategorie eine

---

[28]) Pr. OVG. Bd. 75 S. 254 f.

[29]) Beneuetto Croce: Grundlagen der Politik, 24, S. 45; Fleiner a. a. O. S. 361 Anm. 2.

logische notwendige Verbundenheit annimmt, daß sie ihre Entscheidung daher nach wie vor auf einem Werturteil, und zwar auf einem Werturteil über das öffentliche Recht schlechthin aufbaut. Somit kommt diese Deduktion dort in Schwierigkeiten, wo zwar, wie etwa im Falle der Reichspost, nach der herrschenden Auffassung, eine öffentlich-rechtliche Nutzungsordnung vorhanden ist, wo jedoch die derzeitige Gesamtsituation die Hypothese, daß das öffentliche Recht nur dort Verwendung findet, wo die gemeinnützige Haltung des Staates außer Frage steht, mit Recht oder Unrecht fraglich erscheinen läßt. Soll daher der Anstaltsbegriff auf sichere Grundlagen gestellt werden, schon um auf diese Weise eine größere praktische Bedeutung erringen zu können, so muß das Moment der öffentlichen Zweckbestimmung endgültig aus dem Anstaltsbegriff eliminiert werden. Nach wie vor wird zwar das Postulat der Gemeinnützigkeit der öffentlichen Verwaltung und damit auch der Anstaltsverwaltung als Richtschnur zu dienen haben, nur eignet es sich eben nicht als Bestandteil juristischer Begriffsbildung. Wenn der Anstaltsbegriff an seiner Stelle das zwar gröbere, dafür aber eindeutigere Moment der öffentlich-rechtlichen Nutzungsordnung aufnimmt, so ist damit im übrigen die öffentliche Anstalt nur auf diejenigen Gebilde beschränkt worden, die bereits heute als öffentliche Anstalten im engsten Sinne angesprochen zu werden pflegen[30]).

Den sogenannten öffentlichen Anstalten mit privatrechtlicher Nutzungsordnung wäre bei einer solchen Formulierung des Anstaltsbegriffs allerdings der Anstaltscharakter genommen. Daß sie von jeher als ein Schönheitsfehler innerhalb des juristischen Systems angesehen wurden, beweisen die betreffenden Ausführungen Otto Mayers, beweist auch die inzwischen durch die tatsächliche Entwicklung zerstörte Hoffnung Fleiners, daß bei ihnen die privatrechtliche binnen kurz oder lang durch eine öffentlich-rechtliche Nutzungsordnung ersetzt werden würde. Und doch ist es nicht etwa lediglich ein übertriebenes Bedürfnis nach juristischer Stilreinheit, das

[30]) So etwa das Reichsgericht (Zivilsachen Bd. 99 S. 96 ff.): „Die Unterscheidung (zwischen öffentlicher Anstalt und öffentlichem Gewerbeunternehmen) ist also nicht in der Verschiedenheit der Ziele, nämlich der Gewinnerzielung einerseits und der Befriedigung der öffentlichen Interessen anderseits zu erblicken; es kommt vielmehr darauf an, ob das Rechtsverhältnis zwischen der Gemeinde und dem Leistungsempfänger privatrechtlich oder öffentlich-rechtlich gestaltet ist.“ Angesichts des bis heute in der verwaltungsrechtlichen Theorie herrschenden Anstaltsbegriffs wird man dieses Kriterium des RG. ablehnen müssen, es zeigt jedoch deutlich, die vollauf verständlichen Bestrebungen der Praxis innerhalb der Anstaltstheorie durch Aufstellung bestimmter formaler Kriterien, wieder festen Boden unter die Füße zu bekommen.

heute eine solche Konzentration des Anstaltsbegriffs notwendig erscheinen läßt. Es muß Fleiner uneingeschränkt zugegeben werden und deckt sich ja im übrigen nur mit meinen eigenen Ausführungen, daß der eigentliche Unterschied zwischen öffentlicher Verwaltung und öffentlicher Erwerbswirtschaft letztens auf der Verschiedenheit der persönlichen Einstellung des Handelnden beruht[31]), nur kann dieses jeder formalen Erfassung unzugängliche psychologische Kriterium solange nicht in einen Rechtsbegriff hineingebaut und damit zur eigentlichen Grundlage eines ganzen Rechtsinstituts gemacht werden, als die Entscheidung, ob öffentliche Anstalt oder nicht, noch von dem Gesetzgeber und nicht von der das Gesetz anwendenden Stelle getroffen werden soll. Dies gilt um so mehr, als heute die traditionelle Geschlossenheit der Verwaltung stark aufgelockert ist, so daß in vielen Fällen die Zugehörigkeit eines Unternehmens zu der öffentlichen Verwaltung mit Recht zweifelhaft geworden ist[32]).

Der Vorzug eines in der angegebenen Weise eingeengten Anstaltsbegriffs liegt m. E. darin, daß auf diese Weise in dem Streit der Meinungen eine sichere formale Basis geschaffen wird und daraufhin die Möglichkeit besteht, den größten Teil der öffentlichen Verwaltung auf diese Plattform zu stellen und somit gegenüber der Erwerbswirtschaft der öffentlichen Hand in unzweideutiger Weise abzugrenzen. Allerdings wird es schwerlich für alle Verwaltungszweige möglich sein, sie unter Einführung einer öffentlich-rechtlichen Nutzungsordnung auf den Nenner der öffentlichen Anstalt zu bringen. Ein Grenzgebiet zwischen öffentlicher Anstalt und öffentlichem Gewerbsunternehmen wird sich kaum vermeiden lassen. Es wird immer einige Verwaltungszweige geben, die aus praktischen Gründen notwendig mit einer privatrechtlichen Nutzungsordnung arbeiten müssen, bei denen die Ersetzung der privatrechtlichen Nutzungsordnung durch ein ad hoc zu schaffendes öffentlich-rechtliches Pendant unerwünscht sein muß. Ich denke dabei etwa an alle öffentlichen Kreditinstitute, soweit diese nicht überhaupt als

---

[31]) Fleiner a. a. O. S. 327.

[32]) Die schwankende Grundlage dieser Differenzierung erhellt vielleicht am besten das Beispiel der öffentlichen Forsten. Für Otto Mayer etwa gehören diese ohne Frage zu den fiskalischen Unternehmungen (a. a. O. Bd. II S. 272). Daß jedoch auch für die öffentliche Forstverwaltung in weitem Umfang nicht finanzielle Interessen, sondern solche der allgemeinen Landeskultur (siehe etwa die Forstpolitik Mussolinis) maßgebend sind, hat die Steuergesetzgebung von jeher anerkannt. Das erwähnte Urteil Otto Mayers dürfte in seiner Selbstverständlichkeit, die hier gar keinen Zweifel aufkommen läßt, letztens daher nur auf gewisse traditionelle Gewöhnungen zurückzuführen sein, die noch aus der Zeit der landesherrlichen Domanialwirtschaft herrühren.

Gewerbsunternehmungen angesehen werden müssen. Letzteres gilt jedoch nur für wenige[33]). Für das Gros aller Verwaltungszweige steht heute so gut wie einst einer öffentlich-rechtlichen Normierung der Nutzungsordnung nichts im Wege. Damit ist aber die Möglichkeit gegeben, in Ansehung der überwiegenden Mehrzahl aller Verwaltungszweige ihre Zugehörigkeit zu der öffentlichen Verwaltung wieder über jeden Zweifel erhaben festzustellen, womit zum mindesten im Prinzip die heute vielfach unklar gewordene Gliederung zwischen öffentlicher Wirtschaft und öffentlicher Verwaltung zurückgewonnen sein würde. Nur unter dieser Voraussetzung kann aber der öffentlichen Verwaltung die im Augenblick an mancherlei Stellen bedrohte innere Geschlossenheit erhalten werden, die zum mindesten so lange notwendig ist, als das geltende Recht von einer wesensmäßigen Verschiedenheit zwischen dem verwaltenden und dem wirtschaftenden Staat seinen Ausgang nimmt.

Wenn ich an dieser Stelle, das Gesagte zusammenfassend, eine Definition des in der angegebenen Weise eingeengten Anstaltsbegriffs geben darf, so möchte ich als öffentliche Anstalten Verwaltungseinheiten innerhalb der öffentlich-rechtlichen Verwaltungsorganisation bezeichnen, deren Aufgaben überwiegend durch den Realakt charakterisiert werden und die, soweit sie überhaupt in Erfüllung ihrer Aufgaben in unmittelbare rechtliche Beziehungen zu dem privaten Publikum treten, sich hierbei einer öffentlich-rechtlichen Nutzungsordnung bedienen. Wenn allerdings mit Hilfe dieses Anstaltsbegriffs endgültig ein jedes Werturteil ausgeschaltet werden soll, so

---

[33]) Die von Glum in der Diskussion zum Ausdruck gebrachte Befürchtung, daß die Zahl dieser im Text als unvermeidbar anerkannten Zwischengebilde praktisch doch so groß sein werde, daß die Ausnahme die Regel überwiege, womit in der Tat das gesamte Einteilungsprinzip praktisch wertlos sein würde, vermag ich nicht zu teilen. Was den von Glum speziell erwähnten Fall der Reichsbahn anlangt, so stehen auch hier, nachdem man sogar unter dem außenpolitischen Druck der großenteils keine Staatsbahnen im deutschen Sinne kennenden Vertragspartner des Dawesabkommens auf dem Gebiet des Organisationsrechts an einer öffentlich-rechtlichen Lösung festgehalten hat, der Ersetzung der ja ausschließlich auf ein gewisses Beharrungsvermögen zurückzuführenden privatrechtlichen Nutzungsordnung durch eine öffentlich-rechtliche, soweit ich sehe, keine Schwierigkeiten entgegen, wie man ja auch bei der Post nicht an einen Verzicht auf die öffentlich-rechtliche Nutzungsordnung denkt. Es will mir daher fast so scheinen, als wenn auch bei Glum die m. E. ja irrige Vorstellung entscheidend wäre, daß die öffentlich-rechtlichen Formen für jede wirtschaftliche Betätigung notwendig ungeeignet sein müßten, als wenn der für den Liberalismus charakteristische Primat der „Behörde“ gegenüber der „Anstalt“ auch von Glum noch anerkannt werde.

verlangt dies, daß der Rechtscharakter der Nutzungsordnung seinerseits ebenfalls durch irgendwelche formale Kriterien eindeutig gekennzeichnet wird. Zur Zeit ist es bekanntlich in zahlreichen Fällen äußerst zweifelhaft, ob die die Anstaltsnutzung betreffenden Normen dem Rechtskreis des öffentlichen oder des privaten Rechts zugerechnet werden sollen. Hier wird die Entscheidung, wenn ich an die bekannten Ausführungen von Triepel anknüpfen darf, davon abhängen, welche Wertung dem betreffenden Tatbestand seitens der rechtssetzenden Gemeinschaft zuteil geworden ist[34]). So stellt sich überall dort, wo der Rechtscharakter der Nutzungsordnung nicht völlig eindeutig ist, wiederum ein Werturteil ein, das jedoch gerade vermieden werden sollte. Anderseits dürften aber über die Möglichkeit einer eindeutigen Ausprägung des Rechtscharakters der Nutzungsordnung, die solche Zweifel ausschließt, kaum prinzipielle Bedenken bestehen. Die hier liegenden Bedürfnisse des Anstaltsrechts finden ihr Pendant in den bekannten, wenn auch von dem Reichsgericht durchkreuzten, Bestrebungen des Beamtenrechts, das Beamtenverhältnis durch Aushändigung einer besonderen Anstellungsurkunde sichtbar gegenüber dem Privatdienstvertrag zu unterscheiden. Wie auf beamtenrechtlichem Gebiet, so muß auch für das Anstaltsrecht die Möglichkeit bestehen, durch Einschaltung bestimmter formaler Voraussetzungen den Rechtscharakter der Nutzungsordnung völlig eindeutig zu bestimmen. Voraussetzung hierfür ist allerdings, daß das Gesetz sich in stärkerem Maße mit der Anstaltsverwaltung beschäftigt, als dies bislang der Fall zu sein pflegt. Über die rechtstechnischen Mittel, die hier erforderlich sind, möchte ich mich mangels genügender Zeit nicht näher verbreiten.

Die zuvor angestrebte Präzisierung des Anstaltsbegriffs findet ihre Berechtigung in der Notwendigkeit, die in dieser Weise präzisierte Anstaltsverwaltung auf die ihr gestellten besonderen Aufgaben in genügender Weise speziell einstellen zu können, um auf diesem Wege der Abwanderung öffentlicher Verwaltungszweige in privatrechtliche Organisationsformen wirksam Einhalt gebieten zu können. Bildet daher eine negative Einstellung gegenüber einer solchen privatrechtlichen Entwicklung unserer Verwaltung eine wesentliche Voraussetzung der zuvor vertretenen Forderungen, so glaube ich diese zum mindesten mit ein paar kurzen Worten begründen zu müssen. Ich möchte dabei aus der Fülle der Bedenken, die hier geltend gemacht werden könnten, nur einige wenige herausgreifen. So werden beispiels-

---

[34]) Triepel: Der Konviktorienbeitrag der Landschaft Norder-Dithmarschen, in der Festgabe für Brunner, 1924.

weise die der Organisationsgewalt im Laufe der Zeit mühsam abgerungenen rechtsstaatlichen Garantien in demselben Augenblick zu einem großen Teil hinfällig, in dem die oberste Verwaltungsbehörde dazu übergeht, neue Verwaltungsaufgaben ad hoc gegründeten privatrechtlichen Gesellschaften zu übertragen[35]). Insbesondere die Grundrechte, nicht zuletzt der Art. 109, verlieren hier ihre Wirksamkeit[36]). Gesetzliche Zuständigkeitsverteilungen werden, wie am besten das Beispiel der auf diesem Wege entstandenen reichseigenen Verwaltung lehrt, durch diese Methode illusorisch[37]). Die Kommunalaufsicht wird ihrer Durchschlagskraft beraubt, wenn die Kom-

[35]) Siehe hierzu die Bedenken Erich Kaufmanns, Veröffentlichungen der Vereinigung deutscher Staatsrechtslehrer, Heft 2 S. 115.

[36]) In der maßgeblichen Literatur ist die Frage der Grenzen des Art. 109 in dieser Richtung, soweit ich sehe, noch nicht behandelt worden. Aus der von Leibholz (Die Gleichheit vor dem Gesetz, 25, S. 87) gegebenen Definition des Artikel 109 ist für diese Frage keine Antwort zu entnehmen. Das gleiche gilt neustens von den eingehenden Untersuchungen Stier-Somlos in den „Grundrechten und Grundpflichten" von Nipperdey. Die Verwaltung wird hier regelmäßig als eine in ihren Grenzen feststehende Institution angenommen, was jedoch die gegenwärtige praktische Situation, wie die Erfahrung und nicht zuletzt die anschließend zu erwähnende Bemerkung von Nipperdey zeigt, nicht mehr gestattet. In seiner Schrift „Stromsperre, Zulassungszwang und Monopolmißbrauch", 1929, S. 18, vertritt Nipperdey die Auffassung, daß auch gegenüber einem privatrechtlichen Unternehmen einer öffentlich-rechtlichen Körperschaft, ja, sogar gegenüber einem gemischtwirtschaftlichen Unternehmen der Artikel 109 praktische Geltung besitzt, wobei er sich bezeichnenderweise auf den Anstaltsbegriff der herrschenden Lehre, in Sonderheit auf die oben kurz gestreifte Lehre Fleiners beruft, die ja auch die öffentliche Anstalt in Privatrechtsform anerkennt. Eine solche Dehnung des Anwendungsbereichs des Artikel 109 über die öffentlichen Körperschaften selbst hinaus auf private Gesellschaften, die in irgendeiner Beziehung zu einer solchen Körperschaft stehen und von dieser zur Erfüllung ihrer Verwaltungsaufgaben benutzt werden, scheint mir untragbar zu sein. Normadressat des Artikel 109 sind nur die öffentlichen Körperschaften selbst. Ebensowenig bislang. Privatgesellschaften etwa dem Zugriff der Kommunalaufsicht unterliegen, kann für sie auch der Artikel 109 bindend sein. Beiläufig bemerkt, ein Zeichen dafür, daß unser geltendes Recht, soweit es an die Verwaltung denkt, hier nur die öffentlich-rechtliche Verwaltungsorganisation, aber nicht irgendwelche Gegenstücke auf dem Gebiet des Privatrechts im Auge hat. Wenn ich einen Vergleich von Jellinek (Verwaltungsrecht S. 24) heranziehen darf, so will ja die die „öffentlichrechtliche Uniform" ablegende Verwaltung mit dem Übergang zu privatrechtlichen Lösungen nichts anderes als eine Steigerung ihrer Beweglichkeit, weshalb der Fortfall aller rechtsstaalichen Garantien, unter ihnen des Artikel 109, nur in der Absicht der diesen Weg einschlagenden Stellen gelegen haben dürfte.

[37]) Siehe die lebhaften diesbezüglichen Klagen des preußischen Kultusministers Becker für sein eigenes Ressort; „Probleme der Wissenschaftspflege" in Recht und Staat im Neuen Deutschland, Bd. I S. 451 ff.

munen dazu übergehen, Verwaltungsaufgaben Gesellschaften zu übertragen. Soll der handelsrechtliche Charakter dieser Gesellschaften nicht völlig zerstört und für diese Zwecke eine besondere Gesellschaftsform geschaffen werden, so wird die Kommunalaufsicht sich mit jenen vergleichsweise bescheidenen Mitteln begnügen müssen, die ihr etwa der preußische Entwurf für eine Städteordnung einräumt. Ich darf weiter an die Tatsache erinnern, daß speziell auf dem Gebiet des Anleihewesens die Kommunen es mit Hilfe ihrer Gesellschaften vielfach verstanden haben, sich der Kommunalaufsicht zu entziehen. Die Erscheinungen auf dem Gebiet des Etat- und Rechnungsprüfungswesens, die diese Entwicklung im Gefolge hat, sind allgemein bekannt. Somit erscheint aber eine prinzipiell ablehnende Einstellung gegenüber dieser Entwicklung der öffentlichen Verwaltung hinreichend berechtigt[38]). Man

[38]) Die in der Diskussion geltend gemachten Bedenken Erich Kaufmanns, daß es für ein solches Zurück heute angesichts der tatsächlichen Entwicklung bereits zu spät sei, wird man gewiß nicht unterschätzen dürfen. Wie allerdings die Entwicklung endgültig verlaufen wird, ob nicht auch die privatrechtliche Welle wieder zurückweichen wird, um neuen, brauchbareren öffentlich-rechtlichen Formationen Platz zu machen, als wir sie heute dem wirtschaftenden Staat zu bieten vermögen, wird im Augenblick schwerlich ein Mensch mit Sicherheit angeben können. Die Tatsache, daß die deutsche Reichsbahn, trotzdem den Wünschen der Reparationsmächte eine Abwanderung ins Privatrecht fraglos sehr entgegengekommen sein würde, ihre öffentlich-rechtliche Organisation behalten hat, daß man insbesondere die Personalfrage nach wie vor mit den Mitteln des Beamtenrechts zu lösen trachtet, beweist m. E., daß bis heute noch starke Kräfte im Interesse öffentlich-rechtlicher Regelungen am Werke sind. Sollte jedoch die Entwicklung den umgekehrten Weg einschlagen, so wird man die in jeder Beziehung unübersehbaren Folgen einer solchen Tendenz nicht unterschätzen dürfen. Nicht allein, daß die Grundlagen des deutschen Staates überhaupt durch sie in Mitleidenschaft gezogen werden müßten, indem wir im Zweifel eine Renaissance des Patrimonialstaates erleben würden, auch das geltende Recht ist, wie Erich Kaufmann selbst mit Recht betont hat (Anm. 35), auf eine in privatrechtlichen Formen sich abspielende Verwaltung in keiner Weise zugeschnitten. Es müßten dann insbesondere im Interesse der individuellen Freiheitssphäre neue Sicherungen gesucht werden, da der klassische Rechtsstaat unter diesen Umständen nicht mehr genügt. Angesichts dieser weittragenden Konsequenzen einer Entwicklung der fraglichen Art sowie weiter angesichts der Tatsache, daß sich bis heute noch keineswegs mit Sicherheit angeben läßt, daß dieser Prozeß sich weiter fortsetzen wird, daß die für ihn treibenden Kräfte nicht primär in einer gewissen Einseitigkeit und deshalb Unbrauchbarkeit der öffentlich-rechtlichen Organisation zu suchen sind, die ja zu beheben wären, scheint mir der Versuch an dem Primat des öffentlichen Rechtes für die Zwecke der Verwaltung festzuhalten zurzeit die einzigste Möglichkeit der aktiven Stellungnahme zu den behandelten Fragen, es sei denn, daß man vorzieht, die Entwicklung vorerst dem Treiben des Zufalls zu überlassen, um dann allerdings am Ende notgedrungen doch zu einer grundsätzlichen Regelung zurückzugelangen zu versuchen.

wird ihr jedoch nur dann wirksam steuern können, wenn es gelingt, die öffentlich-rechtliche Verwaltungsorganisation selbst nunmehr denjenigen Verwaltungsbedürfnissen anzupassen, die heute scheinbar nur im Rahmen privatrechtlicher Gesellschaften ihre Erledigung finden können. Die Möglichkeit hierzu bietet ein entsprechender Ausbau der Anstaltsverwaltung, die aber hierfür ihrerseits erst einmal säuberlich gegenüber allen benachbarten Erscheinungen geschieden werden muß, zu welchem Behuf ich zuvor einer radikalen Präzisierung des Anstaltsbegriffs glaubte das Wort reden zu sollen.

Soll die Anstaltsverwaltung in dieser Art zu einem besonderen Verwaltungstyp, zu einem innerhalb der öffentlich-rechtlichen Verwaltungsorganisation neben der Behörde gleichberechtigten Faktor ausgebaut werden, so verlangt dies, daß an den Anstaltsbegriff seitens des geltenden Rechts in verschiedenster Richtung unmittelbare juristische Konsequenzen angeknüpft werden. In Übereinstimmung mit Erich Kaufmann[39]) und im Gegensatz zu Fleiner[40]) möchte ich für den Augenblick dem Anstaltsbegriff eine solch zentrale Bedeutung absprechen. Wenn Fleiner die Auffassung vertritt, daß mit der Entscheidung über den öffentlich-rechtlichen oder privatrechtlichen Charakter der Anstalt das Urteil über alle ihr mögliche rechtliche Beziehungen bereits gefällt wäre, so gilt dies doch nur sehr bedingt. Um nur einige Beispiele herauszugreifen, so hat weder das Haftungsrecht noch das Steuer- oder Gewerberecht an die öffentliche Anstalt als solche unmittelbar irgendwelche Konsequenzen geknüpft. Soweit überhaupt bereits solche Verbindungslinien zwischen der öffentlichen Anstalt und benachbarten Rechtsgebieten bestehen, sind diese ausschließlich von der Theorie, aber nirgends von dem positiven Recht geschaffen. Ein jedes Rechtsgebiet prüft bis heute nach seinem eigenen Maßstab, wie es sich zu einer öffentlichen Anstalt verhalten soll. Daß diese Prüfung auch einmal anders ausfallen kann, als etwa Fleiner erwartet, beweist z. B. ein vor einiger Zeit ergangenes Urteil des preußischen Oberverwaltungsgerichts, in dem die Gewerbesteuerpflichtigkeit der öffentlichen Sparkassen, die doch gemeinhin als öffentliche Anstalten angesehen werden, bejaht wird[40]). Speziell auf dem Gebiet des Gewerberechts erscheint es mir zweifelhaft, ob bei weiterer Betonung der ertragswirtschaftlichen Note innerhalb der Anstaltsverwaltung nicht auch das Gewerberecht, das ja an den für ihn allein maßgeblichen Begriff der Gewerbsmäßigkeit

---

[39]) Erich Kaufmann bei v. Stengel-Fleischmann S. 708.

[40]) Fleiner a. a. O. S. 328.

[41]) Reichsverwaltungsblatt, 28, S. 852, Urteil vom 17. April 1928.

gebunden bleibt, unter Umständen auch ein von der Theorie als öffentliche Anstalt anerkanntes Unternehmen der Herrschaft der Gewerbeordnung unterwerfen wird. Alles dies erklärt sich aus der Tatsache, daß die öffentliche Anstalt bis heute in das geltende Recht nur in sehr geringem Umfange Eingang gefunden hat, daß das positive Recht bislang höchstens an der selbständigen öffentlichen Anstalt in stärkerem Maße Interesse genommen hat. Gesetze, wie etwa die preußische Städteordnung für die östlichen Provinzen, die verschiedentlich mit dem Begriff der Gemeindeanstalt arbeitet, beweisen vielleicht am besten, wie wenig sich bis heute in den Reihen des positiven Rechts die öffentliche Anstalt als einheitlicher Typus durchgesetzt hat. Ich darf etwa nebeneinander auf den § 4 dieser Städteordnung und den § 4 des preußischen Komunalabgabengesetzes verweisen, die gleichermaßen mit dem Begriff der öffentlichen Anstalt arbeiten, ohne daß mit Sicherheit angenommen werden könnte, daß beide unter diesem Begriff das gleiche verstanden wissen wollen. Diese indifferente Haltung des positiven Rechts gegenüber dem von der Theorie entwickelten Anstaltsbegriff dürfte ursächlich darauf zurückzuführen sein, daß unter diesen Begriff schlechthin jede Verwaltungstätigkeit des Staates und der Gemeinden subsumiert werden kann, daß jedoch ein solch formloser Begriff für die Bedürfnisse praktischer Gesetzgebung ungeeignet ist. Eine Präzisierung des Anstaltsbegriffs eröffnet demgegenüber die Möglichkeit, diesen auch für das positive Recht unmittelbar fruchtbar zu machen, um auf diese Weise einmal rechtstechnisch wesentliche Erleichterungen zu schaffen und anderseits der Anstaltsverwaltung zu der angestrebten Ausprägung ihrer Besonderheit gegenüber der Behördenverwaltung einerseits und der öffentlichen Erwerbswirtschaft anderseits zu verhelfen, zwischen welchen beiden sie heute zerrieben zu werden droht[43]).

---

[42]) Wo das positive Recht bereits heute ausnahmsweise unmittelbare juristische Konsequenzen an den Anstaltsbegriff geknüpft hat, wie im Falle des § 18 des preußischen Zuständigkeitsgesetzes, denkt es nur an die öffentliche Anstalt mit öffentlich-rechtlicher Nutzungsordnung, da nur diese sich gegenüber Nachbarerscheinungen in der für eine rechtstechnische Behandlung unerläßlichen Weise abzuheben vermag. Siehe hierzu Stier-Somlo: Handbuch des kommunalen Verfassungsrechts in Preußen, 2. Auflage, 28, S. 259.

[43]) Gegenüber einer von Glum in der Diskussion gemachten Bemerkung darf ich darauf hinweisen, daß als Träger einer solchen Anstaltsverwaltung keineswegs allein Reich, Länder und Gemeinden, sondern neben ihnen auch andere Träger öffentlicher Verwaltung, in Sonderheit die öffentlichen Genossenschaften, in Frage kommen. Daher fällt unter Umständen auch die Verwaltung der Selbstverwaltungskörper der wirtschaftlichen Selbstverwaltung unter den Bereich der „An-

Die Zeit gestattet mir nicht, hier im einzelnen ein Bild von diesem Ausbau der Anstaltsverwaltung zu entwerfen, ich darf mich daher auf einige m. E. besonders wichtige Punkte des Verwaltungsrechts beschränken, an denen die Herstellung unmittelbarer Beziehungen zu der öffentlichen Anstalt ins Auge gefaßt werden könnte. Hier wäre einmal die Reichsgewerbeordnung zu nennen. Die geltende Reichsgewerbeordnung hat bekanntlich von vornherein eine ganze Reihe von Erscheinungen aus ihrem Interessenbereich ausgeschieden, ohne hier in eine Prüfung darüber einzutreten, ob die Voraussetzungen der Gewerbsmäßigkeit gegeben sind oder nicht. Ich darf etwa an das Eisenbahnwesen erinnern. Eine ähnliche Regelung wäre auch im Fall der öffentlichen Anstalt erwünscht, deren gewerberechtliches Schicksal damit in unmittelbare Abhängigkeit von ihrer Anstaltseigenschaft gebracht wäre, ohne daß eine unter besonderen gewerberechtlichen Gesichtspunkten erfolgende Prüfung im Einzelfall vonnöten sein würde.

Praktisch wichtiger dürften die auf steuerlichem Gebiet u ziehenden Konsequenzen sein, wobei die heute heiß umstrittenen Fragen der Besteuerung der öffentlichen Hand einer Lösung näher gebracht werden könnten. Wenn und soweit es überhaupt einen Sinn haben soll, öffentliche Körperschaften selber zur Steuer heranzuziehen, dürften hierfür vornehmlich

staltsverwaltung“ [illegible] oben gekennzeichneten Sinne. Da die Anstalt in der ihr im Text gegebenen Ausprägung ihren Gegenpol nicht in der Genossenschaft, sondern in der Behörde findet, da der Anstaltscharakter sich hier nicht so sehr auf die Eigenart des Handelnden (Anstalt oder Genossenschaft) als auf die Eigenart der Handlung (Verwaltungsakt oder Realakt) gründet, ist auch im Rahmen der genossenschaftlichen Verwaltung in diesem Sinne ein anstaltsmäßiger im Gegensatz zu einem behördenmäßigen Betrieb wohl denkbar. Wenn schließlich von Glum im gleichen Zusammenhang noch auf Maßnahmen der Wirtschaftsaufsicht (so Kartellaufsicht) eingegangen wird, so gehört vom Standpunkt wirtschaftlicher Betrachtungen aus diese bloße Wirtschaftsaufsicht allerdings mit der unmittelbaren wirtschaftlichen Tätigkeit der öffentlichen Körperschaften zusammen. Vom verwaltungsrechtlichen Standpunkt aus stellt diese Wirtschaftsaufsicht jedoch kein Novum gegenüber den bekannten verwaltungsrechtlichen Kategorien dar. Wenn Glum einmal selber von Kartellpolizei sprach, so gab er damit die Verwandtschaft dieser Wirtschaftsaufsicht mit der alten Eingriffsverwaltung deutlich zu erkennen. So dürften daher auch diese Fragen der Wirtschaftsaufsicht mit den im Text behandelten Fragen besser nicht vermengt werden, da eine solche Vermischung dazu angetan sein müßte, das Hauptaugenmerk auf das Verhältnis Staat und Wirtschaft überhaupt zu lenken, während die obenerwähnten besonderen Schwierigkeiten der Situation nicht aus diesem letztens nationalökonomischen Problemkreis erwachsen sind, sondern einzig und allein aus der mit dem Terminus „Eigenwirtschaft“ zu kennzeichnenden Art und Weise, in der der Staat diese Frage heute zu lösen unternimmt.

drei Gesichtspunkte zu berücksichtigen sein. Einen von ihnen, den kommunalpolitischen, möchte ich dabei hier beiseite lassen, da von ihm aus höchstens von Fall zu Fall, je nach Eigenart des betreffenden Unternehmens, ein Urteil abgegeben werden kann. Daneben stehen jedoch, im Zweifel bedeutsamere, wirtschaftspolitische sowie allgemeine verwaltungstechnische Rücksichten. Wirtschaftspolitisch gesehen erscheint eine Besteuerung der öffentlichen Hand erwünscht, soweit diese als in Konkurrenz mit der Privatwirtschaft stehend anzusehen ist. Im Falle der Anstaltsverwaltung bestehen allerdings häufig gewisse äußere Verwandtschaften mit der Privatwirtschaft, indem beide die gleichen Aufgaben wahrnehmen. Da jedoch die Anstaltsverwaltung unzweideutig zur öffentlichen Verwaltung gehört und als solche wesentlich andere Interessen verfolgt als jede erwerbswirtschaftliche Unternehmung, kann von einer Konkurrenz keine Rede sein, da das angestrebte Ziel bei beiden wesentlich voneinander verschieden ist. Hiernach könnte lediglich aus verwaltungstechnischen Rücksichten eine Besteuerung der öffentlichen Anstalten in Frage kommen. Um der Möglichkeit der Nachprüfung der Rentabilität eines Verwaltungszweiges willen ist häufig eine solche Besteuerung verlangt worden. Dabei werden jedoch die Schwierigkeiten, die der Übertragung des auf privatwirtschaftlichem Boden erwachsenen Rentabilitätsprinzips auf öffentliche Verwaltungszweige entgegenstehen, häufig nicht genügend beachtet. Sicherlich gilt das ökonomische Gesetz von einem gesunden Verhältnis zwischen dem erreichten Erfolg und den aufgewendeten Kräften wie für alle menschliche Tätigkeit, so auch für die öffentliche Verwaltung. Nur äußert sich dieser „Erfolg“ bei der öffentlichen Verwaltung nicht in einer zahlenmäßig meßbaren Rente, so daß sich ihre „Rentabilität“ an Hand einer Gewinn- und Verlustrechnung unschwer ermitteln ließe. Erfolge, die der Verwaltung beschieden sind, werden regelmäßig erst nach einem längeren Zeitablauf sichtbar und entziehen sich auch dann einem festen Maßstab. Persönliche Anschauungen werden hier das Urteil des Zensors zu einem wesentlichen Teil bestimmen. Ist es jedoch unmöglich, den Maßstab der Rentabilität auch an die öffentliche Verwaltung anzulegen, so kann auch nicht aus diesem Grunde eine Besteuerung der Anstaltsbetriebe verlangt werden. Ich möchte daher die Auffassung vertreten, daß in Ansehung der Anstaltsverwaltung kaum ein nennenswerter Grund für eine Besteuerung angeführt werden kann. Eine generelle steuerliche Exemtion der öffentlichen Anstalt würde anderseits gesetzestechnisch gegenüber dem geltenden Recht eine wesentliche Erleichterung bedeuten, da dieses mit dem von ihm heute zu

Hilfe gezogenen Kriterium der „Ausübung öffentlicher Gewalt“ gerade in schwierigen Grenzfällen vor die gleichen Verlegenheiten stellt, die aus dem Beamtenhaftungsrecht hinreichend genug bekannt sind und dort zu einer merkwürdig weiten Interpretation des Begriffs der öffentlichen Gewalt geführt haben. Daß im übrigen die Haltung des geltenden Steuerrechts gegenüber diesen Fragen mangels einer einheitlichen Richtlinie häufig stark von Sonderrücksichten bestimmt ist, beweist etwa die Behandlung der Reichspost, die im § 6 des Besteuerungsgesetzes als eine der Ausübung öffentlicher Gewalt dienende Unternehmung anerkannt wird, um ihr diese Qualität im Rahmen des Körperschaftssteuergesetzes (§ 2 Ziffer 3a und § 9) ohne weitere Erklärung abzustreiten. Zugegeben, daß die steuerpolitischen Absichten in den genannten beiden Gesetzen wesentlich verschieden sind, so muß doch fraglich bleiben, ob es erwünscht ist, wenn der Gesetzgeber in dieser Weise die von Theorie und Praxis herausgearbeiteten Begriffe einigermaßen willkürlich verwendet. Eine generelle steuerrechtliche Exemtion der öffentlichen Anstalten dürfte hier auf jeden Fall viele Zweifelsfragen aus dem Wege zu räumen geeignet sein.

Soll die Anstaltsverwaltung auf jene neuen Verwaltungsbedürfnisse zugeschnitten werden, die bislang mangels ungenügender Berücksichtigung seitens der öffentlich-rechtlichen Organisation in das Privatrecht abdrängten, so wird hier insbesondere an dem Haushaltsrecht nicht vorübergegangen werden dürfen. Dabei ist gegenüber der Haltung der bisherigen Gesetzgebung festzustellen, daß solche etatrechtliche Schwierigkeiten keineswegs auf den Umkreis der ausgesprochen werbenden Staatsbetriebe beschränkt sind, daß auch die Anstaltsverwaltung von ihnen nicht verschont geblieben ist[44]). Es mag sein, daß im Falle betont gewerblicher Unternehmungen der Etatisierung noch besondere Schwierigkeiten entgegenstehen, ich darf allein an die Notwendigkeit der Wahrung des Geschäftsgeheimnisses erinnern. Zu einem großen Prozentsatz erklärt es sich jedoch nicht so sehr aus diesen gewerblichen Absichten, als aus der betreffenden Tätigkeit selber, wenn die kameralistischen Etatprinzipien nicht zum Ziele führen. Nicht ohne Grund hat die herrschende Definition der öffentlichen Anstalt das sachliche Moment so stark betont. Dieses sachliche Moment steht aber in vielen Fällen dem Wunsch entgegen, die öffentliche Anstalt auf einen auf lange Sicht bis

---

[44]) Dies muß gegenüber Bestimmungen gleich dem Artikel 69 der Preuß. Verfassung, die ausschließlich ertragswirtschaftlichen Unternehmungen eine Sonderstellung zubilligen, ausdrücklich festgestellt werden.

in Einzelheiten bindenden Wirtschaftsplan gleich dem Etat festzulegen. Das Etatrecht verlangt eine Schätzung der mutmaßlichen Verwaltungsbedürfnisse für praktisch anderthalb Jahre im voraus. Eine solche Schätzung ist nur dort möglich, wo das Gros der Kosten sich in der Form der fixen Kosten darstellt, die sich in dieser Weise vorausschätzen lassen. Es erscheint nicht weiter verwunderlich, wenn in einer Zeit, in der das Verhältnis zwischen variablen und fixen Kosten sich überall stark zugunsten der letzteren verschoben hat, nach Zeitungsmeldungen in Kreisen der Privatwirtschaft erwogen wird, die Gedanken des Budgetrechts in irgendeiner Form auch dem privaten Betrieb nutzbar zu machen[45]). Da jedoch in gewissen Zweigen der Anstaltsverwaltung heute die variablen Kosten, die, den Schwankungen des Marktes und der Konjunktur unterworfen, sich kaum sicher vorausbestimmen lassen, einen beträchtlichen Teil innerhalb der Gesamtkosten darstellen, wird man hier eine gewisse Auflockerung des Etatrechts in Erwägung ziehen müssen. Allerdings gilt das Gesagte nur für einen Teil der Anstaltsverwaltung, z. B. nicht für die gesamte Schulverwaltung, so daß man sich hier vor unangebrachten Verallgemeinerungen wird hüten müssen. Um dies zum Schluß noch zu erwähnen, so wird eine solche Auflockerung des Etatrechts allerdings nicht in der Form geschehen dürfen, daß durchgehend an die Stelle des kameralistischen Etats eine handelsrechtliche Bilanz gesetzt wird. Liegt die Aufgabe der Anstaltsverwaltung ebensowenig wie der sonstigen öffentlichen Verwaltung in der Schaffung von Betriebsüberschüssen, werden vielmehr im Zweifel eine ganze Reihe von Anstaltsverwaltungen Zuschüsse aus allgemeinen Etatmitteln bedürfen, so kann der öffentlichen Anstalt auch nicht mit der handelsrechtlichen Bilanz ein ihr artfremdes System der Rechnungslegung oktroyiert werden, das letzten Endes zu einer Kommerzialisierung des betreffenden Verwaltungszweiges führen müßte. Wenn hier von einer Auflockerung des Etatrechts gesprochen worden ist, so könnte dabei etwa an die Kürzung der Etatperioden für die Anstaltsverwaltung und die Übertragung ihres Etats als eines Sonderetats an ein besonders parlamentarisches Gremium gedacht werden. Wieweit dabei der Übergang vom Brutto- zum Nettoetat empfehlenswert ist, wird mit Rücksicht auf die parlamentarische Etatkontrolle von Fall zu Fall zu prüfen sein.

Verwandt mit den Fragen des Haushaltsrechts sind die der Rechnungsprüfung. Es wäre die Frage denkbar, ob diese

---

[45]) „Das Budget im Industriebetrieb", siehe Finanz- und Handelsblatt der Vossischen Zeitung vom 14. Dezember 1927.

nicht mit Rücksicht auf die der Anstaltsverwaltung übertragenen Aufgaben, soweit diese wirtschaftlicher Natur sind, an Stelle der bureaukratisch organisierten Rechnungshöfe besser privaten Revisionsgesellschaften übertragen würde, in der Annahme, daß diese eher zur Nachprüfung der wirtschaftlichen Zweckmäßigkeit irgendwelcher Verwaltungsmaßnahmen imstande sind, als die Rechnungshöfe. Im Falle der preußischen Seehandlung hat das Staatsministerium unlängst in einer Vorlage an den Staatsrat einen ähnlichen Standpunkt eingenommen[46]). Wenn auch nicht zu verkennen ist, daß die Seehandlung als gewerbliches Unternehmen nach anderen Gesichtspunkten beurteilt werden muß, als die hier allein interessierenden öffentlichen Anstalten, so liegt doch auch bei denjenigen öffentlichen Anstalten, die mit wirtschaftlichen Aufgaben befaßt sind, sicherlich ein Bedürfnis nach Überprüfung der wirtschaftlichen Zweckmäßigkeit ihrer Maßnahmen vor, das daher vielleicht ebenfalls eine Einschaltung von Revisionsgesellschaften angebracht erscheinen lassen könnte. Jedoch angesichts der Tatsache, daß die Rechnungshöfe von jeher keineswegs auf eine allein rechnerische Kontrolle beschränkt gewesen sind[47]), daß sie von jeher darüber zu wachen gehabt haben, daß die Verwaltung nach ökonomisch richtigen Prinzipien geführt wird, eine Aufgabe, die gerade heute stark betont wird, ist nicht einzusehen, warum diese Rechnungshöfe nicht auch eine mit wirtschaftlichen Aufgaben befaßte Anstaltsverwaltung sollten kontrollieren können. Ein wesentlicher Vorzug der Rechnungshöfe liegt dabei in der Art ihrer Besetzung, auf den man gerade innerhalb von Verwaltungszweigen mit einem gewissen wirtschaftlichen Einschlag nicht ohne Not verzichten wird, da diese von Haus aus einen günstigeren Boden für Korruptionserscheinungen bilden, als die reine Behördenverwaltung.

Wenn in den letzten Jahren vielfach privatrechtlichen Lösungen gegenüber der öffentlich-rechtlichen Verwaltungsorganisation der Vorzug gegeben worden ist, so nicht zuletzt ob der Schwerfälligkeit der öffentlich-rechtlichen Organisation. Im Bereich der Kommunalverwaltung hat man sich hier mit den verschiedensten Maßnahmen zu helfen versucht, die den betreffenden Verwaltungszweigen eine größere Selbständigkeit und Beweglichkeit zuteil werden lassen sollten. Die Praxis pflegt dieses Ziel als den „verbesserten Regiebetrieb" zu bezeichnen, dem in der Mehrzahl der neueren Kommunalverfassungsgesetze einiges Interesse zuteil geworden ist, ins-

---

[46]) Staatsratsdrucksachen, 1929, S. 50.
[47]) Siehe etwa § 96 der Reichshaushaltsordnung.

besondere in den preußischen Entwürfen. Allerdings sind alle diese Sonderbestimmungen regelmäßig auf die erwerbswirtschaftlichen Unternehmungen der öffentlichen Hand beschränkt, wobei übersehen wird, daß die fraglichen Bedürfnisse sich nicht so sehr aus dem Motiv als aus dem Inhalt der betreffenden Tätigkeit erklären[48]). So wird auch die Anstaltsverwaltung hier und dort gegenüber der Behördenverwaltung eine ihr größere Selbständigkeit garantierende Sonderstellung verlangen. Starke reglementmäßige Bindungen sind dort, wo die staatlichen Organe zur Vornahme von Verwaltungsakten berufen sind, tragbar, ja notwendig. Wollte man die gleichen Prinzipien aber auch auf diejenigen Verwaltungszweige übertragen, bei denen die schöpferische Tat im Vordergrund steht, so wäre damit den ausführenden Organen von vornherein die Möglichkeit der Entfaltung eigener Initiative in hinreichend großem Maße genommen, wie die hier zu bewältigenden Aufgaben sie nun einmal verlangen. Anderseits wäre es falsch, diese Notwendigkeit der Entfaltung eigener Initiative als mit den Möglichkeiten einer mit Beamten besetzten öffentlich-rechtlichen Verwaltungseinheit a priori unvereinbar zu bezeichnen. Ich darf hier vielleicht daran erinnern, daß auf einem der wichtigsten Gebiete der Anstaltsverwaltung, der Schulverwaltung, die öffentlich-rechtliche Verwaltungsorganisation sich zweifellos bewährt hat, und daß es hier allgemein als ein Rückschritt empfunden werden würde, wenn die derzeitige Regelung einer privatrechtlichen Organisation, wenn insbesondere der beamtete Lehrer dem Vertragsangestellten den Platz räumen würde. Und doch liegen die Dinge bei der Schulverwaltung im Prinzip nicht anders als bei anderen Zweigen der Anstaltsverwaltung, insbesondere auch denjenigen, die

[48]) Bezeichnend hier allerdings die bisherige Geschichte des § 78 des Entwurfs für eine neue preußische Städteordnung. In dem § 78 des ursprünglichen Regierungsentwurfs war die Möglichkeit einer beweglicheren Verwaltungsführung ausschließlich für die betont gewerbsmäßigen Betriebe der Stadt vorgesehen. In der Fassung des Urantrags Herold und Genossen, der die Beschlüsse des 21. Ausschuß des Landtags in den Regierungsentwurf hineingearbeitet hat, stehen im § 78 an Stelle der „gewerblichen" Betriebe des Regierungsentwurfs „werbende" Betriebe. In dieser Änderung dürfte ein Doppeltes zum Ausdruck kommen. Einmal die für unsere Zeit charakteristische Auffassung, daß noch längst nicht jede werbende Tätigkeit dieserhalb gewerbsmäßig sein muß, daß auch die Erzielung planmäßiger Überschüsse sich unter Umständen mit dem Wesen öffentlicher Verwaltung verträgt. Weiter dürfte die abgeänderte Fassung des § 78 aber auch auf die Einsicht zurückzuführen sein, daß die fraglichen Sonderbedürfnisse sich keineswegs auf die im engen Sinne gewerbsmäßigen Unternehmungen der öffentlichen Hand beschränken, daß sie sich überhaupt nicht so sehr aus dem Motiv als aus der Eigenart der Tätigkeit selber erklären.

wirtschaftliche Aufgaben zu erfüllen haben. Hier wie dort muß dem ausführenden Organ die notwendige freie Initiative anerzogen, bzw. muß ihm die Möglichkeit der Entfaltung einer solchen Initiative gegeben werden. Kommt auch sicher dem Dienstbefehl innerhalb des Beamtentums eine besondere Bedeutung zu, so beweist doch der Fall des beamteten Lehrers, daß diese Subordination nicht notwendig dem Beamten jede eigene schöpferische Note nehmen muß. Von Wichtigkeit ist nur, daß man sich der hier liegenden personalpolitischen Notwendigkeiten voll bewußt wird, daß man die in der Anstaltsverwaltung beschäftigten Beamten hier und dort etwas anders behandelt, als dies in der Behördenverwaltung angebracht ist. Die Möglichkeit einer solchen Sonderbehandlung beweist m. E. die Schulverwaltung, die mit einer, um das Wort hier einmal in seinem negativen Sinne zu gebrauchen, völlig bureaukratisierten Lehrerschaft das Prinzip der Staatsschule längst hätte ad absurdum führen müssen, was man bis heute doch trotz aller in dieser Richtung laut gewordenen Kritik schwerlich wird behaupten können[48a]).

Die letzten Ausführungen leiten bereits zu einem Fragenkomplex über, den ich mit Absicht an den Schluß des Berichts gestellt habe, da ihm m. E. eine zentrale Bedeutung zukommt: der Personalfrage. Ich darf vielleicht hier, anknüpfend an frühere Ausführungen, noch einmal darauf hinweisen, daß die Eigenart der Anstaltsverwaltung nicht nur, die Eigenart der Verwaltung überhaupt, auf einer psychologischen Grundlage beruht. Wenn dieses psychologische Moment auch in die juristische Begriffsbildung nicht unmittelbar hineingearbeitet werden kann, so ändert dies doch nichts an seiner ausschlaggebenden Bedeutung, der daher ein jeder Versuch, das eigentliche Wesen der öffentlichen Verwaltung zu erfassen, Rechnung tragen muß. Gerade heute, wo auf Grund der traurigen Lage unserer öffentlichen Finanzen die Gefahr einer Kommerzialisierung unserer öffentlichen Verwaltung offensichtlich besteht, haben wir besonderen Grund, diesem psychologischen Moment unsere Aufmerksamkeit zu schenken. Diese der öffentlichen Verwaltung im Unterschied zu der privaten wie der öffentlichen Wirtschaft eigentümliche geistige Haltung finden ihren Widerschein, ihre Voraussetzung in der Besonderheit des deutschen Beamtentums. Wird von dem Staate eine besondere geistige Haltung erwartet, so bedeutet dies praktisch, daß von den für ihn handelnden Organen eine andere Einstellung zu der ihnen gestellten Berufsaufgabe erwartet wird, als beispielsweise von dem privaten Arbeitnehmer.

[48a]) Köttgen: Schule und Lehrer im modernen Staat. (Pädagogisches Magazin, Heft 1269, Langensalza 1929, S. 28 ff.)

Zurzeit sind wir von einer Einsicht in dieses eigentliche Wesen des Beamtenverhältnisses weit entfernt. Die Frage der Kompetenzabgrenzung zwischen Beamten und Arbeitnehmern wird heute mit Vorliebe nach betriebstechnischen Rücksichten beantwortet. Die Notwendigkeit kaufmännischer Geschäftsführung[49]), der Wunsch nach Verminderung der Pensionslasten einerseits, anderseits das Bestreben, eine Streikmöglichkeit von vornherein auszuschließen, entscheiden heute oft darüber, wo der Beamte Verwendung finden soll oder nicht. Es ist verständlich, wenn diese Personalpolitik auf der anderen Seite die bekannten Bestrebungen gezeitigt hat, die auf eine Amalgamierung der Beamtenschaft an die Arbeitnehmerschaft hinzielen[50]). Es ist unter diesen Umständen verständlich, wenn man heute zuweilen die Eigenart des Beamtenverhältnisses allein aus sozialpolitischen Motiven zu erklären versucht. Dies alles ändert jedoch nichts an der Tatsache, daß mit Fortfall eines in seiner Besonderheit anerkannten Beamtentyps gleichzeitig die Grundvoraussetzungen für jene eigentümliche psychologische Haltung entfallen, die den verwaltenden Staat gegenüber dem wirtschaftenden Staat wie gegenüber der gesamten Privatwirtschaft unterscheidet. Die Gleichsetzung von Beamten und Arbeitnehmern bedeutet somit in ihrer letzten Auswirkung die Aufgabe des unser Recht bis heute noch entscheidend beherrschenden Unterschiedes zwischen öffentlicher Wirtschaft und öffentlicher Verwaltung. Wo bis heute weittragende Wesensverschiedenheiten bestehen, würde es dann nur noch technische Unterschiedlichkeiten geben, über deren Berechtigung man daher wohl streiten könnte.

Um aus dem Gesagten die Schlüsse für die Anstaltsverwaltung zu ziehen, so müssen hier demnach grundsätzlich Beamte Verwendung finden, was natürlich nicht ausschließt, daß Personen, die lediglich untergeordnete mechanische Hilfsfunktionen zu erfüllen haben, auf Privatdienstvertrag angestellt werden[51]). Hieran vermögen auch etwaige betriebstechnische

---

[49]) So z. B. gelegentlich der Neuorganisation der preußischen Zentralgenossenschaftskasse durch Gesetz vom 28. April 1928, die gleichen Absichten bestehen nach der bereits erwähnten Vorlage der Regierung in Ansehung der preußischen Seehandlung.

[50]) Siehe hierzu Köttgen: Beamtenrecht und Arbeitsrecht, in den Mitteilungen des Jenaer Instituts für Wirtschaftsrecht, November 1928, und dazu die Entgegnung von Potthof in der „Allgemeinen Deutschen Beamtenzeitung“ vom 16. Februar 1929.

[51]) Umgekehrt muß jedoch auch der Beamte von der unter dem „Motor des wirtschaftlichen Egoismus“ arbeitenden Erwerbswirtschaft, mag diese nun auf private oder öffentliche Initiative zurückgehen, unbedingt ferngehalten werden. Eine Verwendung von Beamten in erwerbswirtschaftlichen Unternehmungen muß in der Regel entweder eine Kommerzialisierung des Beamtentums oder eine Bureaukrati-

Rücksichten nichts zu ändern, dic vielleicht hier oder dort den Privatangestellten geeigneter erscheinen lassen als den Beamten. Wollen wir die Verwaltung in ihrer Eigenart erhalten, so werden wir uns von dem Gedanken frei machen müssen, daß das Beamtenproblem lediglich ein solches rationeller Betriebstechnik ist. Hierin liegt m. E. auch die Einseitigkeit der bis heute auf diesem Gebiet wohl am tiefsten grabenden Untersuchungen Max Webers, die ebenfalls das Beamtenproblem allzu sehr nur von der technischen Seite her angreifen[52]). Dem alten Beamtentum wird Max Weber damit kaum gerecht. Wie das Beamtentum in Zukunft aussehen mag, ob seine Auffassung vielleicht eine visionäre Bedeutung für sich in Anspruch nehmen kann, wird im Augenblick kaum jemand mit Sicherheit sagen können. Wohl kann aber schon heute festgestellt werden, daß, wenn die Entwicklung des deutschen Berufsbeamtentums eine Richtung einschlägt, die auf die Auflösung eines besonderen Beamtentyps hinführt, dies keineswegs allein beamtenpolitisch von Wichtigkeit ist, vielmehr in seinen letzten Auswirkungen den Charakter der Verwaltung überhaupt und ja nicht allein der Verwaltung von Grund aus verändert, indem jene eigentümlichen psychologischen Grundlagen zerstört werden, auf denen die deutsche Verwaltung, der deutsche Staat bis heute beruht. Soweit daher technische Rücksichten im Rahmen der Anstaltsverwaltung eine besondere personalpolitische Stellungnahme verlangen, wird diesen Bedürfnissen nur mit beamtenrechtlichen Mitteln entsprochen werden können.

---

sierung des betreffenden Wirtschaftszweiges zur Folge haben. Ich verstehe die von Glum demgegenüber in der Diskussion geltend gemachten Bedenken durchaus. Ich glaube jedoch, daß sie letztens doch nur betriebstechnischer Natur sind und heute mehr denn je im Interesse der Wahrung der geistigen Geschlossenheit der Verwaltung zurücktreten müssen. Die Problematik, die die in leitenden erwerbswirtschaftlichen Stellungen beschäftigten und notwendig mit „Direktorengehältern" bedachten Beamten in den Gesamtorganismus des Berufsbeamtentums hineingetragen haben, ist heute nicht mehr zu verkennen. Im übrigen dürfte sich die von Glum mit Recht angestrebte Versiertheit des Beamten in wirtschaftlichen Dingen in gewissem Grade bereits durch eine diesen Bedürfnissen Rechnung tragende Beamtenausbildung ermöglichen lassen. Die Ausbildung der preußischen Verwaltungsbeamten in der Zeit des Merkantilismus, die neben den auch heute noch üblichen Verwaltungsstationen eine Beschäftigung auf einer staatlichen Domäne oder Manufaktur vorsah, scheint mir für eine diesem Merkantilismus in mancherlei Beziehung verwandte Zeit wieder eine aktuelle Bedeutung gewonnen zu haben.

[52]) „Diese (bureaukratische) Ordnung ist im Prinzip in erwerbswirtschaftlichen oder karitativen oder beliebigen anderen privaten ideelle oder materielle Zwecke verfolgenden Betrieben und in politischen oder hierokratischen Verbänden gleich anwendbar und auch historisch nachweisbar." S. Wirtschaft und Gesellschaft, 2. Aufl., S. 127.

Der § 8 des preuß. Kommunalbeamtengesetzes mit seinen Sonderbestimmungen für Beamte der Betriebsverwaltungen sowie etwa auch der § 24 des Reichsbahngesetzes beweisen die Möglichkeit, das Beamtenrecht derartigen Bedürfnissen anzupassen, ohne daß ich hiermit die dort getroffenen Regelungen ohne weiteres als ideale Lösungen bezeichnen möchte. Auf die Konstatierung dieser Möglichkeit muß ich mich hier beschränken, eine Untersuchung über die anzuwendenden Mittel würde allzu sehr in Einzelheiten des Beamtenrechts hinein- und von dem Thema fortführen.

Es gibt noch eine Reihe Punkte, an denen die Anstalt in dieser Weise in unmittelbare Beziehung zu anderen Rechtsmaterien gesetzt werden könnte. Ich darf etwa an das Beamtenhaftrecht sowie an das Gebührenrecht[53]) als schließlich auch an das Zweckverbandsrecht erinnern. Ich hoffe jedoch

[53]) Während früher (Öffentliche Hand und öffentliches Recht S. 20 ff.) von mir das Deckungsprinzip sehr scharf betont worden ist, bin ich neuerdings einigermaßen schwankend geworden, ob diese finanzwirtschaftlichen Maximen des Liberalismus sich zurzeit noch mit praktischem Erfolg vertreten lassen. Literatur (s. etwa Fleiner a. a. O. S. 327) und Judikatur bekennen sich mehr und mehr zu der Auffassung, daß auch eine planmäßige Gewinnwirtschaft mit dem Wesen öffentlicher Verwaltung nicht im Widerspruch zu stehen brauche. Wieweit allerdings Gebühren, die das Deckungsprinzip verlassen, den Charakter von Steuern annehmen können, kann hier nicht näher nachgeprüft werden, obwohl bei Bejahung dieser Möglichkeit das Finanzausgleichsgesetz einer entsprechenden Entwicklung des Gebührenrechts hier und dort einen Riegel vorschieben würde. Nach einem im Juli 1928 in der Deutschen Tageszeitung veröffentlichten Urteil hat das Hamburgische Oberverwaltungsgericht in der Tat mit Rücksicht auf den Finanzausgleich den Gemeinden das Recht der beliebig hohen Ansetzung öffentlicher Benutzungsgebühren bestritten. Abgesehen von diesem speziell finanzrechtlichen Gesichtspunkt sind jedoch schwerwiegende grundsätzliche Bedenken gegenüber einer solchen Entwicklung der Gebühr nicht zu verkennen. Wenn etwa Fleiner (a. a. O. S. 324) bei einer Gegenüberstellung der öffentlichen Verwaltung mit der Privatwirtschaft sagt, daß für die öffentliche Verwaltung nicht der Gewinn, sondern fürsorgerische Absichten bei dem Betrieb eines Unternehmens leitend sind, so bleibt es doch fraglich, ob nicht, wenn man der öffentlichen Verwaltung überhaupt das Streben nach Gewinn, wenn auch, wie es regelmäßig heißt, nur an untergeordneter Stelle, zubilligt, dieses primitive Gewinnstreben auf Grund gewisser Eigentümlichkeiten menschlicher Haltung auf die Dauer die Oberhand gewinnt und alle „fürsorgerischen" Absichten überwuchert. Ein Unterschied zwischen öffentlicher Verwaltung und Privatwirtschaft wäre dann in der Tat nicht mehr zu erkennen. Auch hier zeigt sich wieder das Unbefriedigende einer Situation, die in ihrer Labilität keine festen Grenzen kennt und daher zuläßt, daß sich aus einem Zweige öffentlicher Verwaltung ohne viel Aufsehen ein staatskapitalistisches Unternehmen entwickelt. Die Ausführungen, die der Vizepräsident des deutschen Städtetages Dr. Elsaß in seinem Vortrage über „die gegenwärtige Lage der gemeindlichen Selbstverwaltung" (Sonderabdruck aus der Rundschau für Kommunalbeamte vom 8. Ok-

durch die vorangegangenen Ausführungen in großen Zügen bereits angedeutet zu haben, in welcher Richtung der Anstaltsbegriff auch für die verwaltungsrechtliche Gesetzgebung fruchtbar gemacht werden kann, eine Fruchtbarkeit, die sich bislang vornehmlich auf den Interessenkreis der verwaltungsrechtlichen Theorie beschränkte. Wenn ich zum Schluß noch einmal den für mich leitenden Gesichtspunkt betonen darf, so ist es das Bestreben, durch Ausbau einer der Besonderheit ihrer Aufgabe angepaßten Anstaltsverwaltung die öffentlich-rechtliche Verwaltungsorganisation auch für diejenigen Verwaltungsaufgaben zu einem vollwertigen Instrument werden zu lassen, auf die sie ursprünglich unter dem Einfluß des Liberalismus nicht berechnet war, die jedoch im Zeitalter der sozialen Demokratie ihre unbedingte Gleichberechtigung gegenüber den altehrwürdigen Verwaltungszweigen errungen haben, ohne allerdings bislang gleich ihnen über eine vollwertige Organisation zu verfügen[54]).

---

tober 1927) zu dieser Frage gemacht hat, wird man nur unterschreiben können. Nur fragt sich, ob der von Elsaß vorangestellte Gedanke des Dienstes an der Gesamtheit heute nicht vielfach, sicherlich oft notgedrungen, durch Rentabilitätsrücksichten um der Rentabilität willen, wie sie Elsaß sicherlich mit Recht als ein Spezifikum der Privatwirtschaft anspricht, zurückgedrängt worden sind. Man kann demgegenüber auch nicht etwa einwenden, daß ja auch ein noch so kapitalistisches Unternehmen der öffentlichen Hand mit den von ihm erarbeiteten Betriebsüberschüssen der Allgemeinheit von Nutzen ist, indem es den Steueretat entlasten hilft. Solange das geltende Recht an der prinzipiellen Verschiedenheit zwischen dem wirtschaftenden und dem verwaltenden Staat noch festhält, wie es doch unleugbar der Fall ist, kann eine solch mittelbare Förderung der Allgemeinheit niemals als öffentliche Verwaltung angesprochen werden.

[54]) Wenn auch vorstehend das psychologische Moment aus der juristischen Konstruktion völlig ausgeschaltet worden ist, weshalb mir auch die auf diesen Punkt hinzielende Bemerkung Lutz Richters in seinem Schlußwort nicht ganz verständlich ist, so wird doch die in dem formalen Recht zum Ausdruck gebrachte verschiedene Bewertung des wirtschaftenden und des verwaltenden Staates letztens nur aus diesem psychologischen Moment heraus legitimiert, ist ein Verständnis des geltenden Rechts ohne Berücksichtigung dieses psychologischen Faktors schwerlich möglich.

Es war daher nur zu begrüßen, wenn von Glum in der Diskussion die Frage aufgeworfen wurde, ob die dem verwaltenden Staat eigentümliche geistige Haltung denn angesichts gewisser Strukturwandlungen der Privatwirtschaft selbst heute noch als Spezifikum des Staates angesprochen werden könne. Ich möchte demgegenüber die Auffassung vertreten, daß der Staat niemals ein Monopol auf die Gemeinnützigkeit besessen hat. Es hat immer Private gegeben, die ihre Arbeit nicht minder in den Dienst des allgemeinen Besten stellten als der Staat. Die Gesetzgebung hat dieses Streben auch regelmäßig anerkannt. Trotzdem hat man bis heute die an dem gemeinen Nutzen orientierte Arbeit eines Privaten niemals als öffentliche Ver-

2a. Leitsätze.

1. *Die gegenwärtige Epoche der deutschen Verwaltungsgeschichte ist durch eine ausgedehnte wirtschaftliche Betätigung der öffentlichen Körperschaften gekennzeichnet. Es bedeutet eine nicht überall empfehlenswerte Einschränkung der durch diese Entwicklung bedingten Problemlage, wenn dieser „wirtschaftliche" Einschlag der heutigen Staatstätigkeit schlechthin mit den erwerbswirtschaftlichen Tendenzen, die die öffentlichen Körperschaften heute vielfach verfolgen, identifiziert wird. Eine ganze Reihe der hier zu Debatte stehenden Schwierigkeiten ist keineswegs durch das Motiv, sondern allein durch den Inhalt der betr. staatlichen Tätigkeit bedingt.*
2. *Für eine rein erwerbswirtschaftliche Betätigung der öffentlichen Hand ist bis heute im Rahmen der öffentlichen Verwaltung kein Raum, wofern nicht die unterschiedliche Behandlung, die das geltende Recht dem wirtschaftenden und dem verwaltenden Staat angedeihen läßt, jede innere Berechtigung verlieren soll.*
3. *Soweit die öffentliche Verwaltung Aufgaben nachgeht, die mit Rücksicht auf ihren Inhalt als „wirtschaftliche" angesehen werden müssen, stellt das Verwaltungsrecht als Organisationsform für diese Zwecke die öffentliche Anstalt zur Verfügung.*
4. *Die derzeitige Abwanderung der öffentlichen Verwaltung in privatrechtliche Organisationsformen ist aus organi-*

---

waltung angesprochen. Öffentliche Verwaltung ist bis heute grundsätzlich ein Monopol der juristischen Personen des öffentlichen Rechts, seien sie nun Anstalten oder Körperschaften, Genossenschaften oder Gebietskörperschaften. Dies Monopol hat, wenn ich recht sehe, in zwei Punkten seine über die Gegenwart hinausreichende Rechtfertigung. Ganz ohne die Möglichkeit des obrigkeitlichen Eingriffs, wie sie keinem Privatmann gegeben ist, wird sich die der Verwaltung gestellte Aufgabe im allgemeinen nicht lösen lassen. Aber auch abgesehen davon ist die dem Staat speziell eigentümliche gemeinnützige Haltung nur denkbar auf der soliden Basis des Besteuerungsrechts. Jene Lösung von Leistung und Gegenleistung, wie sie für die öffentliche Verwaltung charakteristisch ist, setzt die anderweiten Einnahmen aus der Steuerquelle voraus, wie sie keinem Privaten gegeben sind. Es ist kein Zufall, daß heute, wo auch für die öffentlichen Körperschaften diese Steuerquellen nicht mehr unbeschränkt fließen, auch diese den Kreis ihrer Verwaltungsaufgaben beschränken und öffentliche Verwaltung durch öffentliche Wirtschaft ersetzen müssen. Mag daher auch die Privatwirtschaft heute in stärkerem Maße als vielleicht in einer früheren Zeit dem Allgemeinwohl verhaftet sein, was übrigens noch unter einen sicherlich sehr schwierigen Beweis zu stellen sein würde, so kann doch aus diesen Verschiebungen im Bereiche der Privatwirtschaft die Angleichung der letzteren an die öffentliche Verwaltung kaum gefolgert werden.

sationsrechtlichen Rücksichten sowie aus Gründen der allgemeinen Verwaltungsführung unerwünscht. Angesichts der gedanklichen Verbindungen, wie sie nun einmal zwischen dem Privatrecht und den Geschäftsmaximen der Privatwirtschaft bestehen, ist nicht zuletzt auf diese Entwicklung die vielfach beobachtete Kommerzialisierung der öffentlichen Verwaltung ursächlich zurückzuführen.

5. *Für die unter 4 erwähnte Entwicklung ist der derzeitige Zustand des Anstaltsrechts mit verantwortlich. Es erscheint notwendig, hier den neu entstandenen Verwaltungsbedürfnissen auf Seiten der Verwaltungsorganisation genügend Rechnung zu tragen.*
6. *Die dem Anstaltsrecht hiermit gestellte Aufgabe verlangt eine prägnantere Formulierung des Anstaltsbegriffs, als sie zurzeit im Anschluß an Otto Mayer gemeinhin üblich ist.*
   a) *Der herrschende Anstaltsbegriff führt zu der Anerkennung der öffentlichen Anstalt in Privatrechtsform.*
   b) *Nach dem herrschenden Anstaltsbegriff unterliegt den Normen des Anstaltrechts eine jede Verwaltungstätigkeit des Staates und der Gemeinden.*
   c) *Der herrschende Anstaltsbegriff ermöglicht praktisch in vielen Fällen keine absolut sichere Scheidung zwischen der öffentlichen Anstalt und der gewerblichen Interessen nachgehenden Regieverwaltung.*
7. *Aus den unter 6 erwähnten Schwierigkeiten erklärt sich die geringe praktische Fruchtbarkeit der von der verwaltungsrechtlichen Theorie entwickelten Kategorie: öffentliche Anstalt.*
8. *An einen schärfer präzisierten Anstaltsbegriff können seitens des positiven Rechts in verschiedenster Beziehung wichtige unmittelbare Konsequenzen geknüpft werden, die im Interesse der Rechtsanwendung zu begrüßen sein würden. Dies gilt insbesondere für das Gewerbe- und Steuerrecht, aber auch für das Etats- und Beamtenrecht.*
9. *Es ist notwendig, durch einen entsprechenden Ausbau der Anstaltsverwaltung als eines besonderen Verwaltungstyps, der imstande ist, diejenigen Verwaltungsaufgaben zur Erledigung zu bringen, für die heute vielfach die öffentlich-rechtliche Verwaltungsorganisation a priori ungeeignet gehalten wird, der deutschen Verwaltung wieder zu einem durchsichtigeren Aufbau zu verhelfen und somit insbesondere die Grenzen zwischen öffentlicher Verwaltung und Wirtschaft wieder schärfer hervortreten zu lassen.*

3. Aussprache über die Berichte am zweiten Tag.

Glum-Berlin: Beide Redner haben bei ihren Ausführungen über das angekündigte Thema vorwiegend das Thema der wirtschaftlichen Betätigung der öffentlichen Hand behandelt. Sie haben sich dabei darauf beschränkt, den Einfluß des Staates und der öffentlichen Körperschaften auf die Wirtschaft darzustellen, soweit er sich in der Form einer unmittelbaren wirtschaftlichen Betätigung vollzieht. Sie haben also die Fälle im Auge gehabt, in denen der Staat oder die öffentlichen Verbände selber wirtschaftliche Unternehmungen b e t r e i b e n.

Ich möchte mich daher auch auf dieses Thema in der Diskussion beschränken. Nur eine Bemerkung des letzten Berichterstatters gibt mir Anlaß, darauf hinzuweisen, daß damit die Fälle des Einflusses des Staates auf die Wirtschaft nicht erschöpft sind. Der 2. Berichterstatter hat am Schluß seiner Ausführungen öffentliche Verwaltung und öffentliche Wirtschaft in einen Gegensatz gebracht und dabei offenbar unter öffentlicher Wirtschaft die erwerbswirtschaftliche Betätigung des Staates und der übrigen öffentlichen Verbände verstanden. Ich würde es nicht für wünschenswert halten, wenn es sich einbürgern würde, von öffentlicher Wirtschaft in dieser Begrenzung zu sprechen. Es hat sich immer mehr der Sprachgebrauch herausgebildet, von öffentlicher Wirtschaft im Gegensatz zur Privatwirtschaft zu sprechen. Dazu gehört aber ein größerer Tätigkeitskomplex als die unmittelbare wirtschaftliche Betätigung der öffentlichen Verbände, so die Zuweisung öffentlicher Aufgaben an besondere Selbstverwaltungskörper der Wirtschaft (Selbstverwaltung der Wirtschaft) und die beaufsichtigende Tätigkeit des Staates über privatwirtschaftliche Unternehmungen, wie sie z. B. in der Form der Kartellaufsicht sich vollzieht. Es ist allerdings festzustellen, daß bezüglich der Selbstverwaltung der Wirtschaft eine rückläufige Bewegung in den letzten Jahren eingetreten ist, was dagegen von der Kartellaufsicht nicht gesagt werden kann. Doch nun zu dem Thema der beiden Referenten, über das sie gesprochen haben.

Der 1. Berichterstatter hat in seiner schönen Übersicht über die Entwicklungstendenzen auf dem Gebiet der erwerbswirtschaftlichen Tätigkeit der öffentlichen Verbände in Deutschland mit Recht darauf hingewiesen, daß der Betrieb eigener Unternehmungen der öffentlichen Verbände hier im Vordergrund steht. Er hat mit Recht behauptet, daß hier keineswegs immer, so doch vielfach sozialistische und pseudo-sozialistische Tendenzen ausschlaggebend sind und diese Betätigungsform vielfach als Übergang zur Sozialisierung angesehen wird. Ich glaube allerdings nicht, daß man das Richtige trifft, wenn man diesen Staatskapitalismus als Wirtschaftsdemokratie bezeichnet. Auch in dem Kreise der Naphtali nahestehenden Gewerkschaften scheint mir Wirtschaftsdemokratie etwas anderes zu bedeuten: Ursprünglich die Beteiligung der Anteilnehmer an der Leitung wirtschaftlicher Unternehmungen überhaupt, also das, was vielfach als konstitutionelle Fabrik bezeichnet worden ist, als Vorstufe zur Demokratisierung der Wirtschaftsbetriebe, jedenfalls in den wirtschaftlichen Selbstverwaltungskörpern, und nachdem sich herausgestellt hat, daß für die Durchführung dieser die psychologischen Voraussetzungen für eine wirkliche Zusammenarbeit zwischen Unternehmern und Arbeitnehmern nicht vorhanden waren, woran meines Erachtens der Gedanke der Selbstverwaltung der Wirtschaft gescheitert ist, die wirtschaftliche, ja vielleicht sogar über das Wirtschaftliche hinausgehende gemeinnützige Betätigung der Gewerkschaften. Jedenfalls enthält das Buch von Naphtali über Wirtschaftsdemokratie, an dem eine Reihe von hervorragenden, den Gewerkschaften nahestehenden Persönlichkeiten mitgearbeitet haben, eine Aufzählung von zahlreichen Beispielen nach dieser Richtung, Betrieb von Banken, Schulen usw.

Zugeben möchte ich, daß bei der Ausdehnung der erwerbswirtschaftlichen Betätigung der öffentlichen Hand das Streben nach Machterweiterung des Staates mitspielt. Die Notwendigkeit dazu kann aber höchstens aus militärischen Bedürfnissen gerechtfertigt werden, vielleicht noch beim Nachrichtenwesen, obwohl gerade auf diesem Gebiet man sehr verschiedener Meinung sein kann, ob eine Beeinflussung durch den Staat wünschenswert ist.

Daß nur ein reicher Staat ein Rechtsstaat sein kann, ein Zitat, worauf der 1. Berichterstatter hingewiesen hat, muß abgelehnt werden. Dieses Zitat ist offenbar so zu verstehen, daß gegenüber der Macht der großen wirtschaftlichen Konzerne der Staat, um seine Funktion als Rechtsstaat ausüben zu können, durch die Anhäufung eigener Wirtschaftsmacht sich stärken muß. Ich möchte aber behaupten, daß der Staat diesen Konzernen gegenüber andere Machtmittel in der Hand hat, daß er durch stärkere Ausbildung seiner Aufsicht alles erreichen kann, was nötig ist, um sich als Rechtsstaat behaupten zu können.

Schließlich die Einstellung der Bürokratie. Es ist nicht zu leugnen, daß die Bürokratie in der erwerbswirtschaftlichen Tätigkeit der öffentlichen Hand mit Eifer eine neue Betätigungsmöglichkeit aufgegriffen hat, nachdem ihr andere Gebiete mehr oder weniger verschlossen worden sind. Aber es ist festzustellen, daß diese Erweiterungstendenzen der Bürokratie sich nicht gleichmäßig auf alle Ressorts verteilen. So fehlt sie bisher völlig bei dem wichtigsten für die Wirtschaft zuständigen Ressort, dem Reichswirtschaftsministerium, das sich fast ausschließlich auf die vorbereitende und ausführende Tätigkeit hinsichtlich der Gesetzgebung beschränkt hat und nicht einmal über eigene große Fonds verfügt. Wo bei anderen Ressorts eine andere Tendenz festzustellen ist, sind es vielfach politische Motive, die zum mindesten indirekt mitspielen.

Nun die Frage der Grenzziehung gegenüber der Ausdehnung der erwerbswirtschaftlichen Betätigung der öffentlichen Hand. Ein sehr ernstes Problem, das ja auch bestehen bleibt, wenn man die Vorschläge des 2. Berichterstatters befolgt. Der 1. Berichterstatter hat auf Art. 151 Abs. 3 RV., das Grundrecht der Gewerbefreiheit, und seinen Zusammenhang mit Art. 156 hingewiesen. Die Interpretation von Art. 151 Abs. 3 ist vielleicht am schwersten von allen Artikeln der Grundrechte, zeigt sich doch hier deutlich, daß man in Weimar in Bezug auf die Wirtschaftsverfassung in Deutschland ein Kompromiß zwischen liberalen und sozialistischen Anschauungen zu Stande zu bringen versucht hat. Aber wenn die Grundrechte den Sinn haben, den ihnen Smend gegeben hat, daß sie ein Wert- oder Gütersystem normieren in Bezug auf das die Deutschen einig sein sollen, so ist sicher, daß trotz des Art. 156 eine schrankenlose Zurückdrängung der Gewerbefreiheit druch die wirtschaftliche Betätigung der öffentlichen Hand dem durch die Verfassung normierten Wertsystem widersprechen dürfte.

Und nun zu den Ausführungen des 2. Berichterstatters. Ich kann hier nicht auf die rechtsdogmatischen Ausführungen des Berichterstatters über den Begriff der öffentlichen Anstalt eingehen. Auch mir scheint der Begriff der herrschenden Lehre darunter zu leiden, daß er zu unbestimmt ist. Ich glaube, nach dem Eindruck, den ich von den Ausführungen des Berichterstatters hatte, sagen zu können, daß ich dem jetzt gegenüber seiner Antrittsvorlesung modifizierten Standpunkt des Berichterstatters in vielem beipflichten kann, wenn ich mir auch von einer dogmatischen Behandlung der hier erörterten Fragen für die Praxis nicht sehr viel verspreche.

Worauf Herr Köttgen hinaus will, ist, wenn ich ihm richtig

folgen konnte, eine strenge Scheidung zwischen den erwerbswirtschaftlichen Unternehmungen der öffentlichen Hand und den öffentlichen Anstalten. Er will den ganzen Kreis erwerbswirtschaftlicher Unternehmungen aus der öffentlich-rechtlichen Sphäre überhaupt herausgedrängt wissen. Dafür tritt er für eine schärfere Herausarbeitung des Begriffs der öffentlichen Anstalt mit öffentlicher Nutzungsordnung ein und will das Beamtentum beschränkt sehen auf die Tätigkeit innerhalb der Sphäre der öffentlichen Anstalt, wobei diese Tätigkeit sich nicht nur in Verwaltungsakten erschöpfen, sondern auch auf Realakte sich erstrecken soll. Die öffentliche Anstalt mit privatrechtlicher Nutzungsordnung will er ganz beseitigen.

Es ist klar, daß der Standpunkt des Berichterstatters, wenn er sich realisieren ließe, von großem Vorteil für das Steuerrecht sein würde. Ich würdige auch die Gründe des Verfassers, die ihn unter beamtenpolitischen Gesichtspunkten zu seinen Forderungen veranlaßt haben. Aber ich weiß nicht, ob es richtig ist, so weit zu gehen, wie der Berichterstatter. Die rechtspolitischen Konsequenzen, die sich aus seinen Forderungen ergeben, würden im starken Gegensatz zu den Entwicklungstendenzen stehen, welche wir auf den in seinen Erörterungen behandelten Gebieten beobachten. Hier trete ich den Ausführungen des ersten Berichterstatters bei, daß die Dinge noch zu sehr im Fluß sind. Ich glaube auch, daß die Konsequenz der Befolgung der Ausführungen des Berichterstatters sein würde, daß das öffentlich-privatrechtliche Zwischengebilde, das auch er noch für notwendig hält, wenn er auch die öffentliche Anstalt mit privatrechtlicher Nutzungsordnung ablehnt, durch sehr zahlreiche Unternehmungen verwirklicht werden würde. Daß für dieses Zwischengebilde ein Bedürfnis nicht nur bei den öffentlichen Kreditinstituten vorhanden ist, beweist die Deutsche Reichsbahngesellschaft, die auch, wie sich aus ihrer ganzen Entwicklungsgeschichte ergibt, nach Aufhebung der Dawes-Gesetze vermutlich in einer ähnlichen Rechtsform wie die, in die sie jetzt gekleidet ist, weiterbestehen dürfte. Vor allem aber darf man nicht daran vorübergehen, daß immer deutlicher Strukturwandlungen in der Privatwirtschaft sich vollziehen, die die Unterschiede gegenüber der öffentlichen Wirtschaft verwischen. In den großen Konzernen ist unzweifelhaft gleichzeitig mit dem Aufkommen einer Bürokratie bei den Führern und dieser Bürokratie die Tendenz festzustellen, den Konzern nicht nur unter dem Gesichtspunkt privatwirtschaftlichen Gewinnstrebens, sondern auch im Hinblick auf seine gemeinnützige Bedeutung, seine Stellung innerhalb der Nationalwirtschaft zu führen, wie überhaupt in der Haltung des Unternehmertums gegenüber dem Staat ein ethisch bestimmtes Verantwortlichkeitsgefühl festzustellen ist. Es vollzieht sich also ein Angleichungsprozeß in der Betriebsführung bei den großen Konzernen der privaten Hand und den großen Unternehmungen der öffentlichen Hand, den man nicht stören sollte. Zweifel habe ich auch, ob die beamtenpolitischen Folgerungen des Berichterstatters ganz ohne Bedenken sind. Ich bin ein Gegner einer allzu scharfen Trennung der Laufbahn der Beamten der Hoheitsverwaltungen von denen der wirtschaftlichen Verwaltungen. Es besteht dann nämlich die Gefahr, daß die Beamten, die die wirtschaftspolitischen Gesetze vorbereiten und über ihre Ausführung wachen, vor allem aber die Aufsicht über die wirtschaftlichen Verwaltungen führen sollen, ohne Fühlung mit dem praktischen Leben an ihre Aufgabe herantreten.

Bühler-Münster: Die Ausführungen der Referenten über den Zusammenhang zwischen Staatsform und Betätigung des Staates in der Wirtschaft hätten nicht weiter und nicht einmal so weit geführt, wie Göpperts ausgezeichnete Schrift „Staat und Wirtschaft" (1925). Der von ihm hervorgehobene Grundgedanke, daß die Demokratie für öffentliche Wirtschaftstätigkeit weniger geeignet sei, weil sie die Wirtschaft ebenso wie alles andere im Staat dem Einfluß der Parteien ausliefern würde, sei in der Tat der entscheidende. Das sei ja bei uns unter der Herrschaft des Sozialisierungsgedankens zunächst völlig verkannt worden, nach Festigung der Währung und Wiederkehr geordneter Verhältnisse habe es sich aber sofort geltend gemacht und in der nun eingetretenen Überführung vieler öffentlicher Betriebe in Gesellschaftsform sei doch so etwas wie eine Entsozialisierung zu sehen.

Freilich seien die Dinge in Reich und Ländern z. T. anders gegangen als in den Gemeinden, und das zeige sich auch im Charakter der Anstalten dieser verschiedenen Körperschaften. Der Anstaltscharakter der Reichsanstalt für Arbeitsvermittlung und Arbeitslosenversicherung habe ebenso wie der Anstaltscharakter, der zunächst bei der Reichsbahn da war und jetzt noch bei der Reichspost vorhanden sei, den Sinn einer gewissen Abriegelung der Anstaltsführung gegenüber den parlamentarischen Einflüssen. Dennoch seien ja diese Anstalten in gewisser Beziehung Behörden geblieben, wie bzgl. der heutigen Reichsbahnstellen der Reichsfinanzhof mehrfach ausgesprochen habe (dessen Rechtsprechung leider zu wenig herangezogen sei). Bei den Gemeinden stehe es ganz ähnlich mit den Sparkassen, die auch kein von der Gemeinde verschiedenes Rechtssubjekt und doch von ihr zwecks Wahrung ihrer eigenen Wirtschaft einigermaßen selbständig gehalten würden. Die Gesellschaftsform bei anderen Gemeindeanstalten verfolge dagegen wieder andere Ziele; u. a. sei zu beachten, daß bei dieser Form des Betriebes Preiserhöhungen für Gas, Strom usw. vorgenommen werden könnten, die das Verbot der kommunalen Verbrauchssteuern umgehen.

Redner sprach schließlich den Wunsch aus, die Referenten möchten das von ihnen zusammengebrachte Material doch möglichst weitgehend veröffentlichen.

Jellinek-Heidelberg: Den Dank für die belehrenden und tiefschürfenden Berichte glaube ich am besten durch Mitteilung der durch sie in mir angeregten Gedankengänge erstatten zu können. Ich darf mich dabei an die Überschriften der beiden Berichte: „Verwaltungsrecht der öffentlichen Anstalt" halten und mehr das eigentlich Verwaltungsrechtliche des Anstaltsrechts betonen als dies in den Berichten zum Ausdruck kam. Dies geschieht zweckmäßig durch den Versuch der Zeichnung eines anschaulichen Bildes dessen, was man bei öffentlichen Anstalten finden kann. Bei der öffentlichen Anstalt aber findet man dreierlei Anschauliches: die sie nutzenden Personen, den sachlichen Bestand und den persönlichen Bestand. Dahinter steht der Träger der Anstalt.

Um mit diesem zu beginnen, so können Träger öffentlicher Anstalten das Reich, der Staat, Kommunalverbände und sonstige juristische Personen des öffentlichen Rechts sein; ob auch sog. öffentliche Unternehmer, sei hier nicht entschieden, da diese Frage, wie auch Herr Richter angedeutet hat, umstritten ist.

Betrachtet man dann die drei Elemente, so hat keines an sich etwas Öffentlich-Rechtliches an sich. Höchstens bei den Gefängnissen kann man sagen, daß die Art des Gebäudes auf eine öffentlich-rechtliche Einrichtung hinweist. Sonst sind es die Rechtsverhältnisse, die die öffentliche Anstalt von einer privaten unterscheiden.

1. Für den Benutzer gilt typischerweise das Recht auf Zulassung, bei einigen Anstalten findet man den Benutzungszwang. Das Rechtsverhältnis wird nicht durch Vertrag begründet. Auch ohne vertragliche Bindung muß z. B. Gebühren bezahlen, wer eine öffentliche Anstalt in Anspruch genommen hat.

Durch Eintritt in die Anstalt unterwirft sich der Benutzer einer gegenüber dem Privatrecht gesteigerten Anstaltsgewalt. So kann der körperliche Widerstand gegenüber Anstaltsorganen bei Ausübung des Hausrechts Widerstand gegen die Staatsgewalt sein, die Anstaltsordnung kann insbesondere bei der Androhung von Anstaltsstrafen über das Privatrechtliche hinausgehen, die öffentliche Anstalt kann Verwaltungszwang ausüben oder wenigstens eine Verwaltungsbehörde um Vollstreckung ohne vorangegangenes Urteil ersuchen.

Für diese Schlechterstellung im Verhältnis zum bürgerlichen Recht wird der Benutzer in anderen Beziehungen besser behandelt. Man denke an die Vorschrift des preußischen Kommunalabgabengesetzes, daß die Gebühren nicht mit rückwirkender Kraft bestimmt werden dürfen. Wer sich der Gebührenzahlung durch Täuschung entzieht, wird nicht wegen Betrugs, sondern wegen Hinterziehung bestraft. Gegen Übertretungen der Anstaltsordnung, wie bei Laiengrabreden, fährt man nach richtiger Ansicht nicht gleich das grobe Geschütz der Strafverfolgung wegen Hausfriedensbruches auf; Anstaltsstrafen genügen.

2. Der sachliche Bestand der öffentlichen Anstalt genießt einen erhöhten Schutz. Ich persönlich verneine allerdings die Zulässigkeit besonderer allgemeinpolizeilicher Maßnahmen zugunsten öffentlicher Anstalten. Wer aber, wie Herr Fleiner, derartige anstaltspolizeiliche Maßnahmen zuläßt, tut dies nur für öffentliche Anstalten, nicht für private. Bei beweglichen Anstaltssachen, wie Büchern einer Seminarbibliothek, besteht eine gesteigerte Sicherung gegen Wegnahme, etwa durch Anwendbarkeit der Strafrechtsbestimmungen über den Bruch amtlichen Gewahrsams (StGB. § 133). Jener entpflichtete Professor, Direktor eines Universitätsinstituts, durfte also nicht kurzerhand mit Standortsnummer versehene Bücher aus dem Institut mit der Behauptung mitnehmen, sie gehörten ihm, er hätte sie dem Institut seinerzeit nur leihweise überlassen. Bei nach Hause mitgenommenen Büchern ist die Bibliothek nicht auf den ordentlichen Rechtsweg beschränkt, kann sie vielmehr kraft unmittelbaren Verwaltungszwanges nach Ablauf der Leihfrist, bei unerlaubt mitgenommenen Büchern sofort, aus der Wohnung wegnehmen lassen.

3. Der persönliche Bestand der Anstalt ergibt sich harmonisch aus ihren obrigkeitlichen Befugnissen. An irgendeiner Stelle müssen Beamte sitzen, schon deshalb, weil das Beamtenstrafrecht strenger ist als das für Angestellte geltende und so das Gegenstück zu den einschneidenden Befugnissen der öffentlichen Anstalt bildet. Außerdem erfordern diese gesteigerten Befugnisse eine schärfere Amtshaftung, die nur RV. Art. 131 — im Gegensatz zu den mancherlei Einschränkungen des bürgerlichen Rechtes — gewährt.

Solcher Art also sind die Rechtsverhältnisse einer in jeder Beziehung öffentlich-rechtlich gestalteten Anstalt, wobei keineswegs gesagt sein soll, daß sie alle zum Wesen der öffentlichen Anstalt gehören; vielmehr sollte hier aus Gründen der Anschaulichkeit ein Idealtypus dargestellt werden. Sind aber die geschilderten Rechtsverhältnisse ausgesprochen öffentlich-rechtlich, so ist die gegebene Art des Rechtsschutzes die durch Verwaltungsbehörden und namentlich durch Verwaltungsgerichte. Dies bedeutet Ausschaltung der ordentlichen Gerichtsbarkeit. Darüber hinaus bedeutet die Öffentlich-Rechtlichkeit einer Anstalt Ausschaltung des ganzen bürgerlichen Gesetzbuchs, eine Erkenntnis, die namentlich für das Landesrecht wichtig ist, da dieses dann, auch ohne Vorbehalt im EG.BGB., vom BGB. abweichende Normen erlassen kann.

Diese meine Ausführungen sind zunächst rechtsdogmatischer Natur und können vielleicht im Einzelfalle die Beantwortung der Frage, ob eine Einrichtung eine öffentliche Anstalt im Sinne eines bestimmten Gesetzes ist, erleichtern. Darüber hinaus fügen sie sich aber auch wohl ungezwungen in die beiden Referate ein. Sie zeigen, welche Werte man aufgibt, wenn man eine Anstalt auf den Boden des Privatrechts stellt, geben also die Grundlage für rechtspolitische Erwägungen ab und ermöglichen eine sichere Erkenntnis von Entwickelungstendenzen. Aber auch für die statistisch-tatsächliche Forschung, von der uns der erste Herr Berichterstatter eine solch aufschlußreiche Probe gegeben hat, ist eine Darstellung der Eigentümlichkeiten der öffentlichen Anstalt wohl nicht ganz unwichtig, da sie zugleich den Wunsch enthält, man möge bei der Sammlung und Sichtung der Tatsachen auf jene Eigentümlichkeiten achten.

Kaufmann-Berlin. Wir stehen in einer Zeit der Strukturwandlung des Staates, die gekennzeichnet ist durch die Abkehr von Liberalismus. Der Staat kann sich nicht mehr mit einer rein politischen Tätigkeit begnügen. Aus innerer Notwendigkeit heraus muß er Wirtschaftssubjekt werden. Die Notwendigkeit ist — was im Gegensatz zu Göppert betont werden muß — von der Staatsform unabhängig. Die erwerbswirtschaftliche Betätigung der öffentlichen Hand ist an sich kein Novum; bis zum 19. Jahrhundert war sie durchaus üblich.

Bemerkenswert ist die Bevorzugung privatrechtlicher Organisationsformeln. Dafür sprechen verschiedene Gründe, vor allem der der Anonymität. Charakteristisch sind die kommunalen Gründungen interterritorialer Art, vor allem auf dem Gebiet der Versorgungsbetriebe (RWE, Gasfernversorgung). Das Problem des Hamburger Hafens hat erst durch Schaffung einer Gesellschaft privaten Rechts gelöst werden können. Eine andere, in diesem Zusammenhang bedeutsame Erscheinung, sind die Zwillingsgesellschaften.

Die hier erörterten Probleme reichen auch in das Völkerrecht hinein. Mehrfach hatten sich im Falle der Staatsukzession Schiedsgerichte mit der Frage zu beschäftigen, ob der Völkerrechtsgrundsatz, daß das Eigentum des zedierenden Staates auf den Zessionar übergeht, auch für das Staatseigentum an privatwirtschaftlichen Betrieben gilt. Im Falle der Tanganyika-Eisenbahn wurde dahin entschieden, daß eine Liquidation der vom Deutschen Reich betriebenen Eisenbahn stattzufinden habe.

In dieser Entwicklung gibt es kein Zurück zum klassischen Verwaltungsstaat. Gefahren können allerdings aus einem Formenmißbrauch und einer Monopolstellung von Wirtschaftsbetrieben der öffentlichen Hand erwachsen. Aufgabe der ordentlichen Gerichte und der Wissenschaft ist es, diesen Gefahren zu begegnen. In die ordentlichen Gerichte darf das Vertrauen gesetzt werden, daß sie dieser Aufgabe gerecht werden.

Gerber-Marburg: Es erscheint gewagt, nach den ebenso weitgreifenden wie tiefgründigen Ausführungen des Herrn Kaufmann in der Besprechung fortzufahren. Wenn es trotzdem geschieht, so aus der Hoffnung heraus, eine Ergänzung getan und eine — vielleicht notwendige — Korrektur an diesen Ausführungen vornehmen zu können.

Zunächst aber möchte ich darauf aufmerksam machen, daß mir in den Ausführungen des Herrn Berichterstatters Köttgen ein Widerspruch zu stecken scheint, und zwar an sehr wichtiger Stelle. Herr Köttgen glaubt feststellen zu müssen, daß im modernen Rechte sich wichtige Begriffe auflösen, und zwar so, daß man das entgegenzunehmen hat, ohne es ändern zu können oder übersehen zu dürfen. Insbesondere meint er, stehen die Begriffe öffentlich-rechtlich und privatrechtlich in diesem Auflösungsprozesse. Andererseits aber findet der Herr Berichterstatter keinen anderen Weg, das von ihm behandelte Problem zu lösen, als die Herausarbeitung eines scharfen Begriffes „öffentlich-rechtlich“. Das bedeutet einen inneren Widerspruch in seinen Ausführungen. Zugegeben ist gewiß, daß unsere Zeit die Neigung zeigt, Begriffen ihre Schärfe zu nehmen, sie zu verwischen. Aber dieser Neigung muß, gerade in der Rechtswissenschaft, entschieden begegnet werden, denn das Rechtsleben ist notwendig und wesensmäßig auf scharfe Begriffe angewiesen. Deswegen ist es begrüßenswert, wenn der Herr Berichterstatter doch selbst auch den Versuch macht, den Begriff „öffentlich-rechtlich“ wieder zu klären. Ob allerdings dem Ergebnis seiner Untersuchung zuzustimmen ist, ist eine andere Frage; ich möchte sie verneinen. Der angestellte Versuch möchte alle Wertung bei der Bestimmung des Begriffes öffentlich-rechtlich ausschalten; dagegen wird auf etwas Organisationstechnisches, auf die öffentliche Nutzungsordnung abgestellt. Das muß ich für unrichtig erklären. Zur Begründung möchte ich zwei Beispiele von Vorfällen aus der Verwaltungspraxis anführen, die sich allerwärts immer wieder ereignen.

Es handelt sich — im Gegensatz zu den eindrucksvollen Beispielen, die Herr Kaufmann aus der auswärtigen Verwaltung anführte — um zunächst ganz unscheinbar anmutende Ereignisse aus der Praxis der untersten Verwaltungsbereiche der inneren Verwaltung: die Stadt Marburg baute ein großes Sommerbad außerhalb des Flußlaufs der Lahn. Am Tage, nachdem es in Betrieb genommen war, erging eine Verordnung, der Ortspolizeibehörde (Bürgermeister!), welche das freie Baden in der Lahn im Gesamtbereiche der Stadt Marburg bei Strafe verbot mit dem ausdrücklichen Hinweis „Nachdem das städt. Sommerbad eröffnet ist, . . . usw." — Zum anderen: Der Polizeipräsident von Kassel beabsichtigt den Erlaß einer Polizeiverordnung über die Zulassung von Kraftwagenlinien und legt den Entwurf dem Magistrat Kassel zur Genehmigung vor. Der Magistrat wünscht Abänderung der vorgesehenen Bestimmung, daß die Stadtgemeinde vor der Erteilung jeder einzelnen Zulassungsgenehmigung zu hören sei, dahin, daß sie in jedem einzelnen Falle zuzustimmen habe. Die Stadt Kassel ist Hauptaktionär der Kasseler Straßenbahn. Der von ihr gemachte Einwand ist durchsichtig! — In beiden Fällen ist ohne weiteres klar, daß ein vollendeter oder versuchter Mißbrauch der Polizeigewalt zur Stärkung der Ergiebigkeit einer kommunalen Anstalt vorliegt. (Der erste Fall unterstützt übrigens den Zweifel, ob es wünschenswert ist, den Kommunalverwaltungen die Polizei selbst nur als Auftragsangelegenheit zu belassen.) Es ließen sich leicht auch Beispiele anführen, bei denen die Polizeiverordnungen unmittelbar dazu dienten, die öffentlichrechtliche Nutzungsordnung einer Anstalt zu ermöglichen und dabei das Wesen der Polizei gröblichst verletzt wird, indem mit der Polizeiverordnung die freie wirtschaftliche Konkurrenz unterbunden und trotzdem für die Anstalt Einnahmen im rein erwerbswirtschaftlichen Sinne sichergestellt werden. In all diesen Fällen ist nun mit organisationstechnischen Maßnahmen nicht abzuhelfen; man findet k e i n e n Ausweg, wollte man die Meinung des Herrn Berichterstatters Köttgen annehmen, das Kriterium für die öffentliche Anstalt sei die öffentlich-rechtliche Nutzungsordnung. Abgesehen davon, daß bei dieser Begriffsbestimmung das zu Definierende mit in die Definition aufgenommen worden ist, wird übersehen, daß wir im Recht scharf zwischen Gestaltungs- und Wertungsbegriffen unterscheiden müssen. Gewiß ist alles Recht, sowahr es „ausrichtet" im Sinne der Unbedingtheit Wertung. Aber diese wertende Ausrichtung bezieht sich einmal auf die verschiedenen Einsichten möglicher Lebensgestaltung, zum anderen auf die Verschiedenartigkeit der Wertungen, die unter denselben Voraussetzungen von den verschiedenen, zur Gemeinschaft verbundenen Menschen vorgenommen werden. Der Herr Berichterstatter hat den Begriff „öffentlich-rechtlich" als einen Gestaltungsbegriff zu entwickeln gesucht; er hat es ausdrücklich abgelehnt, Wertungsmomente zu seiner Erklärung zu benutzen. Und es wurde auch der Grund hierfür klar: Das Streben nach einem „objektiven" Kriterium, die Ablehnung alles Subjektiven. Aber hier scheint er mir einen bedeutsamen Irrtum zu teilen: nämlich den, daß, aller Wert, so wahr er nur als persönliche Wertung in die Erscheinung treten kann, „subjektiv", also brüchig, mit Willkür behaftet sei. Gewiß: kein Mensch ist in der Lage, Kunde vom Wertvollen „an sich" zu geben. All unser Streben ist ein Ringen um den Wert, ein Stammeln vom Unbedingten. Damit verliert es aber nicht seine Beziehung zum unbedingten Grunde, es bleibt, wenn es sich nur überhaupt verantwortlich ausrichtet, „objektiv", trotz seiner „Subjektivität"! Und nur dadurch erhält und behält unser Leben überhaupt Sinn, bleibt es Leben der Persönlichkeit.

Nun ist, das läßt sich nachweisen, der Begriff des „Öffentlichen" selbst ein Wertungsbegriff. Das ganze Problem der öffentlichen Anstalt ist also letztlich ein Wertungs-, ein Gesinnungsproblem. Das hat der Herr Berichterstatter Köttgen selbst in seiner Parallele mit dem Beamtenrecht anerkannt.

Aber auch in den Ausführungen des Herrn Kaufmann glaubte ich eine Bestätigung dieser Auffassung finden zu können. Wenn er sagte, der Staat müsse selbst wirtschaften, um den Geist des Liberalismus zu überwinden, wenn er in den großen modernen Wirtschaftsorganisationen den kollektiven Geist, eine wahre Gesamtverantwortlichkeit glaubte anerkennen zu können, so liegt auch hier der Schwerpunkt der Problemerfassung im Gesinnungsmäßigen, nicht im Organisationstechnischen. Nun aber meine Korrektur bzw. Ergänzung: In den Anstalten der unteren Verwaltungszweige ist von dieser kollektivistischen Geisteshaltung, von dieser Gesamtverantwortlichkeit nichts zu spüren. Wenn sich da Umbildungen im besprochenen Sinne zeigen, so ist — wie das auch die angeführten Beispiele ausweisen — der Grund vielmehr gerade darin zu suchen, daß sich die liberalistische Auffassung in der Verwaltung erst durchsetzt, daß sie einbricht in Bereiche des Staatslebens, die davon bisher frei waren. Das ist eine beachtliche Gefahr für den Staatsbestand, gegen die ernsthafte Abwehr geboten ist. Aber auch diese kann nur durch Gesinnungsbildung, durch Einwirkung auf das Wertbewußtsein geschehen. Es gilt hier in ganz besonderer Weise die Idee des Staates zu retten!

Tatarin-Tarnheyden-Rostock: Wir haben zwei sehr lehrreiche Referate gehört. Trotzdem frage ich mich, ob nicht gerade weitergehende juristische Aufschlüsse möglich sind.

Der erste Herr Referent bot ein reiches Material, er verzichtete aber bewußt auf eine einheitliche juristische Konstruktion der Anstalt, ja auch nur auf eine Typisierung ihrer Erscheinungsformen. Herr Kaufmann hat darin ein Verdienst erblickt, ich möchte ihm jedoch widersprechen, sofern er die Möglichkeit einer Typisierung ablehnt. Ich frage mich zum Beispiel, ob der grundsätzliche Verzicht des ersten Referats auf eine Scheidung des Öffentlich-Rechtlichen vom Privatrechtlichen berechtigt war. Referent erwähnte die kriegswirtschaftlichen Verwaltungsformen, nutzte sie jedoch konstruktiv nicht aus. Gewiß ist diese Art Wirtschaft heute geschwunden, aber die Formen, in denen sie sich vollzog, sind geeignet, auf das Verwaltungsrecht der öffentlichen Anstalt auch heute ein klärendes Licht zu werfen. In ihnen trat eine deutliche Scheidung zwischen einer öffentlich-rechtlichen „Verwaltungsabteilung" und einer privatrechtlichen „Geschäftsabteilung" zu Tage. Für die erste war ausschlaggebend der hoheitliche Zwang, wie er sich etwa in der monopolistischen Erfassung von Rohstoffen, in ihrer Rationierung, ihrer Verwaltung und Verwertung nach hoheitlichen Gesichtspunkten durch Beamte und Angestellte des Staats zeigte. Demgegenüber diente die „Geschäftsabteilung" dem kaufmännisch geleiteten auf Erwerbszwecke eingestellten Betrieb, der sich juristisch in die privatrechtlichen Formen der Aktiengesellschaft der G. m. b. H. usw. kleidete, in denen der Staat mit seinem Anteil nur als Gleicher unter Gleichem auftrat. Die rechtliche Verbindung zu einem Ganzen entsprang hauptsächlich aus dem verbindenden Gesamtzweck und der hoheitlichen Aufsicht des Staats, die sich jedoch nach der einen Seite als Dienst-, nach der anderen als Staatsaufsicht im engeren Sinne äußerte. Der Einfluß dieser Formen läßt sich vielfach auch in der Nachkriegswirtschaft aufzeigen, so in der relativen Vergesellschaftung bzw. Zwangsbewirtschaftung von Kohle, Kali, Eisen, Elektrizität usw. Ich möchte hier u. a. auf die Schrift meines Fakultätskollegen Gieseke, Die Rechtsverhältnisse der gemeinwirtschaftlichen Organisationen, 1922, verweisen. Aber eine ähnliche Scheidung ist auch auf dem Gebiete der geistigen oder kulturellen Verwaltung zu verfolgen, nur daß hier die in der wirtschaftlichen Anstaltsverwaltung typische privatrechtliche „Geschäftsabteilung" sich zu einer kulturellen autonomen Selbstverwaltung steigert. Man denke an die Universitäten, in denen sich das Anstaltliche mit dem Körperschaftlichen, die rein hoheitliche Verwaltung mit der eigenständischen Selbstverwaltung mischt.

Man kann hier von einem übertragenen und einem eigenen Aufgabenkreis der Universitäten sprechen, zu dem letzteren gehören das Gebiet der Forschung und der rein wissenschaftlichen Lehre. Ich muß mich hier auf diese Andeutungen beschränken. Von hier aus aber wären, wie mir scheint, fruchtbare Ansätze für eine juristische Theorie der öffentlichen Anstaltsverwaltung zu gewinnen.

Der zweite Herr Referent verzichtet auf eine formale Begriffsbestimmung der öffentlichen Anstalt und will sie zum Teil aus ihren Zwecken konstruieren. Er lehnt jedoch eine Konstruktion aus dem allgemeinen Zweck etwa im Sinne von Gemeinnützigkeit ab, will es vielmehr auf eine Spezialität der Zwecke abstellen. So mündete sein Referat in eine geistvolle Umschreibung oder bestenfalls Beschreibung aus. Ob das aber juristisch befriedigen kann? Insbesondere möchte ich die koordinierende Gegenüberstellung von öffentlicher Anstalt und Behörde ablehnen. Die erstere ist juristisch gesehen juristische Person des öffentlichen Rechts, die letztere Organ. Gewiß ist die Anstalt keine Behörde, aber sie kann von einer Behörde verwaltet werden. Bei der Betrachtung dieser Probleme schien mir in beiden Referaten der Name Gierke unberechtigt zu fehlen — Gierke hat für die juristische Lösung der hier in Frage stehenden Probleme bereits wertvollste Handhaben gegeben. Der Gegensatz zwischen Körperschaft und Anstalt ist geeignet, in den gemischtem Rechtscharakter der modernen öffentlich-rechtlichen Anstalt Licht hineinzutragen. Eine öffentlich-rechtliche Anstalt ist dort gegeben, wo ein Komplex sachlicher Mittel sowohl sächlicher als persönlicher Art für eine Erreichung öffentlicher Zwecke zur Verselbständigung im Sinne einer Rechtseinheit gelangt ist. Dadurch erfolgt die relative Loslösung von der Körperschaft des öffentlichen Rechts, die für jede Anstalt wesentlich ist, wenn auch zweifellos darin Otto Mayer zu folgen ist, daß jede öffentliche Anstalt — Anstalt einer Körperschaft des öffentlichen Rechts sein muß. Aber erst durch die selbständige Rechtspersönlichkeit wird jener Komplex sächlicher und persönlicher Mittel zur Anstalt, so z. B. die Reichsanstalt für Arbeitsvermittlung und Arbeitslosenversicherung, und erst dadurch unterscheidet sie sich vom Finanz- und Verwaltungsvermögen einer öffentlich-rechtlichen Körperschaft. Insofern hatte Herr Jellinek völlig recht, wenn er den Zweifel äußerte, ob ein Gefängnis als öffentliche Anstalt (im engeren Sinn) bezeichnet werden darf. Beim Finanz- oder Verwaltungsvermögen des Staates fehlt die Verselbständigung zur eigenen Rechtspersönlichkeit, die der öffentlichen Anstalt eigen ist. In diesem Sinne konnte das Postfinanzgesetz vom 18. März 1924 noch nicht genügen — hier wurde bloß eine wirtschaftlich gesonderte Rechnungsführung für einen Zweig der Reichsverwaltung durchgeführt, man darf hier höchstens von Anstalt im weiteren Sinne sprechen. Wohl aber wurden selbständige Anstalten begründet durch das Reichsbankgesetz vom 30. August 1924 und durch die Vorläuferin des Reichsbahngesetzes vom 30. August 1924 — die Verordnung vom 12. Februar 1924. Andrerseits aber mischen sich in der verselbständigten Rechtseinheit der öffentlichen Anstalt selber, wie etwa die Universitäten oder die erwähnten Kriegsgesellschaften zeigen, nur zu oft anstaltliche mit korporativen Elementen, indem ein Teil der anstaltlichen Verwaltung sich zu körperschaftlicher Verselbständigung steigert, womit der Gegensatz der echten Selbstverwaltung zum verwaltenden Staat konzipiert ist. Vom privatwirtschaftlichen Unternehmen des sei es Staats- sei es Kommunalfiskus (öffentliche Hand) aber unterscheidet sich anstaltliche Verwaltung bzw. Selbstverwaltung, abgesehen von der Verselbständigung allemal durch den hoheitlichen Gemeinschaftszweck, dem sie dient. Wann ein solcher gegeben ist, ist natürlich quaestio facti, wobei dann das von Herrn Gerber aufgeworfene Problem der Bewertung zu Worte kommt. Darin hat gewiß Herr Köttgen recht, daß es auf Erwerbszweck, Nutzbarkeit hier nicht ankommt — auch diese hindern nicht die Anerkennung einer öffentlichen Anstalt. Auch hier konnte ich nur Anregungen geben.

Endlich noch ein Wort zu Herrn Glums Ausführungen. Unter Wirtschaftsdemokratie sollte nur eines verstanden werden — die organische Demokratie auf dem Gebiete der wirtschaftlichen Selbstverwaltung, d. h. dasjenige, was zum Teil in Art. 165 RV. gestaltet bzw. vorgezeichnet ist.

Wolgast-Königsberg: Zur Klärung des Begriffs der öffentlichen Anstalt und ihres Verwaltungsrechts dürfte mit Nutzen auf das kanonische Recht zurückgegriffen werden können. Eine für diese Fragen interessante Studie ist kürzlich in der Arbeit des Schweden V. A. Rinander, Kanonisk rätt och nutida offentlig rätt; klerus och offentlig tjänst (Kanonisches Recht und modernes öffentliches Recht; Klerus und öffentlicher Dienst), Stockholm, 1927, erschienen. Eine Besprechung dieses Werkes gedenke ich im „Archiv für katholisches Kirchenrecht", herausg. v. Hilling, demnächst zu veröffentlichen und darf darauf hier verweisen.

Waldecker-Breslau bringt zwei Beispiele aus der Königsberger Verwaltungspraxis.

Apelt-Leipzig: Ich möchte in diesem Zusammenhang nur ein interessantes Beispiel erwähnen, wohin wirtschaftliche Betätigung eine öffentliche Körperschaft führen kann, das mir gerade zurzeit in meiner Praxis vorgekommen ist. Die durch ihre

Uhrenindustrie bekannte Stadt Glashütte hatte in der Zeit der Deflation größere Darlehen aufgenommen, angeblich um durch Weitergabe an private Unternehmungen das Wirtschaftsleben der Stadt anzukurbeln, hatte aber tatsächlich den größten Teil der Beträge in ihre eigenen Betriebe und in solche, an denen sie beteiligt war, hineingesteckt. Da das Geld verloren worden ist und die Gemeinde nicht in der Lage ist, die Zinsen aufzubringen, geschweige denn die gekündigten Kapitalien zurückzuzahlen, steht sie unmittelbar vor der Eröffnung des Konkurses. Es wird also voraussichtlich zum ersten Male in Deutschland das Konkursverfahren über eine Gemeinde durchzuführen sein. Nach dem sächsischen Ausführungsgesetz zur Zivilprozeß- und Konkursordnung hat das Ministerium des Innern die Überschuldung und Zahlungsunfähigkeit der Gemeinde festzustellen sowie die Objekte zu bezeichnen, die mit Rücksicht auf die weiter zu erfüllenden öffentlichen Aufgaben nicht zur Konkursmasse gezogen werden dürfen. Diese Feststellung kann von den Gläubigern noch vor dem Oberverwaltungsgericht angefochten werden.

Die Gläubiger drohen aber, den Staat als haftpflichtig in Anspruch zu nehmen, da sie sich auf die Staatsaufsicht verlassen hätten und die Darlehnsaufnahme durch ein Staatsorgan, den zuständigen Bezirksausschuß, genehmigt worden sei. Diese Konsequenz ist aber m. E. abzulehnen. Es müßte zu unabsehbaren Folgen führen, sollte der Staat in dieser Weise für die wirtschaftliche Betätigung der seiner Aufsicht unterliegenden Korporationen verantwortlich gemacht werden können.

Lutz Richter spricht zugleich im Namen Köttgens das Schlußwort, in dem er für die in der Aussprache gegebenen Anregungen dankt und auf die Schwierigkeiten hinweist, die sich bei der Verwendung psychologischer Begriffe und Fragestellungen in der Rechtslehre infolge der eigenen Lage der wissenschaftlichen Psychologie ergeben.

IV. Verzeichnis der Redner.

V. Verzeichnis der Mitglieder der Vereinigung der Deutschen Staatsrechtslehrer.

Gegründet am 13. Oktober 1922.

Vorstand.

1. Sartorius, Dr. Carl, ord. Professor der Rechte, Tübingen, Lustenau.
2. Kelsen, Dr. Hans, ord. Professor der Rechte, Mitglied und ständiger Referent des Verfassungsgerichtshofs, Wien VIII, Wickenburggasse 23.
3. Koellreutter, Dr. Otto, ord. Professor der Rechte, Oberverwaltungsgerichtsrat, Jena, Schaefferstr. 2.

Mitglieder.

1. Adamowich, Dr. Ludwig, ord. Professor der Rechte, Graz, Halbärthgasse 6 II.
2. Adler, Dr. Franz, Privatdozent der Rechte an der deutschen Universität in Prag, Prag XI, Sudoměřská 1413.
3. Anschütz, Dr. Gerhard, ord. Professor der Rechte, Geheimer Justizrat, Heidelberg, Ziegelhäuser Landstr. 35.
4. Apelt, Dr. W., Geheimer Regierungsrat, ord. Professor der Rechte an der Universität Leipzig, Sächsischer Staatsminister des Innern, Dresden, Liebigstr. 24.
5. Bilfinger, Dr. Carl, ord. Professor der Rechte an der Universität Halle a. S., Paulusstr. 4.
6. Bornhak, Dr. Conrad, a. o. Professor der Rechte, Geheimer Justizrat, Berlin SW 61, Blücherplatz 2.
7. Brie, Dr. jur., Dr. theol. ev. h. c., Dr. rer. pol. h. c., Siegfried, ord. Professor der Rechte, Geheimer Justizrat, Breslau, Auenstr. 35.
8. Bruns, Dr. Viktor, ord. Professor der Rechte, Berlin-Zehlendorf-West, Sven-Hedin-Str. 19.
9. Bühler, Dr. Ottmar, ord. Professor der Rechte, Münster i. W., Dechaneistr. 19.

10. Calker, van, Dr. Wilhelm, ord. Professor der Rechte, Geheimer Justizrat, Freiburg i. Br., Wölflinstr. 13.
11. Dochow, Dr. Franz, a. o. Professor, Heidelberg, Leopoldstraße 37.
12. Dyroff, Dr. Anton, ord. Professor der Rechte, Geheimer Rat, München, Viktoriastr. 9 und Ostermünchen (Oberbayern).
13. Ebers, Dr. Godehard Josef, ord. Professor der Rechte, Köln-Marienburg, Ulmenallee 124.
14. Finger, Dr. A., ord. Professor der Rechte, Geheimer Justizrat, Halle a. S., Reichardtstr. 2.
15. Fleiner, Dr. Fritz, ord. Professor der Rechte, Zürich, Mythenkai 4.
16. Fleischmann, Dr. Max, ord. Professor der Rechte, Halle a. S., Kaiserplatz 14.
17. Frisch, Dr. Hans v., früher ord. Professor an der Universität Czernowitz, jetzt Privatdozent an der Universität Wien VIII, Josefstädter Str. 17.
18. Genzmer, Dr. jur., Dr. phil. h. c. Felix, ord. Professor der Rechte, Ministerialrat a. D., Marburg a. L., Wilhelmstraße 52.
19. Gerber, Dr. Hans, a. o. Professor an der Universität Marburg a. L., Weißenburgstr. 38 I (jetzt ord. Professor an der Universität Tübingen).
20. Giese, Dr. Friedrich, ord. Professor der Rechte, Frankfurt a. M.-Süd, Waidmannstr. 20.
21. Gmelin, Dr. Hans, ord. Professor der Rechte, Gießen, Am Nahrungsberg 39.
22. Glum, Dr. F., Privatdozent der Rechte an der Universität Berlin, Berlin-Dahlem, Ihnestr. 14.
23. Heckel, Dr., ord. Professor der Rechte, Bonn, Buschstraße 58.
24. Helfritz, Dr. jur. et phil., Hans, ord. Professor der Rechte, Geheimer Regierungsrat, Breslau, Eichendorffstraße 63.
25. Heller, Dr. Hermann, a. o. Professor an der Universität Berlin, Berlin-Schlachtensee, Adalbertstr. 41.
26. Henrich, Dr. phil. jur. et rer. pol., a. o. Professor für Rechtswissenschaft an der Deutschen Technischen Hochschule in Brünn, Liliengasse 19.
27. Hensel, Dr. Albert, a. o. Professor der Rechte an der Universität Bonn, Joachimstr. 14.
28. Herrfahrdt, Dr. Heinrich, Privatdozent an der Universität Greifswald, Karlplatz 18.

29. Heyland, Dr., a. o. Professor an der Universität Gießen, Rechtsanwalt, Adresse: Frankfurt a. Main-Süd, Gartenstraße 36.
30. Hippel, Dr. Ernst v., ord. Professor der Rechte an der Universität Königsberg, Kastanienallee 41.
31. Holstein, D. Dr. Günther, ord. Professor der Rechte, Greifswald, Wolgaster Str. 90.
32. Hübner, Dr. Rudolf, ord. Professor der Rechte, Geheimer Justizrat, Jena, Beethovenstr. 6.
33. Hugelmann, Dr. Karl, a. o. Professor an der Universität Wien, Klosterneuburg, Lessingstr. 5.
34. Isay, Dr. Ernst, Oberverwaltungsgerichtsrat in Berlin, Privatdozent an der Universität Münster i. W., Berlin-Grunewald, Egerstr. 12.
35. Jacobi, Dr. Erwin, ord. Professor der Rechte, Leipzig C 1, Straße des 18. Oktober 17.
36. Jahrreiß, Dr. Hermann, a. o. Professor an der Universität Leipzig N 22, Landsberger Str. 1.
37. Jellinek, Dr. Walter, ord. Professor der Rechte, Heidelberg, Moltkestr. 10.
38. Jerusalem, Dr. Franz W., a. o. Professor der Rechte, Jena, Beethovenstr. 15.
39. Kahl, D. Dr. Wilhelm, ord. Professor der Rechte, Geheimer Justizrat, M. d. R., Berlin-Wilmersdorf, Kaiserallee 23.
40. Kaufmann, Dr. Erich, ord. Professor der Rechte in Bonn, Berlin-Nikolassee, Sudetenstr. 54a.
41. Kelsen, Dr. Hans, ord. Professor der Rechte, Mitglied und ständiger Referent des Verfassungsgerichtshofs, Wien VIII, Wickenburggasse 23.
42. Köhler, Dr. Ludwig v., ord. Professor der Rechte, Staatsminister a. D., Tübingen, Hirschauer Str. 6.
43. Koellreutter, Dr. Otto, ord. Professor der Rechte, Oberverwaltungsgerichtsrat, Jena, Schaefferstr. 2.
44. Köttgen, Dr. Arnold, Privatdozent an der Universität Jena, Sophienstr. 1.
45. Kraus, Dr. Herbert, ord. Professor der Rechte, Göttingen, Merkelstr. 11.
46. Kulisch, Dr. Max, ord. Professor der Rechte, Innsbruck, Adolf-Pichler-Str. 8.
47. Langer, Dr. Gottfried, Privatdozent, Regierungsrat, Leipzig, Sophienplatz 6 III.
48. Lassar, Dr. Gerhard, a. o. Professor an der Universität Hamburg 37, Werderstr. 19.
49. Laun, Dr. Rudolf, ord. Professor der Rechte, Hamburg 37, Isestr. 123 I.

50. Layer, Dr. Max, ord. Professor der Rechte, Mitglied des Verfassungsgerichtshofs, Wien I, Schellinggasse 5.
51. Leibholz, Dr. Gerhard, ord. Professor an der Universität Greifswald, Am St. Georgsfeld 46.
52. Liermann, Dr. Hans, ord. Professor der Rechte an der Universität Erlangen, Loewenichstr. 24.
53. Lukas, Dr. Josef, ord. Professor der Rechte, Münster i. W., Mauritzstr. 25.
54. Marschall von Bieberstein, Freiherr, Dr. F., ord. Professor der Rechte, Freiburg i. Br., Dreisamstr. 11.
55. Menzel, Dr. Adolf, Honorarprofessor der Rechte, Vizepräsident des österreichischen Verfassungsgerichtshofes, Wien 19, Windhabergasse 2 A.
56. Merk, Dr. Ludwig, Privatdozent an der Universität Tübingen.
57. Merkl, Dr. Adolf, a. o. Professor der Rechts- und Staatswissenschaften, Wien VII, Burggasse 102.
58. Mirbt, Dr. H., a. o. Professor an der Universität Göttingen, Düsterer Eichenweg 22.
59. Nawiasky, Dr. Hans, ord. Professor der Rechte, München, Kaulbachstr. 11.
60. Neuwiem, Dr. E., ord. Professor der Rechte, Greifswald, Werderstr. 2.
61. Oeschey, Dr. Rudolf, a. o. Professor an der Universität Leipzig C 1, Grassistr. 44 III. Ferienanschrift: München, Schellingstr. 1.
62. Perels, Dr. Kurt, ord. Professor der Rechte, Mitglied des Oberverwaltungsgerichts, Hamburg, Gustav-Freytag-Str. 7.
63. Peters, Dr. Hans, a. o. Professor, Berlin W 15, Ludwigkirchplatz 11.
64. Pohl, Dr. Heinrich, ord. Professor der Rechte, Tübingen, Waldhäuserstr. 26.
65. Redlich, Dr. Josef, früher ord. Universitätsprofessor Minister a. D., Wien XIX, Armbrustergasse 15.
66. Richter, Dr. Lutz, a. o. Professor an der Universität Leipzig W 31, Rochlitzstr. 1.
67. Rittersbusch, Dr. Paul, Privatdozent, Leipzig S 3, Südstr. 36.
68. Rothenbücher, Dr. Karl, ord. Professor der Rechte, München, Kaiserplatz 12.
69. Ruck, Dr. Erwin, ord. Professor der Rechte, Geheimer Justizrat, Basel-Bottmingen, Neuenruck.
70. Sartorius, Dr. Carl, ord. Professor der Rechte, Tübingen, Lustenau.
71. Schmidt, Dr. Richard, ord. Professor der Rechte, Geheimer Hofrat, Leipzig, Sternwartenstr. 79.

72. Schmitt, Dr. Carl, ord. Professor der Rechte an der Handelshochschule Berlin NW 87, Klopstockstr. 48.
73. Schoen, D. Dr. Paul, ord. Professor der Rechte, Geheimer Justizrat, Göttingen, Merkelstr. 5.
74. Schoenborn, Dr. W., ord. Professor der Rechte, Kiel, Bartelsallee 6.
75. Schranil, Dr. Rudolf, ord. Professor an der Universität Prag VII, 1303.
76. Seidler, Dr. Gustav, Hofrat, Professor an der Universität, Wien XVIII, Hasenauer Str. 53.
77. Smend, Dr. Rudolf, ord. Professor der Rechte, Berlin-Nikolassee, Teutonenstr. 1.
78. Stier-Somlo, Dr. Fritz, ord. Professor des öffentlichen Rechts und der Politik an der Universität, Köln-Marienburg, Marienburger Str. 31.
79. Strupp, Dr. Karl, a. o. Professor an der Universität, Frankfurt a. M., Kettenhofweg 139.
80. Tatarin-Tarnheyden, Dr. Edgar, ord. Professor der Rechte, Rostock i. M., Moltkestr. 18.
81. Thoma, Dr. Richard, ord. Professor der Rechte, Geheimer Hofrat, Bonn, Koblenzer Str. 121.
82. Triepel, Dr. Heinrich, ord. Professor der Rechte, Geheimer Justizrat, Berlin-Grunewald, Humboldtstr. 34.
83. Vervier, Heinrich, Dr. jur. und rer. pol., Regierungsrat I. Kl., Privatdozent an der Universität Würzburg, Theresienstr. 13.
84. Waldecker, Dr. Ludwig, ord. Professor der Rechte, Breslau 18, Scharnhorststr. 16.
85. Walz, Dr., Oberbürgermeister, ord. Honorarprofessor an der Universität Heidelberg.
86. Walz, Dr. Gustav Adolf, Privatdozent an der Universität Marburg.
87. Wenzel, Dr. Max, ord. Professor der Rechte, Erlangen, Hindenburgstr. 14.
88. Wittmayer, Dr. Leo, Tit. a. o. Professor, Ministerialrat, Wien, Schottenhof.
89. Wolgast, Dr. Ernst, Privatdozent an der Universität Königsberg in Pr., Wrangelstr. 7 II (jetzt ord. Professor an der Universität Rostock).
90. Wurmbrand, Dr. Norbert, a. o. Professor, Graz, Glacisstraße 57.

VI. Satzung[1].

§ 1.

Die Vereinigung der deutschen Staatsrechtslehrer stellt sich die Aufgabe:

1. wissenschaftliche und Gesetzgebungsfragen aus dem Gebiete des öffentlichen Rechts durch Aussprache in Versammlungen der Mitglieder zu klären;
2. auf die ausreichende Berücksichtigung des öffentlichen Rechts im Universitätsunterricht und bei staatlichen und akademischen Prüfungen hinzuwirken;
3. in wichtigen Fällen zu Fragen des öffentlichen Rechts durch Eingaben an Regierungen oder Volksvertretungen oder durch öffentliche Kundgebungen Stellung zu nehmen.

§ 2.

Zum Eintritt in die Vereinigung ist aufzufordern, wer an einer deutschen Universität als Lehrer des Staats- und Verwaltungsrechts tätig ist oder gewesen ist und sich der wissenschaftlichen Forschung auf dem Gesamtgebiete dieser Wissenschaften gewidmet hat.

Die Aufforderung geschieht auf Vorschlag eines Mitglieds durch den Vorstand. Ist dieser nicht einmütig der Überzeugung, daß der Vorgeschlagene die Voraussetzungen für den Erwerb der Mitgliedschaft erfüllt, so entscheidet die Mitgliederversammlung.

Als deutsche Universitäten im Sinne des Absatz 1 gelten die Universitäten des Deutschen Reichs, Österreichs und die deutsche Universität zu Prag.

Staats- und Verwaltungsrechtslehrer an anderen deutschen Universitäten außerhalb des Deutschen Reiches können auf ihren Antrag als Mitglieder aufgenommen werden.

Für Lehrer des Staats- und Verwaltungsrechts, die früher an einer deutschen Universität im Sinne des Absatz 3 tätig gewesen sind, aber jetzt bei einer ausländischen Universität tätig sind, gilt Absatz 3 und 4.

---

[1]) Beschlossen am 13. Oktober 1922.

§ 3.

Eine Mitgliederversammlung soll regelmäßig einmal in jedem Jahre an einem vom Vorstande zu bestimmenden Orte stattfinden. In dringenden Fällen können außerordentliche Versammlungen einberufen werden. Die Tagesordnung wird durch den Vorstand bestimmt.

Auf jeder ordentlichen Mitgliederversammlung muß mindestens ein wissenschaftlicher Vortrag mit anschließender Aussprache gehalten werden.

§ 4.

Der Vorstand der Vereinigung besteht aus einem Vorsitzenden, seinem Stellvertreter und einem Schriftführer, der auch die Kasse führt. Der Vorstand wird am Schlusse jeder ordentlichen Mitgliederversammlung neu gewählt[1]).

Zur Vorbereitung der Mitgliederversammlung kann sich der Vorstand durch Zuwahl anderer Mitglieder verstärken. Auch ist Selbstergänzung zulässig, wenn ein Mitglied des Vorstandes in der Zeit zwischen zwei Mitgliederversammlungen ausscheidet.

§ 5.

Zur Vorbereitung ihrer Beratungen kann die Mitgliederversammlung, in eiligen Fällen auch der Vorstand, besondere Ausschüsse bestellen.

§ 6.

Über Aufnahme neuer Mitglieder im Falle des § 2 Abs. 2 sowie über Eingaben in den Fällen des § 1 Ziffer 2 und 3 und über öffentliche Kundgebungen kann nach Vorbereitung durch den Vorstand oder einen Ausschuß im Wege schriftlicher Abstimmung der Mitglieder beschlossen werden. Mit Ausnahme der Entscheidung über die Aufnahme neuer Mitglieder bedarf ein solcher Beschluß der Zustimmung von zwei Dritteln der Mitgliederzahl, und es müssen die Namen der Zustimmenden unter das Schriftstück gesetzt werden.

§ 7.

Der Mitgliedsbeitrag beträgt fünf[2]) Mark für das Kalenderjahr.

---

[1]) Durch Beschluß vom 10. März 1924 fiel der bisherige Satz: „Der Vorsitzende und sein Stellvertreter dürfen innerhalb eines Zeitraums von sieben Jahren nur einmal wiedergewählt werden“ fort.

[2]) Beschlossen am 12. April 1924.

Bei Fragen zur Produktsicherheit wenden Sie sich bitte an:
If you have any questions regarding product safety,
please contact:

Walter de Gruyter GmbH
Genthiner Straße 13
10785 Berlin
productsafety@degruyterbrill.com